Una vida de alta definición

Cambie lo bueno de la vida por lo mejor de Dios

Luis Palau
con Steve Halliday

CASA
CREACIÓN
A STRANG COMPANY

Una vida de alta definición por Luis Palau
Publicado por Casa Creación
Una compañía de Strang Communications
600 Rinehart Road
Lake Mary, Florida 32746
www.casacreacion.com

No se autoriza la reproducción de este libro ni de partes del mismo en forma alguna, ni tampoco que sea archivado en un sistema o transmitido de manera alguna ni por ningún medio—electrónico, mecánico, fotocopia, grabación u otro—sin permiso previo escrito de la casa editora, con excepción de lo previsto por las leyes de derechos de autor en los Estados Unidos de América.

A menos que se indique lo contrario, todos los textos bíblicos han sido tomados de la versión Reina-Valera, de la Santa Biblia, revisión 1960. Usado con permiso.

Algunos textos bíblicos han sido tomados de la *Santa Biblia, Nueva Versión Internacional* (NVI), © 1999 por la Sociedad Bíblica Internacional. Usado con permiso.

Copyright © 2006 por Luis Palau
Todos los derechos reservados

Copyright © 2005 by Luis Palau
Originally published in English under the title
High Definition Life
by Fleming H. Revell,
a division of Baker Publishing Group,
Grand Rapids, Michigan, 49516, U.S.A.
All rights reserved.

Traducido por: Luis Nahum Sáez
Diseño interior por: Grupo Nivel Uno, Inc.

Library of Congress Control Number: 2006921807
ISBN: 1-59185-843-7

Impreso en los Estados Unidos de América
06 07 08 09 10 ❖ 8 7 6 5 4 3 2 1

Contenido

Prólogo por Anne Graham Lotz … 5
Introducción: No sabía que podía ser así … 7

1. Un festival en su corazón … 11
   ¿Placer o felicidad?
2. Un oasis de deleite … 39
   ¿Sexo o amor?
3. Amigo más cercano que un hermano … 61
   ¿Popularidad o conexión?
4. Un comienzo fresco … 85
   ¿Aceptación o perdón?
5. Un regalo invaluable que no nos cuesta nada … 111
   ¿Alivio o paz?
6. Ganador en el juego de la vida … 133
   ¿Logro o éxito?
7. Una fuente de emociones para toda la vida … 153
   ¿Emoción o aventura?
8. Un escudo permanente … 175
   ¿Invulnerabilidad o seguridad?
9. Un sentido de destino … 195
   ¿Actividad o significado?
10. Un ancla para el alma … 219
    ¿Pensamiento positivo o esperanza?

Epílogo: *Elija lo mejor* … 249

Notas … 253

Prólogo

Mientras leía *Una vida de alta definición*, el siguiente incidente vino a mi mente.

Era la primavera de 1995, y acababa de llegar a San Juan, Puerto Rico. Iba a participar en la Conferencia de Global Mission Christian Workers que se llevó a cabo conjuntamente con Global Mission, un esfuerzo evangelístico transmitido en directo por vía satélite al mundo entero desde un estadio de béisbol de San Juan. Mi madre, quien estaba con mi padre por Global Mission, me recibió en el aeropuerto internacional, el cual estaba repleto de turistas que entraban y salían, así como de la gente de la localidad ansiosa por un pequeño negocio adicional.

Mientras mamá y yo esperábamos en el auto que llegaran mis bolsos, noté en el espejo retrovisor a un policía que miraba atentamente hacia nosotros. Comenzó a caminar despacio hacia nosotros con el ceño fruncido. Yo estaba segura de que iba a decirnos que tendríamos que mover el vehículo. Sabía que sería muy difícil para mí obedecer su orden porque el conductor, con las llaves del auto, ¡estaba buscando el equipaje!

Me estaba preparando para una confrontación cuando desde el terminal irrumpió Luis Palau, que también acababa de llegar para la conferencia. Sea que entendiera o no nuestro apuro, se acercó a grandes zancadas al policía, entabló una conversación amistosa con él e irrumpió en risas; luego escoltó al oficial a nuestro auto, ¡donde procedió a presentárnoslo! El policía cortésmente nos permitió quedarnos por el tiempo necesario antes de que mi equipaje y el conductor reaparecieran, y mientras tanto, ¡Luis le habló del evangelio!

Mi corazón todavía se alegra cuando medito en ese incidente. He tenido el privilegio de compartir muchas plataformas con Luis, y siempre soy bendecida por su presentación del evangelio. Pero su credibilidad ante mis ojos proviene no sólo de lo que dice, sino también de lo que él es. Toda su conducta exuda un ánimo entusiasta por la vida, un compromiso celoso con el evangelio y un interés cordial y compasivo por la gente.

Estas características brillan en este volumen que ahora tiene en sus manos. *Una vida de alta definición* no sólo describe intensamente la vida cristiana abundante, también refleja claramente el corazón del autor. Estar en presencia de Luis Palau, al menos unos momentos, es saber que él mismo ha dicho adiós a lo bueno de la vida y ha abrazado, con abandono, ¡lo mejor de Dios! ¡Mi corazón resuena con los pensamientos que expresa en estas páginas, porque anhelo abrazar esas cosas también!

Este anhelo ha hecho que mi corazón clame por *más que lo suficiente*...
    para escapar del infierno feroz,
        para ser salva de la ira de Dios,
            para tratar con mi culpa,
                para obtener un pasaje al cielo,
                    para pasar raspando por las puertas del cielo.
Anhelo más que sólo el mínimo que Dios tiene que ofrecerme.
Anhelo más de aquello con lo que el cristiano promedio parece contentarse.
Anhelo todo lo que Dios quiere darme.[1]

Mi corazón se aflige por el miembro de la iglesia promedio que parece conformarse con mucho menos de lo que Dios quiere darle. Y se quebranta por aquellos que se alejan de Jesucristo, porque piensan que la vida cristiana les estafará todo lo que están buscando, ¡cuando lo contrario es exactamente la verdad!

Así que...

Si usted es salvo, pero no está satisfecho...

Si va camino al cielo, pero no está disfrutando el viaje...

Si es miembro de una iglesia, pero siente más placer por ser miembro de un club...

Si está intranquilo con lo que tiene...

¡Entonces es tiempo de un cambio!

¡Es el momento de moverse más allá de las cosas pasajeras y abrazar las que permanecen!

¡Es tiempo de que usted reciba y experimente *Una vida de alta definición*!

Anne Graham Lotz

Introducción

No sabía que podía ser así

Cada otoño era igual. Una emocionada Angie se desplomaba frente al aparato de televisión de la familia, con un tazón de palomitas de maíz con mantequilla en la mano, y se sentaba cautivada por las próximas dos horas mientras la clásica película de *El mago de Oz* llenaba su sala con visiones mágicas de brujas, magos y leones cobardes. Mucho antes de la llegada de las videocaseteras y los aparatos de DVD, Angie no tenía sino una oportunidad al año para captar la emisión de su película favorita. Planificaba todo su horario alrededor de esta presentación anual.

Un año, una amiga invitó a Angie a su casa a ver la querida película de 1939. Ella aceptó con ansias. Las dos se rieron tontamente durante los primeros minutos del programa, cantaron suavemente junto con Dorothy mientras ella soñaba con algún lugar sobre el arco iris, y se asieron a sus almohadas cuando la señorita Gulch se transformó en la malvada bruja del oeste que cabalgaba un palo de escoba. Angie agarró un puñado de palomitas de maíz mientras que el tornado dejaba caer la casa de Dorothy en una tierra muy distante de Kansas. Estaba a punto de tomar un bocado cuando Dorothy abrió la puerta a la Tierra de Munchkin… los tibios granos cayeron de vuelta, sin ser comidos, dentro del tazón. Angie miraba la pantalla con incredulidad. Ella había visto la película decenas de veces, pero nunca había visto eso.

¡Color! ¡Color resplandeciente, asombroso e imposible! La Tierra de Munchkin resplandecía ante ella con rojos brillantes, verdes vibrantes, azules impresionantes y amarillos explosivos. La fantástica ciudad parecía más viva, más real, más maravillosa que cualquier cosa que hubiera imaginado alguna vez. Hasta entonces, ella no tenía idea de que su película favorita había sido una de las primeras en utilizar color. Simplemente presumió que todo se presentaba hasta el final en blanco y negro. Pero ahora, ¡mírela! En ese momento, prometió no volver a ver nunca al mago y sus amigos en un aparato de televisión en blanco y negro.

Hasta el día de hoy, cuando Angie habla acerca de su epifanía del celuloide hace tantos años, exclama: "¡Era tan vívido! No sabía que podía ser así".

Pienso que la reacción de Angie al imprevisto color de la película y su compromiso de nunca volver al blanco y negro brinda un buen ejemplo para la vida en general. Es decir, creo que muchos nos conformamos con una existencia en tonos sepia cuando pudiéramos estar disfrutándola en todos los brillantes tintes de la paleta de Dios. Optamos por lo "suficientemente bueno" cuando Dios nos ofrece lo "excelente". Entramos en un restaurante común y corriente por una hamburguesa y papas fritas cuando hemos sido invitados a París a una comida de seis platos preparada por los cocineros más finos de Europa, con todos los gastos pagados.

No quiere decir eso que las hamburguesas y la televisión blanco y negro sean malas; aun preferiría tener un sándwich caliente (o *El mago de Oz* en blanco y negro) que nada en absoluto. Pero, ¿por qué escoger una tajada de carne molida frita cuando puede tener un suculento filete? ¿Por qué seguir viéndola en blanco y negro cuando puede disfrutar la película como el productor lo quiso hacer, a color?

¿Por qué tomar una amatista si puede tener un diamante?

¿Por qué disparar por un premio de consolación cuando podría ganar el premio gordo?

¿Por qué pasar un fin de semana en Amarillo cuando podría disfrutar de un crucero de catorce días por Tahití?

Este libro no trata acerca de decidir entre lo "malo" y lo "bueno", sino respecto a escoger "lo mejor" por encima de "lo suficientemente bueno". Trata acerca de obtener todo lo que su Creador quiso que usted tuviera. El asunto es cambiar lo bueno de la vida por lo mejor de Dios. Cambiar una experiencia de baja resolución por una vida de alta definición.

Quiero pintar una imagen de las grandes posibilidades que Dios le ofrece cuando usted escoge la vida cristiana dinámica. Si pudiera, me gustaría hacer que babeara con las posibilidades que son suyas en Jesucristo.

Quizás pudiera tomar prestada como mi "declaración lema" una línea escrita hace dos mil años por un hombre célebre que sabía todo acerca de escoger "lo mejor" por sobre lo "suficientemente bueno". En una carta a algunos amigos en la que presentaba un modelo para la vida exitosa, escribió: "Y ahora te mostraré el camino más excelente"; o como lo tiene otra traducción: "Sin embargo, primero déjame decirte acerca de otra cosa que es mejor que cualquiera de ellas!".[2]

Eso es lo que quiero hacer en este libro, hablarle acerca de "el camino más excelente", u "otra cosa que es mejor que cualquiera de ellas". Me gustaría dar un vistazo a diez "buenas" áreas de vida y mostrarle cómo algo aún mejor y más excelente espera por cada uno de nosotros.

A lo largo del camino, recordaremos una declaración memorable hecha por la fallecida Lillian Dickinson, que le dijo a un joven estadounidense que la visitaba en Taiwan: "Joven, recuerde que su vida es como una moneda. Puede gastarla de la manera que usted quiera, pero sólo puede gastarla una vez".

Mi pregunta es: ¿Cómo va a gastarla? Usted puede conformarse con "lo suficientemente bueno" o puede optar por "lo mejor". La elección es suya.

Un día, un obispo anglicano se sentó a tomar el té. Mientras sostenía su taza ni más ni menos, sorbiendo a la propia manera británica, dijo: "Me pregunto: ¿por qué adondequiera que San Pablo iba había una revolución, mientras que adondequiera que yo voy me sirven una taza de té?".

Es una buena pregunta. ¿Qué sucede cuando usted y yo venimos a la ciudad? ¿Se sirven pequeñas tazas de té —que suenan como campanas— o causamos una revolución espiritual?

Una vez más, no hay nada malo con el té. Me encanta. Pero además de revolver el azúcar en mi té, me gustaría asociarme con Dios para agitar revoluciones espirituales alrededor del mundo. Me gustaría ayudar a alimentar los corazones hambrientos de hombres y mujeres en cada parte del globo.

Una vez que cambie la perspectiva corriente y moliente del blanco y negro por la maravilla del color brillante, nunca más querrá volver atrás. Y dirá, junto con Angie: "Nunca supe que podía ser así".

No se conforme con menos que la vida abundante que Jesús le ofrece. Muévase más allá de la débil comodidad de una vida "suficientemente buena" y, en su lugar, elija las fuertes delicias de vivir al máximo: una vida de alta definición.

1

Un festival en su corazón

¿Placer o felicidad?

[Oh Dios] Me mostrarás la senda de la vida; en tu presencia
hay plenitud de gozo; delicias a tu diestra para siempre.
Rey David de Israel, en el Salmo 16:11

¿Podría una simple definición colocarle a usted en un curso de vida desastroso? Podría, si usted leyese el diccionario equivocado. Busque la palabra "felicidad" en el peculiar léxico escrito por el renombrado cascarrabias Ambrose Bierce, por ejemplo, y he aquí lo que usted encuentra:

Felicidad, *n*. Una agradable sensación que surge de contemplar la miseria de otro.[3]

Una lumbrera literaria sumamente mayor, William Shakespeare, dio una definición contraria a la de Bierce, aunque aun así propuso un panorama depresivo sobre el tema. En su obra teatral *Como te guste*, escribe: "¡Oh, que amarga cosa es mirar a la felicidad a través de los ojos de otro hombre!".[4]

¿Cómo es —me pregunto— que algo tan atractivo y deseable como la felicidad pueda generar tal publicidad tan mala? ¿Cómo podría un artículo tan codiciado universalmente generar tan sombrías reseñas? Yo estaría dispuesto a apostar que nociones tan amargadas como esas se enconan cuando un hombre o una mujer que persigue desesperadamente la felicidad fracasa en encontrarla.

Todos queremos ser felices. Todos queremos disfrutar la vida, divertirnos y experimentar los deleitosos placeres que este mundo ofrece. Pienso que la sicóloga Joyce Brothers acierta cuando escribe: "La verdadera felicidad es lo que hace que la vida valga la pena. Aún así, la felicidad puede ser escurridiza, a pesar del hecho de que parecemos estar conectados para ello".[5]

¿Y por qué la felicidad nos evade con tanta frecuencia? Anna Quindlen, columnista ganadora del Premio Pulitzer y autora del libro *A short guide to a happy life*, sugiere que algunos perdemos la felicidad simplemente porque la buscamos. "Pienso que muchos caminamos sonámbulos a través de nuestras vidas", escribe, "cuando, si realmente abriéramos nuestros ojos, nos daríamos cuenta de cuánto estamos perdiendo".[6]

El momento de claridad llegó para Quindlen a la edad de diecinueve años, cuando su madre murió. Ella se refiere a esos años como "antes" y "después", y dice que la muerte de su madre "fue la línea divisoria entre ver el mundo en blanco y negro y en Technicolor. Las luces se encendieron, por la razón más oscura posible".[7]

La pregunta real para nosotros es: ¿Cómo podemos abrir nuestros ojos (y corazones) a la felicidad genuina? ¿Cómo podemos pasar de un mundo en blanco y negro a uno rebosante con todos los colores del arco iris? Si Robert Louis Stevenson tenía razón cuando declaró: "No hay deber que subestimemos más que el deber ser felices",[8] entonces, ¿cómo podemos llegar a ser verdaderamente felices?

Cuidado con los desvíos

El camino a la felicidad, ¡lástima!, está lleno de desvíos. Algunas veces perdemos la verdadera felicidad, porque nos confundimos acerca de lo que realmente es y escogemos así la ruta equivocada. En otras ocasiones, rehusamos aceptarla cuando ella nos hala. Es triste decirlo, pienso que muchos cristianos han rodado estrepitosamente por estas dos carreteras ruinosas. Un día, mi amigo británico Nigel Gordon y yo paramos en una taberna inglesa para almorzar. Sobre la chimenea, frente al bar, colgaba un anuncio que decía: "Buena cerveza inglesa, buena comida, buenos momentos".

Caramba, pensé, *suena casi a como deberían ser los cristianos*.

¡Pero nunca le diga tal cosa a algunos cristianos! Con demasiada frecuencia, damos la impresión de que seguir a Jesucristo es una experiencia lúgubre; que sólo los que lucen más sombríos y severos, como los del servicio secreto, califican para la cristiandad. Algunos casi nos rehusamos a pasarla bien.

Cuán terrible es que Dios nos ofrezca una forma de vida única, bella, victoriosa, triunfante sobre el pecado, llena con el Espíritu Santo y la certeza de la vida eterna, y que aún muchos de nosotros realmente no la disfrutemos.

Hace algún tiempo, mi esposa estaba leyendo *The God of All Comfort* [El Dios de toda consolación] de Hannah Whitall Smith, autora de *The Christian's Secret of a Happy Life* [El secreto del cristiano para una vida feliz]. En el primer capítulo, Smith dice que escribió el libro porque un agnóstico retó ferozmente su fe. En esencia, él dijo: "¿Sabes por qué nunca consideraré a Dios? Porque los cristianos, de acuerdo con su religión, deberían tener gozo y paz, felicidad y victoria absoluta. Y, sin embargo, lucen con frecuencia como las personas más miserables de todo el mundo".[9]

Tristemente, eso fue muy fuerte.

Hace años, sostuvimos una reunión en una ciudad de Europa occidental y pasamos por uno de los encuentros más miserables. La música era fúnebre y un espíritu de melancolía llenó el auditorio, aun cuando la reunión estaba encabezada por algunos de los líderes evangélicos más distinguidos de esa nación. Yo no podía salir de allí lo suficientemente rápido. Cuando nos alejamos, ni siquiera quisimos tomar una Coca-Cola en esa ciudad.

Cuando la sed nos ganó, sin embargo, comenzamos a buscar un lugar donde parar. El único establecimiento abierto en el campo parecía ser una taberna, así que estacionamos nuestro auto detrás del edificio y entramos. Tan pronto como pasamos por la puerta, los clientes reconocieron nuestra nacionalidad y vociferaban: "¡Bienvenidos, americanos!"

Alguien estaba tocando un acordeón, otros estaban golpeando y rasgando otros instrumentos, la gente reía, aplaudía y cantaba mientras el humo llenaba el lugar y todo olía a alcohol, pero hasta nos ofrecieron un trago gratis como extranjeros de honor. Aceptamos, claro, una Coca-Cola.

¡Qué contraste! Me sentí mucho más feliz en ese bar que en la reunión cristiana.

¿Quién nos vendió la idea de que vestidos oscuros, con caras sombrías y expresiones preocupadas que –de algún modo– calificamos como más espirituales que si fuésemos seres gozosos, felices, libres y nos deleitáramos en la abundancia? No puedo explicarlo por nada del mundo, pero quizás eso explique por qué muchas personas rechazan el cristianismo. Parece ir contra el deseo de la naturaleza humana por la felicidad, y contra lo que creo que Dios desea para nosotros.

El gozoso corazón de Dios

"¿Puede imaginarse cómo sería si el Dios que gobernó al mundo no hubiera sido feliz?", pregunta el autor John Piper.

> ¿Qué pasaría si Dios estuviera dado a la queja, a la mala cara y a la depresión como el gigante de "Juanito y los frijoles mágicos" en el cielo? ¿Qué pasaría si Dios estuviese frustrado, desalentado, taciturno, lúgubre, descontento y descorazonado? ¿Podríamos unirnos a David y decir: "Oh Dios, tú eres mi Dios; yo te busco intensamente. Mi alma tiene sed de ti; todo mi ser te anhela, cual tierra seca, extenuada y sedienta" (Salmo 63:1)? Creo que no. Todos nos relacionaríamos con Dios como niños pequeños que tienen un padre frustrado, lúgubre, desalentado y descontento. No lo pueden disfrutar. Sólo pueden tratar de no molestarlo, y quizás intentar trabajar para él a fin de ganarse algún pequeño favor.[10]

¡Pero ese no es el Dios de la Biblia! El Dios que se revela a sí mismo en las Escrituras se desborda de gozo. Dios es un Dios bueno. Dios es un Dios amoroso. Dios es un Dios eternamente feliz, la fuente de todo deleite, y Él quiere que las caras de sus hijos reflejen su propio gozo ilimitado. No es accidente que Jesucristo, que refleja perfectamente la misma naturaleza de Dios, amara proclamar lo que llamó las "Buenas

Nuevas", cuyo secreto es que la vida está destinada a ser buena. Jesucristo nos ofrece una vida llena de gozo, no una existencia sombría. C.S. Lewis comentó una vez: "El gozo es el negocio más serio del cielo". Si lo interpreto correctamente, quiso decir que Dios desea apasionadamente que su pueblo disfrute la vida, esté feliz y contento.

Lewis aprendió esto de Jesucristo, ya que en Mateo 7:11 el Salvador dice: "Pues si ustedes, aun siendo malos, saben dar cosas buenas a sus hijos, ¡cuánto más su Padre que está en el cielo dará cosas buenas a los que le pidan!". Queremos que nuestros niños sean felices. Que se regocijen y se rían, y se establezcan en una vida contenta. Y, de acuerdo con Jesús, Dios quiere esto más que nosotros.

Regocíjese y alégrese

No es la voluntad de Dios que recorramos la vida forzadamente y con dificultad, que nos las arreglemos con los dientes apretados, que sudemos copiosamente sólo para casi llegar a las orillas doradas. Es el propósito de Dios que, dentro de las limitaciones de un mundo imperfecto, su pueblo se regocije. Considere unas pocas de las decenas de versículos en la Biblia que llaman la atención sobre este punto:

> Mas los justos se alegrarán; se gozarán delante de Dios, y saltarán de alegría.
>
> Salmo 68:3

> Yo he conocido que no hay para ellos cosa mejor que alegrarse, y hacer bien en su vida; y también que es don de Dios que todo hombre coma y beba, y goce el bien de toda su labor.
>
> Eclesiastés 3:12-13

> Por tanto, alabé yo la alegría; que no tiene el hombre bien debajo del sol, sino que coma y beba y se alegre; y que esto le quede de su trabajo los días de vida que Dios le concede debajo del sol.
>
> Eclesiastés 8:15

> Hasta ahora nada habéis pedido en mi nombre; pedid, y recibiréis, para que vuestro gozo sea cumplido.
>
> Juan 16:24

Y el Dios de esperanza os llene de todo gozo y paz en el creer, para que abundéis en esperanza por el poder del Espíritu Santo.

Romanos 15:13

Estad siempre gozosos.

1 Tesalonicenses 5:16

No hay vuelta atrás, la vida espiritual está destinada a rebosar gozo. El famoso pasaje del "fruto del Espíritu", en el quinto capítulo de Gálatas, aclara esto abundantemente. La mayoría de los intérpretes sugieren dos maneras de mirar este texto. (Los teólogos deben divertirse, y yo creo que el Señor dejó unas cuantas cuestiones pendientes de manera que pudiera haber seminarios.) Algunos eruditos de la Biblia enseñan que existen nueve frutos del Espíritu: amor, gozo, paz, paciencia, benignidad, bondad, fidelidad, mansedumbre, templanza. Otros insisten en que el Espíritu produce sólo un fruto, amor, el cual florece en ocho ramas aromáticas, la primera es el gozo. De la manera que usted lo tome, el gozo tiene un papel principal.

Hace años, escuché en la radio a una mujer que leyó el pasaje de Gálatas, junto con la línea final: "Contra tales cosas no hay ley". Entonces, ella dijo algo que me animó hasta este día: "No existe ley contra demasiado amor. No existe ley contra demasiado gozo".

Un pensamiento tan sencillo, pero me asegura que el serio negocio del cielo realmente es el gozo. Mucho de la Biblia se escribió para transmitir este elemento gozoso de las Buenas Nuevas. Juan dice, por ejemplo, que escribe su primera carta "para que vuestro gozo sea cumplido" (1 Juan 1:4). Si vivimos por los principios que Dios revela en su Palabra, seremos llenos de felicidad y gozo. Y cuando una persona sobreabunda con gozo, sea él o ella del tipo activo o mucho más reservado, se nota dondequiera, y no por el ruido o el estilo.

Me pregunto, ¿cuándo fue la última vez que usted abrió la Biblia para buscar todas las bondades que Dios le ofrece? Lo que la Biblia llama el "nuevo pacto" (descrito brevemente en Hebreos 8:7-12) es realmente un pacto excelente. Es nuevo porque es para hoy día, no para un tiempo antiguo.

En el nuevo pacto, usted descubrirá que Dios realmente le ama. En realidad, Él tiene un plan maravilloso para su vida. Dios se presenta a sí mismo como su Padre todopoderoso que tiene todo lo que usted necesita. Y Él promete satisfacer todas sus necesidades conforme a sus gloriosas riquezas en Cristo Jesús (Filipenses 4:19).

Así que si todo esto es cierto, entonces, ¿por qué *no puede* divertirse en grande? La lógica de esto es inevitable para mí.

Si todos los pecados son perdonados; si su cuerpo es el templo del Espíritu Santo; si usted tiene acceso ilimitado a todos los recursos del cielo; si tiene la Palabra de Dios para guiarle; si Dios promete no dejarlo ni abandonarlo nunca; si usted va al cielo cuando muera; si vivirá por siempre con un Dios que lo ama, entonces, ¿no debería estar extasiadamente feliz?

El Espíritu Santo llama a los creyentes a regocijarse. Cuando el Espíritu de Dios viene a vivir dentro de nosotros, obtenemos el potencial de disfrutar la vida hasta en los malos momentos. No se equivoque, los problemas vendrán. "En el mundo tendréis aflicción", dijo Jesús a aquellos que le seguían (Juan 16:33). "Y también todos los que quieren vivir piadosamente en Cristo Jesús padecerán persecución", dijo el apóstol Pablo (2 Timoteo 3:12). Pero podemos seguir felices en el Señor aun en medio de las circunstancias adversas. Después de todo, ¿qué sería lo peor que podría suceder? ¿La muerte? Para un cristiano, ésta no es el final de la vida, sino el principio de la existencia en el cielo en la presencia de Dios.

Escoja el gozo

En cualquier situación, por lo tanto, tenemos potencial para gozar. El gozo es una elección. Puede elegir regocijarse hoy o puede decidir deprimirse usted y toda alma desdichada que le rodee. Es una elección que se hace posible porque el bendito Espíritu de Dios, la fuente de todo gozo, vive dentro de cada creyente.[11]

Por supuesto, puede elegir permanecer detrás de los barrotes del desánimo, el cinismo y la falta de gozo. No tiene que elegir la libertad. Si quiere, puede decidir permanecer dentro de una prisión hecha por usted mismo. Quizás no sea tan malo. Hasta en la cárcel usted disfruta de cierta cantidad de libertad. Puede moverse alrededor, pero sólo dentro de las dimensiones de tres metros por tres de su pequeña celda. Usted no es un muerto, sólo un prisionero.

Cuando Jesucristo viene, abre las puertas de la prisión creada por su propia mente, sus propios temores, sus propios hábitos. Cristo da vuelta a la llave en la cerradura y hace girar las puertas abiertas de par en par. Salir es decisión suya.

El desvío más grande de todos

Las celdas de la prisión y las puertas abiertas son una cosa; los desvíos son otra. Algunas veces, aun cuando logramos salir de la cárcel y el camino abierto, todavía hacemos un cruce equivocado, y perdemos el destino tan bellamente retratado en la guía de viaje.

Tengo un amigo que no tiene ningún sentido de dirección. Hace unos cuantos años, durante un viaje de negocios, planificó conducir desde Danville, California, a Fresno, un viaje que por lo general toma cerca de tres horas. Después de conducir durante casi seis, mi amigo aún no se había acercado a su destino planificado. Entonces, un auto cargado de adolescentes se detuvo junto a su vehículo en una luz roja y preguntó: "Oiga, hombre, ¿sabe cómo llegar a la tienda J.C. Penney? Mi frustrado amigo asomó la cabeza por la ventana del conductor y dijo rotundamente: "Caballeros, ni siquiera puedo encontrar Fresno". A lo que uno de los adolescentes respondió: "Oh, caramba, hombre, ¡usted está más perdido que nosotros!", y se alejaron rápidamente.

Creo que el placer puede convertirse en uno de los más grandes desvíos de la verdadera felicidad. Aunque todos queremos ser felices, verdaderamente felices, con demasiada frecuencia nos conformamos con el simple placer. Disfrutamos momentos de deleite, pero la felicidad satisfactoria y duradera (que la Biblia llama gozo) nos elude.

¿Y cómo puede el placer obstaculizar el camino al gozo? No es que el placer sea malo y el gozo sea bueno. ¡No piense ni un momento que estoy minimizando el placer! Pero aunque el placer excita los sentidos, el gozo satisface el alma. El placer viene desde afuera; el gozo estalla desde adentro. El placer se desvanece ante la presencia del dolor; el gozo puede sostener a una persona aun en medio de gran pena.

En pocas palabras, el placer se siente bien, pero el gozo se siente mejor. La verdadera felicidad sobrepasa el simple placer por lo menos de cinco maneras importantes:

Placer	Felicidad
• Externo	• Interna
• Sensorial	• Integral
• Fugaz	• Duradera
• Solitario	• Compartido
• Capacidad limitada	• Capacidad ilimitada

Demos un vistazo a cada una de estas cinco comparaciones y veamos cómo podemos saltar del placer a la felicidad, el contentamiento y la paz duradera.

"Externo" en oposición a "Interno"

Sentimos placer cuando alguna fuente exterior gratifica uno o más de nuestros cinco sentidos. Nos deleitamos en el ronroneo de un gatito, la fragancia de una rosa, la piel de un cachorro, el festín visual de un Rembrandt, la suculencia de un pastel de cerezas. Dios ha diseñado nuestros cuerpos para disfrutar los placeres de su creación.

"Las personas que agonizan no se aferran a la vida por algo transitorio o ilusorio", dice Anna Quindlen. "Y ellos —de seguro— no se aferran a la vida para hacer otro millón o llegar donde Jay Leno. Se aferran a la vida porque entienden con claridad enceguecedora que no es más que un arbusto de lilas con una mariposa sobre él".[12]

A pesar de que me gusta la toma básica de Quindlen sobre la felicidad, no puedo estar de acuerdo en que no sabemos lo que hay más allá de esta vida. Ni puedo asentir con mi cabeza a la idea de que la vida "no es más que un arbusto de lilas con una mariposa sobre él". La felicidad no necesariamente depende de fuentes exteriores para crecer, tan bellos como puedan ser los arbustos de lilas coronados de mariposas. Aun cuando la planta se seque y el insecto se aleje revoloteando, podemos experimentar un profundo gozo que fluye desde dentro. La felicidad genuina viene de dentro, no de afuera.

¿Cómo es esto posible? Jesús explicó que "el que cree en mí, como dice la Escritura, de su interior correrán ríos de agua viva" (Juan 7:38). Observe: No desde afuera, ¡sino desde adentro! El escritor del Evangelio no deja duda acerca de lo que Jesús quiso hacer con esta metáfora suya, ya que agrega: "Esto dijo del Espíritu que habían de recibir los que creyesen en él" (v. 39).

La Biblia conecta continuamente el gozo con el Espíritu de Dios. Jesús se "regocijó en el Espíritu Santo" (Lucas 10:21). Los discípulos estaban "llenos de gozo y del Espíritu Santo" (Hechos 13:52). El reino de Dios es un asunto de "gozo en el Espíritu Santo" (Romanos 14:17). Y aun a pesar del "sufrimiento severo", es posible desbordarse "con el gozo [que infunde] del Espíritu Santo" (1 Tesalonicenses 1:6).

Vi esta feliz verdad en acción hace unos años en un viaje a la antigua Unión Soviética. Víctor Hamm, mi excelente intérprete, describió cómo Josef Stalin había sentenciado a su padre a un campamento de prisión siberiano como castigo por expresar su fe. El mismo Víctor nació en Liberia, pero finalmente escapó a Europa, se casó con una alemana y se mudó a Canadá.

El anciano señor Hamm y los otros prisioneros en el gulag trabajaban todos los días en una mina. Cada mañana, hacían fila para recibir sus picos y palas, y cada tarde regresaban para entregar su equipo. Pronto, el señor Hamm comenzó a orar: "Señor, tiene que haber un cristiano en algún lugar de este campamento. Ayúdame a encontrarlo, alguien con quien pueda orar".

Un día, mientras estaba orando, pensó reconocer cierto aspecto acerca del tipo que repartía el equipo de minería. "Creo que es cristiano", se dijo a sí mismo. Pero pensó: *¿Cómo puedo acercarme a él sin descubrirme? Si es de la KGB, estoy acabado. Pero veamos quién es.*

Con gozo y temor simultáneamente en su corazón, le dijo al hombre: "¿Sabe?, ellos esperan que logremos nuestras metas, pero no nos dan los ladrillos ni el agua ni la paja para terminar el trabajo".

Cualquier lector antiguo de la Biblia reconocería la alusión a Moisés y los días de la esclavitud hebrea en Egipto. El compañero miró a Hamm por un momento y luego dijo lentamente: "Espere un minuto. Párese aquí".

Cuando todos los otros hombres se fueron él preguntó: "¿Por qué mencionó usted la paja y el agua? ¿De dónde sacó eso?".

"Oh, leí acerca de eso en un Libro bastante bueno", respondió Hamm, tratando de no temblar.

"Sí, creo que yo también leo ese Libro", dijo el hombre. Luego hizo una pausa. "Observo que usted no jura como los demás. Ellos están siempre peleando, pero usted no entra en esa clase de cosas. ¿Por qué?"

"Mi Padre no me dejaría."

La conversación cesó otra vez. A medida que el hombre miraba cuidadosamente al señor Hamm de arriba abajo, finalmente preguntó:

"Su Padre no será mi Padre, ¿no?"

"Mi Padre tiene sólo un Hijo", dijo Hamm, emocionándose.

"Mi Padre tiene un sólo Hijo, también", respondió el hombre.

"¿Creyente?"

"¡Creyente!"

Y con gran gozo, a pesar de su miserable entorno, se descubrieron el uno al otro. De inmediato, comenzaron a orar en secreto. Pero sus momentos de oración no permanecieron secretos por mucho tiempo; su gozo simplemente no lo permitiría. El gozo insiste en multiplicarse en otros. Para el momento que la pareja ganó su liberación, *trescientos prisioneros* habían llegado a seguir a Jesucristo.

Josef Stalin podría haber sido capaz de privar a millones de prisioneros de cada placer en el Imperio Soviético, pero no lo tuvo para tapar el gozo. Cuando un río de gozo fluye desde lo profundo, nada puede represar el torrente. El gozo continúa brotando y floreciendo aun cuando el hombre malo trate de ocultar el sol.

El Antiguo Testamento compara el gozo con una copa que se desborda. El salmista dijo a Dios: "Unges mi cabeza con aceite; mi copa está rebosando" (Salmo 23:5). Lo cual incita una pregunta importante: ¿Está su copa rebosando? ¿Se está derramando? O usted dice: "Ah, no me moleste. Espere a que me haya comido una hamburguesa, entonces quizás comience a rebosar".

¿Está mi copa rebosando? Es una estupenda pregunta que puede hacerse a sí mismo. No cuando tenga vacaciones la próxima semana ni el domingo en la mañana cuando no tenga nada de qué preocuparse. Pero, ¿está rebosando su copa ahora? ¿Está usted abastecido con el Espíritu Santo ahora? Una de las grandes realidades de la vida cristiana es el asombroso tesoro interior que tenemos a través de la plenitud del Espíritu Santo.[13]

"Sensorial" en oposición a "Integral"

El cuerpo, y particularmente los cinco sentidos, provee el canal principal al placer humano. Cuando nuestras terminaciones nerviosas sienten ciertos tipos de estímulos, envían impulsos eléctricos al cerebro que los interpreta como placenteros. El placer es principalmente una experiencia sensorial.

El gozo, por otra parte, implica mucho más que el cuerpo. Este tipo de rica felicidad alcanza hasta el alma y se extiende al espíritu. La felicidad y el gozo pueden crecer aun cuando exista poco o ningún estímulo físico que los nutra. "Los estudios demuestran que las personas con una fe fuerte y afiliaciones religiosas son más felices que aquellos sin tal fe, y ellos también recuperan la felicidad más rápidamente después de experimentar una crisis", reporta la Dra. Joyce Brothers.[14]

Anna Quindlen concuerda en que quienes buscan la felicidad, necesitan algo más profundo que la simple excitación sensorial. Ella llama a este algo más profundo un sentido de "misión", y advierte que la "sensación de flotar sin propósito a través de sus propios días es aterrorizante y debilitante... Una de las preguntas que les hago a las personas algunas veces es: Si le dijeran mañana que tiene sólo un año para vivir, ¿lo viviría de manera diferente a cómo está viviendo ahora? Si es así, ¿no significa eso que usted necesita reevaluar la manera en que está viviendo hoy?"[15]

Fue exactamente esa sensación de perderse una misión más grande lo que llevó a una mujer a descubrir la fuente de todo gozo. Ella poseía todos los placeres de la riqueza y el poder, pero aún sentía como si estuviera flotando sin propósito a través de sus días.

Pero todo eso cambió con un sencillo y memorable encuentro.

Conocí a esta notable mujer cuando tenía casi cuarenta y cinco años de edad. Tan pronto como entró en el cuarto, sentí como si hubiera aparecido la Reina de Inglaterra, sólo que más. Hablaba con autoridad, exudaba clase y se conducía con postura real. Ella hablaba francés, inglés y árabe, y había memorizado la mayor parte del Corán. Su padre ocupaba la segunda más alta posición de poder en su país.

Sin embargo, pese a su privilegiada vida, había estado buscando desesperadamente la realidad espiritual. No sentía gozo ni paz. A pesar de todos los placeres prodigados a la realeza, se sentía vacía. Entonces, una noche, Jesús se le apareció en un sueño, tal como lo hizo a Abraham, Moisés, David y Daniel, a todos los profetas y al apóstol Pablo.

Desde entonces, aprendí que esto sucede frecuentemente en el mundo islámico. Con frecuencia, Jesús irrumpe en la comunidad musulmana a través de sueños y visiones. Los musulmanes que han venido a Jesucristo a través de estas visitaciones inusuales me dicen: "El Señor me dijo: 'Yo soy Jesús, de quién lees en el Corán. Tú no sabes mucho acerca de mí todavía, pero Yo soy real. Y Yo estoy vivo. Yo soy tu Salvador. ¡Confía en mí! Obedéceme. Y estaré hablando más contigo pronto'".

Aunque muchos musulmanes creen en maldiciones y espíritus malignos, también confían en el poder sobrenatural de Dios. Así que cuando Dios se revela a sí mismo en un sueño, ellos no buscan una explicación racional (¿Demasiada pizza anoche?). No, cuando tienen un sueño o una visión, ellos dicen: "Dios me habló".

Jesús le habló a esa mujer, y ella lo escuchó.

El sueño la revolucionó. Ella sabía que tenía que ser el Señor, aun cuando no sabía casi nada acerca de Él. Nunca había visto una Biblia. Y en su país ni una sola instalación eclesiástica había sido construida alguna vez. Así que le contó a su padre acerca de la visión, y quizás porque él se involucró intensamente en el ocultismo —hasta había echado fuera demonios— la escuchó.

Pasaron cinco años. En ese tiempo, su madre llegó a Jesucristo, luego su padre (quien abandonó todas sus prácticas ocultistas). Sus niños aceptaron al Señor; después, algunos amigos, todos sin saber mucho más acerca de Jesús de lo que el Corán dice de Él.

Un día, un extranjero entró a su país con el vídeo *Jesús*, el Evangelio de Lucas hecho película, y un montón de Biblias escondidas en su equipaje. De alguna manera, los dos se cruzaron. Él le dio una Biblia y el vídeo, la primera vez que ella tocaba la Palabra de Dios desde que confió en Jesucristo debido al sueño. Momentos después que comenzó a leer, esta inteligente, poderosa, articulada y sumamente educada mujer fue llena con profundo gozo.

Gritaba sin vergüenza mientras veía el vídeo, y sollozaba de dolor y gozo mezclados con profunda tristeza. Una vez más, esa parece ser una reacción común en el mundo islámico. Me han dicho que entre los kurdos en Yemen, el público comienza a llorar a medida que se acercan las escenas de la crucifixión. El estruendo comienza calladamente primero, pero a medida que los soldados romanos empujan la corona de espinas dentro del cuero cabelludo de Jesús y lo levantan sobre la cruz, los hombres adultos comienzan a sollozar y gemir, a veces tan fuertemente que uno no puede escuchar la película.

Estos nuevos creyentes hicieron el mismo descubrimiento hecho hace años por esta elegante dama: Jesús ofrece gozo verdadero y duradero, con placeres espirituales mucho más allá de cualquier deleite físico.

"Fugaz" en oposición a "Duradera"

El placer dura apenas tanto tiempo como el cerebro continúe recibiendo señales neurológicas que la mente interprete como placenteras. Poco después que las señales terminan, también concluye la sensación de placer. Esa es la razón por la que usted puede ingerir un cubo doble de triple helado de chocolate en un momento y anhelar otro igual segundos más tarde. El placer deleita sólo durante el tiempo que dure. Es grandioso, pero fugaz.

El gozo auténtico, por otra parte, dura. Aunque varía en intensidad y cambia de forma y color dependiendo de muchos factores, la verdadera felicidad irradia desde el corazón del propio ser. El gozo puede sostener a una persona aun en medio de una gran pena, lo que ayuda a explicar por qué un escritor bíblico mencionó sólo un motivo para expresar cómo Jesús "sufrió la cruz, menospreciando el oprobio": Fue "por el gozo puesto delante de él" (Hebreos 12:2).

La Dra. Brothers se acerca a la idea bíblica aquí cuando escribe: "La felicidad baja a ser contentamiento sosegado la mayor parte del tiempo".[16] Podríamos bien describir el gozo como un contentamiento interno duradero. Como acota un erudito, la Biblia retrata el gozo no meramente como una emoción, sino como "una característica del cristiano".[17]

Es el deleite de Dios que sus hijos vivan sus días en gozo y contentamiento. Si nuestras conciencias permanecen claras, el Señor dispone que nos sintamos felices, aun si por temperamento no somos del tipo atolondrado. Por naturaleza espiritual, los creyentes deben regocijarse en el Señor con las cosas buenas que Él trae a su camino. "Grandes cosas ha hecho Jehová con nosotros. Estaremos alegres", dijo el salmista (Salmo 126:3).

Algunos, por desdicha, tenemos tendencia a perder nuestro gozo. Unas veces lo perdemos al olvidar las riquezas que tenemos en Jesucristo. Y otras lo perdemos porque confundimos placer con gozo.

Aquellos que cometen este error creen que la felicidad viene sólo rara vez, y pasa a la velocidad de la luz. Al mirar sus caras, usted juraría que Dios nunca envió a su Hijo al mundo. Me hacen recordar muchísimo más a Jana que a Jesús.

Conocí a Jana, una reportera de noticias rusa, justo antes del desmantelamiento de la Unión Soviética. Ella programó una entrevista conmigo mientras nos preparábamos para una cruzada en Leningrado. Durante el almuerzo, me miró y dijo entre dientes: "Usted parece tan tranquilo y feliz".

"¿Ah?", respondí, "¿Se nota? Bueno, es porque estoy tranquilo y feliz".

Dejamos el asunto casi inmediatamente y continuamos la entrevista, pero hacia el final de nuestro tiempo juntos ella lucía tan infeliz que le dije: "¿Sabe, Jana?, usted luce muy intranquila e infeliz".

"Por supuesto que soy infeliz", dijo bruscamente. "Nosotros los ateos nunca somos felices."

Nunca he podido olvidar sus palabras. Unos días después, en una cruzada en Riga, cité a Jana y le dije a la multitud: "Ustedes los ateos, son tan infelices".

Para mi sorpresa, los rusos respondieron entusiastamente a coro: "¡Da, da!" "¡Sí, sí!"

Su respuesta me asombró. Cuando hice la invitación minutos más tarde, parecía como si la mitad de la multitud pasara adelante en manada, esperando encontrar gozo en Jesucristo. Casi no podía creerlo.

Todavía se me hace más difícil creer que aquellos que ya han encontrado a Jesucristo aún busquen gozo. De alguna manera, ellos nunca aprendieron a destapar los recursos infinitos a los que tienen derecho en Cristo. Se sienten miserables, no porque Jesucristo haya resultado deficiente, sino porque confunden la conversión con una relación dinámica y vital con Jesús. Las dos cosas no son lo mismo. Usted no puede tener lo último sin lo primero, pero puede ciertamente tener lo primero y aun así no tener lo último. La conversión a Cristo no garantiza una vida de gozo, pero abre la puerta a ella. Como dije, usted debe elegir entrar.

Me pregunto si algunos creyentes fracasan en entrar al gozo porque han caído en una de las astutas mentiras de Satanás. En su clásico libro *Cartas a un diablo novato*, C.S. Lewis expone este engaño diabólico a través de la correspondencia de dos demonios de ficción. Screwtape, un demonio que es subsecretario de la tentación, calumnia la vida feliz del creyente llamándola "lo mismo de siempre". Él aconseja a su sobrino, Wormwood, a animar a su "paciente" humano a rechazarla simplemente por su antigüedad. Dios, dice Wormwood, "quiere que los hombres, hasta donde puedo ver, formulen preguntas muy sencillas: ¿Es esto recto?, ¿Es prudente?, ¿Es posible? Ahora, si mantenemos a los hombres preguntando: '¿Está esto de acuerdo con el movimiento general de nuestro tiempo? ¿Es esto progresivo o reaccionario? ¿Es esta la manera en que va la historia?', desatenderán las preguntas relevantes".[18]

Esta táctica ha resultado excepcionalmente eficaz. En Estados Unidos especialmente, despreciamos lo mismo de siempre. Queremos todo nuevo. Pero en la vida espiritual, lo mismo de siempre es a lo que Satanás más le teme. Es el evangelio, lo mismo de siempre, lo que ejerce el único poder capaz de transformar vidas y derrotar el poder del infierno. El mensaje del evangelio no cambia; permanece para siempre. ¡Jesucristo vive en mí! ¡Jesús es un Salvador resucitado! ¡Soy salvo por gracia a través de la fe! ¡El gozo es mío a través del Espíritu que mora dentro!

Satanás nunca tiembla con las novedades. Pero le teme desesperadamente a lo mismo de siempre. A él le pone los nervios de punta que volvamos a lo básico... y descubramos el gozo duradero.

Si usted ha perdido la emoción y la frescura del evangelio, necesita hacerse un chequeo personal. Si está aburrido, lo está con Jesucristo. ¿La solución? Hable de Jesucristo con otros. "Que la participación de tu fe sea eficaz en el conocimiento de todo el bien", escribió el apóstol Pablo, "que está en vosotros por Cristo Jesús" (Filemón 6). Difunda las Buenas Nuevas, y usted mismo las apreciará de nuevo.

"Solitario" en oposición a "Compartida"

El placer es intensamente personal. Nadie puede saborear ese chocolate suizo que se desliza por mi garganta sino yo. Nadie más que yo puede sentir los fuertes dedos del masajista sacando la tensión de mi cuello.

Por supuesto, podemos organizar una fiesta en la que decenas de nosotros seamos físicamente estimulados al mismo tiempo, los romanos las llamaban orgías, pero aun entonces, haría falta múltiples expresiones de actos individuales para crear una falsa clase de placer comunal. (E irónicamente, la soledad, nos dicen, puede golpear más fuertemente en medio del exceso orgiástico.)

Pero dado que el gozo no puede ser restringido al plano físico, puede ser compartido en formas que trascienden el placer sensual. La verdadera felicidad encuentra su expresión más completa no en aislamiento, sino en comunidad. Si comparamos el placer con un caso de sarampión, entonces, la felicidad es una epidemia mundial.

Creo que esta es la razón principal por la que Jesucristo fundó y bendijo la institución de la Iglesia. Él sabía que en "este mundo" tendríamos "aflicción" (Juan 16:33). Así que ordenó a sus seguidores que se amaran los unos a los otros, tanto que pudiéramos decir: "En esto conocerán todos que son mis discípulos, si tuviereis amor los unos con los otros" (Juan 13:35). Creó la Iglesia como un puerto para la tormenta, un oasis en el desierto, un refugio para el caminante, un hospital para el herido. Tuvo la intención de que fuera un lugar de sanidad, descanso, fortaleza y gozo. En ella, Él quiere que nos consideremos "los unos a los otros, para estimularnos al amor y a las buenas obras", y nos aconseja que no dejemos "de reunirnos, como algunos tienen por costumbre, sino exhortándonos" (Hebreos 10:24-25).

¿Quién puede dudar que la Iglesia que Jesús visionó sea un lugar alegre? Debería hacer que la gente se sintiera en casa. Debería proclamar que el Creador proyectó que la vida fuera disfrutada.

En una conferencia reciente en Ámsterdam, me encontré con Rick Warren, pastor principal de la Saddleback Church en Lake Forest, California. Mi esposa, yo y algunos miembros de mi equipo cenamos con él en un pequeño café y discutimos el concepto del festival que estamos desarrollando en comunidades a través de toda la nación. Me maravilló el amigable espíritu de este ocupado pastor, su entusiasmo genuino y su gozo en Jesucristo. Se emocionó a medida que explicábamos lo que estábamos tratando de lograr, y dijo que esto sonaba como algo que podía contagiarlos tanto a él como a su iglesia.

Caramba, pensé, *este pastor está disfrutando la vida cristiana al máximo. ¿Por qué no pueden todos los cristianos seguir su ejemplo?* Su hija y el prometido lo acompañaban, junto con algunos miembros de su personal. Todos reflejaban la misma clase de espíritu positivo. No pude evitar pensar: *Así fue proyectado. Usted está contento y en paz y feliz de conocer a alguien. Conversan juntos y comen y se ríen. Y Dios es el centro de todo.*

¿Cómo puede una persona que no es feliz en el Señor ser una bendición a otras? Dios puede usar a cualquiera que comunique su verdad, pero si usted quiere que su vida traiga felicidad a otros, será mejor que sea una persona que está llena con el Espíritu Santo, cuyo fruto es el gozo. El cristianismo es una religión alegre. Es una fe feliz, la vida más maravillosa que hay.

Creo que me quedan sólo quince años de vida activa, que Dios me permita mantenerme en completa salud. Quiero utilizarlos para ayudar a esta generación a ver el cristianismo como el mejor paseo por la ciudad. Lo es, por amor a Dios, digámoslo. Y utilicemos todo vehículo posible para compartir las Buenas Nuevas.

Hace algunos años, nuestro equipo sintió al Señor llamándonos a Dinamarca. Como muchos países protestantes, Dinamarca parece endurecida al mensaje del evangelio. Tuvimos una conferencia de prensa en un hotel en Copenhague. Ahora, la prensa de los países protestantes emplea a algunos de los individuos más cínicos del planeta. En mi experiencia, los reporteros occidentales tratan a los tipos religiosos mucho peor que los comunistas.

Apenas me había acomodado en mi silla cuando los miembros de la prensa se reían burlonamente: "Usted es de Sudamérica; ¿qué está haciendo en Dinamarca? Somos una nación cristiana. Aquí todos somos bautizados".

Primero que nada, no todos están bautizados, aunque hablen como si lo estuvieran. Ignoré el insulto y dije: "Bueno, le diré. Mi objetivo al venir, por invitación de muchos de sus ministros, es que toda Dinamarca escuche la voz de Dios".

"¿Y cuántos días va a estar aquí?", preguntaron.
"Seis", respondí.
"¿Y, en seis días, todo Dinamarca va a escuchar la voz de Dios?"
"Así es."
"¿Cómo va a hacerlo?"
"Esa es la razón por la que llamé a esta conferencia de prensa", apunté. "Necesito su ayuda. Sin ella, no puedo lograr que todo Dinamarca escuche la voz de Dios en seis días. Así que quiero que su gente de televisión, por favor, colabore. Quiero que los hombres y las mujeres de sus periódicos, por favor, me ayuden. Ustedes, hombres y mujeres que están en la radio, por favor ayúdenme. Necesito su ayuda de manera que todo Dinamarca pueda escuchar la voz de Dios."

De repente, las personas más seculares de las noticias comenzaron a mirarse los unos a los otros, inseguros de cómo responder. Parecía como si no pudieran creer lo que oían.

Pero, ¿sabe qué? Conseguimos la televisión, en horario estelar. El periódico nacional, lo que algunos llaman el *New York Times* de Dinamarca, dedicó toda la página 1, sección 2, a la cobertura de mi mensaje de apertura. Los editores imprimieron un gran corazón rojo que cubría la página, y, en un gran titular sobre el gráfico, escribieron el título de mi charla: "Jesús te quiere feliz". ¡Imagínese! Mis amigos seculares dedicaron una página completa de su periódico al evangelio de Jesucristo, y luego lo entregaron a cada hogar en Dinamarca, absolutamente libre de cargos.

El mensaje inalterado de Jesucristo merece ser declarado a todo el que tenga oídos para oír. La felicidad que trae no puede contenerse, encerrarse en confinamiento solitario, sino que insiste en estallar para bendecir a multitudes crecientes. La Iglesia, como nunca, reúne a los creyentes para el ánimo, la instrucción, la adoración y el servicio. Y el resultado, por la gracia de Dios, es gozo rebosante.[19]

"Capacidad limitada" en oposición a "Capacidad ilimitada"

Hay límites para la mayoría del placer físico. Pase más allá de ciertos límites, y percibirá la mayor estimulación como dolor. Con el placer, realmente existe tal cosa como exceso de algo bueno. Coma demasiado pastel y se enfermará. Permanezca al sol demasiado tiempo y se quemará. Escuche por mucho tiempo música a un volumen demasiado alto y quedará sordo. Dé rienda suelta a cualquier actividad normalmente placentera, desde sexo hasta navegar, y en algún punto cruzará la línea al dolor.

Si existe un "umbral doloroso" similar para el gozo, todavía no lo he hallado. Lo más que puedo decir es que nada limita la cantidad de gozo que una persona puede experimentar. Cuando usted es más joven, piensa que no puede ser más feliz que el día que habla durante horas con ese lindo muchacho o esa linda chica en la que ha puesto el ojo... y luego se compromete. Mientras planifica la ceremonia, se encuentra pensando: *¡Nada puede compararse a cómo me siento en este momento!*... y luego viene la boda. Durante esos pocos segundos que toma decir: "Sí, acepto," usted duda si podría posiblemente encontrar más amor en su corazón... y luego nace su primer hijo. Y así continúa.

"Límites" y "gozo" simplemente no van juntos. Viven en vecindarios completamente diferentes, hablan idiomas distintos.

Sin embargo, he notado que aun cuando la mayoría de la gente reconoce los límites del placer, asignan carencia de límites no al gozo, sino a la infelicidad. La escritora Carolyn Kizer hablaba por esta multitud pesimista cuando expresó: "La felicidad es una comida china, la pena es un nutriente para siempre".[20]

Dado que muchos chocan violentamente contra los límites del placer, pero dudan del potencial para la felicidad ilimitada, renuncian a la vida, se sentencian a sí mismos a prisión, dan un portazo y aseguran la puerta de la celda. Quizás esa es la razón por la que, no hace muchos años, un libro con el título *Buen día, Infelicidad* llegó a la cima de las listas de éxito de ventas en Francia.

Miles de hombres y mujeres se levantan cada mañana y desean poder caer dormidos otra vez. Millones toman Valium o Prozac sólo para evitar tratar con una vida decepcionante. Están convencidos de que deben mantenerse flotando a un metro del suelo apenas para sobrevivir.

Un amigo mío, anciano de nuestra iglesia, fue a visitar a una mujer a quien conocía desde adolescente. Hizo el viaje a petición de la hermana de la mujer, quien le advirtió: "Está realmente mal".

La mujer reconoció a su viejo amigo inmediatamente cuando él golpeó a su puerta.

"Barry, ¿qué estás haciendo aquí?", jadeó.

"Tu hermana dijo que te podría gustar una visita, así que decidí pasar", respondió.

"Bueno, entra."

Barry dijo que su vieja amiga lucía increíblemente miserable, triste y desanimada.

"¿Dónde está la chica que conocí hace veinte años?", preguntó. "Eras tan feliz, tan libre. ¿Qué te sucedió?"

"Olvídalo", dijo. "Soy como un zombi ahora. Me siento aquí a fumar mis cigarrillos y ver televisión."

Pronto comenzaron a hablar acerca de la hermana de la mujer, que para el momento estaba muriendo de cáncer.

"Tú puedes ser feliz", dijo Barry. "Mira a tu hermana. Ella se va en pocos meses. Sin embargo, alegra a los que van a visitarla. ¿Por qué estás tan triste?"

"Ojalá fuera mi hermana", respondió, "porque me encantaría morir".

Humanamente hablando, la mujer tenía razón de sobra para su desesperación. Su esposo alcohólico mantenía un trabajo estable, pero nunca le mostró el más mínimo gramo de amor. Todo lo que conocía del matrimonio era que dolía, y seguía doliendo. Ella se sentía sola, vacía y desvalorizada. Con su juventud terminada y ningún recurso espiritual al cual recurrir, cualquier felicidad que conociera alguna vez había quedado reducida a un recuerdo. Los límites del placer los conocía, pero, ¿y una inagotable capacidad para el gozo? Ni siquiera podía imaginarlo.

Quizás usted se encuentre en el mismo bote. Como adolescente, se sentía feliz. Pero ahora no siente gozo, ni felicidad, ni deleite en Dios. ¿Adónde se ha ido toda la felicidad? Algo sucedió. Quizás se casó mal. Quizás perdió su salud. Quizás se enganchó a las drogas, al alcohol. O quizás fue otra cosa. Pero algo salió mal, y hoy el Señor le trajo este libro para hablar directamente a su corazón.

El Señor Jesús le dice: "Quiero que tu gozo sea completo. Quiero darte la medida total de mi gozo. Quiero que experimentes la clase de alegría que puede inundar tu alma sin importar tus circunstancias.

Quiero que disfrutes la profunda felicidad que viene de conocer que eres divinamente amado".

Si se siente solo, vacío y confundido, si la felicidad ha huido de su alma, entonces abra su corazón al Señor Jesús. Diga: "Señor Jesús, si realmente me amas, ven a mi corazón. A pesar de mis problemas, sé real para mí. Señor, sé mi Salvador, mi amigo, mi Dios". Descubra por sí mismo la carencia de límites de su gozo.

¿Pueden los incrédulos sentirse felices?

Quizás usted tenga una pregunta. "¿Quiere decir que los hombres y las mujeres nunca pueden experimentar la verdadera felicidad separados de Jesucristo?", se plantea. "Porque si ese es su mensaje, no lo creo. Conozco muchos que no son cristianos que me parecen bastante felices."

En realidad, yo también. La Biblia declara que aun aquellos sin ninguna relación con Jesús pueden disfrutar de cierto tipo de felicidad. En uno de sus viajes misioneros, el apóstol Pablo, acompañado por su amigo Bernabé, les dijo a los ciudadanos de la antigua ciudad de Listra que Dios les había demostrado bondad llenando "de alegría nuestros corazones" (Hechos 14:17). Ese no era un gozo fingido o falsificado. Pero ellos no conocían el gozo disponible sólo para aquellos dentro de quienes vivía el Espíritu del Dios viviente.

Traté de aclararles esto a dos ingleses que llamaron que estaban escuchando una entrevista de radio que hice en 1998 en el programa "Five Live" de la BBC, pero no estoy seguro de haber tenido éxito. El anfitrión del programa, Nicki, me preguntó si la gente podía ser "verdaderamente feliz si Jesús no está en su vida." Sugerí que no podía. Dije que alguien podría tener "dinero en su bolsillo, y su cuerpo en forma esta semana, pero el centro interno, el espíritu, la persona interior, nunca está completa sin Jesucristo... Si usted no conoce a Dios, un tercio de su personalidad permanece vacío, muerto".

Nicki invitó entonces a los escuchas no cristianos a telefonear si ellos se consideraban verdaderamente felices. Andy, un autodeclarado ateo de Leeds, pronto tomó las ondas aéreas, al maldecir a los cristianos y proclamar ser extremadamente feliz. "He establecido mis propias leyes morales, y vivo por ellas", insistía Andy. "Si algo va mal en mi vida, soy yo a quien culpo o a otra persona. Yo no culpo a esa condenada cosa de Dios."

El próximo que llamó, Norman, se ofendió aun más con mis comentarios.

"Estaba ligeramente horrorizado por su declaración de que nadie puede ser verdaderamente feliz si no cree o tiene a Jesús en su vida", dijo. "Pienso que esa es la tontería más grande que he escuchado en mi vida."

"¿Por qué dice eso?", pregunté.

"Bueno, creo que Jesucristo existió en la historia, aunque no soy cristiano. No soy una persona religiosa en particular, pero en mi vida soy verdaderamente feliz. Estoy casado, tengo dos niños, soy saludable, mi esposa es saludable, mis niños son saludables, no tenemos problemas financieros. Somos verdaderamente felices en todo el sentido."

"Eso es grandioso", dije.

"No tenemos a Jesús en nuestra vida, así que su declaración, en mi opinión, es incorrecta", reiteró Norman.

"Mira Norman", respondí, "te estás perdiendo un tercio de tu vida. Eres feliz en la dimensión física. Eres feliz en la dimensión del alma, el intelecto, las emociones y la voluntad. Pero, ¿y qué acerca de tu espíritu, Norman? Estás fallando ahí. Me alegro que seas feliz, y yo nunca mencioné que los no cristianos no puedan experimentar alguna medida de felicidad verdadera, pero no puedes ser totalmente feliz hasta que tu espíritu viva".

Intercambiamos unos comentarios más, y luego dije:

"Norman, una pregunta. Una pregunta seria. Yo estuve en Bristol el año pasado y un abogado, un procurador, de tu misma edad, tenía dos niños pequeños. Su niña pequeña murió. Él no iba a la iglesia, no creía en Jesús. Estaba absolutamente devastado, porque no tenía ni idea de *adónde se fue. ¿Adónde voy yo?*, se preguntaba. *¿La volveré a ver alguna vez?* Esa es la dimensión espiritual, eterna. Norman, tienes que darle tiempo. Ahora mismo, eres feliz, tu cuerpo está en forma, tus niños son grandiosos. Pero, ¿y qué en cuanto a la eternidad, amigo?"

Mi amigo de la radio tenía una respuesta para eso, pero no era completamente satisfactoria.

"Creo que cuando morimos, no morimos", dijo Norman. "Creo que vamos a otro lugar. Tengo familiares y miembros cercanos de la familia que han muerto, y me consuela el hecho de que no creo que este sea el único lugar donde existimos. Pero eso no significa que crea en Jesús. Creo que este no es el único planeta donde vamos. Todos iremos a algún lugar, finalmente."

En qué basaba Norman su esperanza, no lo dijo. En qué consistía su esperanza, no lo aclaró. Con fe ciega, simplemente declaró que en algún lugar de este vasto universo existe un planeta (aparentemente) al cual los muertos de alguna manera se transportan a sí mismos. Qué clase de condiciones prevalecen ahí, qué ocupa a los habitantes, qué saben ellos de su vida pasada, a dónde son conducidos, y miles de preguntas más, las dejó pendientes.

Admiro a Norman por su habilidad para encontrar esperanza y "consuelo" en tan desarraigada creencia, pero confieso que no encuentro esperanza en ella. Y ciertamente ningún gozo. Sus comentarios me convencieron más que nunca que mientras Dios hace el gozo ilimitado disponible para nosotros, nunca lo experimentaremos separados de lo que la Biblia llama el "nuevo nacimiento". Podemos sentirnos felices en la dimensión física y la del alma, pero hasta que pidamos a Dios que sople vida en nuestro espíritu, nunca podemos conocer la felicidad en la más grande de las tres dimensiones. Y, por lo tanto, nunca disfrutaremos la promesa de Jesús: "Estas cosas os he hablado, para que mi gozo esté en vosotros, y vuestro gozo sea cumplido [completo]" (Juan 15:11).

¿Qué significa experimentar gozo "completo", gozo que no conoce límites? Es estar inundado con la presencia de Dios, "llenos de toda la plenitud de Dios" (Efesios 3:19), así que el gozo ilimitado del cielo se convierte en nuestra experiencia sobre la tierra? No lo sé, pero ansío descubrirlo.

Dios lo quiere feliz

Jeremy Taylor, un obispo anglicano del siglo diecisiete, dijo una vez: "Dios amenaza con cosas terribles si no somos felices". ¿Suena como toda una contradicción, no? Pero mientras más pienso en esta declaración, más creo que el viejo predicador pudo haber estado en la pista correcta.

Quizás Taylor pensaba en un texto como Deuteronomio 28:47-48:

> Pues no serviste al Señor tu Dios con gozo y alegría cuando tenías de todo en abundancia. Por eso sufrirás hambre y sed, desnudez y pobreza extrema, y serás esclavo de los enemigos que el Señor enviará contra ti. Ellos te pondrán un yugo de hierro sobre el cuello, y te destruirán por completo.

El gozo es el negocio más serio del cielo y Dios lo toma tanto así que "amenaza con cosas terribles si no somos felices". ¿Por qué tales amenazas? Porque creo que los premios son muy altos. El Señor nos creó para ser felices, para disfrutar una fiesta en nuestros corazones, y, a través de Jesucristo, ha ofrecido darnos una inagotable capacidad para el gozo. Él pronuncia promesa tras promesa de bendición, asegurándonos gozo en su presencia y placeres eternos a su mano derecha.

Si existe cualquier amenaza divina, es solamente por nuestro propio bien. La verdad es que Dios no quiere que nadie se pierda de la fiesta que planea darnos en el cielo.

Así que, ¿por qué perdérsela?

Cómo ser feliz de acuerdo con la Biblia

1. *Crea en Dios.*
   "El carcelero... se alegró mucho junto con toda su familia por haber creído en Dios" (Hechos 16:34).
2. *Confíe en Dios.*
   "Que el Dios de la esperanza los llene de toda alegría y paz a ustedes que creen en él" (Romanos 15:13).
3. *Adopte la salvación que Dios ofrece.*
   "Y aunque no lo ven ahora, creen en él y se alegran con un gozo indescriptible y glorioso, pues están obteniendo la meta de su fe, que es su salvación" (1 Pedro 1:8-9).
4. *No sea pasivo acerca de su felicidad, sino trabaje en pro de ella.*
   "Deseamos contribuir a la alegría de ustedes, pues por la fe se mantienen firmes" (2 Corintios 1:24).
5. *Pida a Jesús que satisfaga sus necesidades.*
   "Hasta ahora no han pedido nada en mi nombre. Pidan y recibirán, para que su alegría sea completa" (Juan 16:24).
6. *Familiarícese con las promesas de Jesús.*
   "Digo estas cosas mientras todavía estoy en el mundo, para que tengan mi alegría en plenitud" (Juan 17:13).
7. *Exprese su amor por Jesucristo obedeciéndolo.*
   "Si obedecen mis mandamientos, permanecerán en mi amor, así como yo he obedecido los mandamientos de mi Padre y permanezco en su amor. Les he dicho esto para que tengan mi alegría y así su alegría sea completa" (Juan 15:10-11).
8. *No sea un solitario, pase tiempo con otros creyentes.*
   "Sé que permaneceré y continuaré con todos ustedes para contribuir a su jubiloso avance en la fe. Así, cuando yo vuelva, su satisfacción en Cristo Jesús abundará por causa mía" (Filipenses 1:25-26).
9. *Cuando la vida se ponga dura, recuerde las recompensas que Dios tiene guardadas para usted.*
   "También se compadecieron de los encarcelados, y cuando a ustedes les confiscaron sus bienes, lo aceptaron con alegría, conscientes de que tenían un patrimonio mejor y más permanente" (Hebreos 10:34).

"Aunque por fuera nos vamos desgastando, por dentro nos vamos renovando día tras día. Pues los sufrimientos ligeros y efímeros que ahora padecemos producen una gloria eterna que vale muchísimo más que todo sufrimiento" (2 Corintios 4:16-17).

10. *Recuerde que la felicidad es una elección hecha posible por Dios.*
"Pero que los justos se alegren y se regocijen; que estén felices y alegres delante de Dios" (Salmo 68:3).

2

Un oasis de deleite

¿Sexo o amor?

> Queridos hermanos, amémonos los unos a los otros, porque el amor viene de Dios, y todo el que ama ha nacido de él y lo conoce. El que no ama no conoce a Dios, porque Dios es amor.
>
> El apóstol Juan, en Juan 4:7-8

Hace algunos años, durante una visita a Estados Unidos, la Madre Teresa dejó estupefactos a los reporteros al declarar que una hambruna terrible estaba barriendo a América, una escasez por los cuatro costados tan fiera como cualquier cosa que plagara a la empobrecida India.

"Existe hambruna en Estados Unidos", proclamó. "No una hambruna por comida, sino una de amor."

Trágicamente, la misma hambruna hace estragos hoy.

Josh McDowell frecuentemente dice a las audiencias universitarias: "Hombres y mujeres, cada uno de ustedes tiene dos temores. Uno es que nunca será amado. El segundo es que nunca será capaz de amar a alguien".

Los estudiantes universitarios, por supuesto, no son los únicos atormentados por estos temores gemelos. Los trabajadores de la fábrica, los maestros, los políticos, los soldados, los artistas, los encargados de las estaciones de gasolina, los corredores de bolsa, las amas de casa, en ocasiones, todos temblamos ante esos feos temores. Quizás su propio corazón siente terror ahora mismo. Quizás en este mismo momento usted es uno de los millones que buscan amor desesperadamente. Usted lo quiere, lo anhela, lo necesita, pero algunas veces este sigue escapando a su alcance. Sea honesto, y responda si se ha encontrado preguntándose lo siguiente:

¿Alguna vez amaré a alguien?

¿Alguna vez seré capaz de amar a alguien?

¿Sufro yo de una hambruna de amor?

Cuando conducía desde mi vecindario en Portland, Oregon, solía ver un anuncio pintado sobre una banca de la parada del bus. "Llame por amor", urgía, seguido por un número de teléfono. "Sólo $3.75 el minuto." Algunos tipos se sienten tan desesperados por amor que gastarán $3.75 el minuto para hablar con un extraño.

La Biblia le da noticias mucho mejores que un número de teléfono 1-900. La Escritura declara que Dios lo creó por amor. Amar y ser amado fue el propósito original de Dios para todos nosotros. Cuando usted y yo damos y recibimos amor, cada área de nuestra vida se convierte en una maravillosa experiencia. Disfrutamos el mundo de nuevas e inesperadas maneras.

Cuando amamos y recibimos amor, hasta los caminos difíciles de la vida crecen más llanos y menos escarpados. Cuando llegamos a entender lo que el Creador dice acerca del amor, descubrimos por nosotros mismos cómo encontrarlo y disfrutarlo al máximo.

El regalo del sexo

Todos queremos ser amados. Anhelamos a alguien que cuide de nosotros de corazón, que nos abrigue y se deleite en nuestra compañía.

Pero muchos de nosotros luchamos para encontrar el verdadero amor, porque lo confundimos con otra cosa. Cuando un tipo en la televisión o en las películas se vuelve a su espléndida novia y dice, con ojos lascivos: "Dame algo de amor, nena", todos sabemos que se encaminan al dormitorio. Nuestra cultura nos ha condicionado a equiparar sexo con amor, pero no es lo mismo en absoluto.

Ya que Dios diseñó el sexo como un medio para que las personas casadas se expresen su amor entre sí, no deberíamos confundirlas. El contacto sexual dentro del matrimonio no es sino una manera que Dios ha inventado para que el amor sea demostrado.

La Biblia nos enseña que Dios creó los impulsos sexuales humanos para nuestro beneficio. Nuestro Padre celestial nos da todas las cosas ricamente para disfrutarlas, incluyendo el sexo. Este no es pecaminoso ni sucio, contrario a lo que algunos pueden pensar. Es limpio y puro, estupendo y divertido, aun maravilloso.

Entonces, ¿qué ha sucedido? Hemos corrompido tanto la relación sexual que muchos nos sentimos avergonzados de hablar de ello. He hablado acerca de la visión de Dios sobre el sexo por años durante nuestras campañas y festivales. Usualmente recibo algunas cartas de crítica. "Usted no debería hablar acerca de esas cosas malignas", me regañan.

¿Malignas? ¿Quién dijo que el sexo es malo? La Biblia dice que el sexo es un regalo de Dios. En el principio, Él hizo al hombre y la mujer, y les dio el equipamiento físico necesarios para disfrutarse el uno al otro sexualmente. El sexo no es algún raro invento que sucedió accidentalmente por el camino.

Piense en el sexo como en un automóvil (y no estoy hablando del asiento trasero). Usted puede utilizarlo como un medio de transporte útil o para atropellar viejitas. El problema no es el auto, sino el operador.

De la misma manera, el sexo es grandioso dentro de los límites que Dios estableció para él, pero ignore esos límites y se convertirá en un peligro para sí mismo y para otros. Disfruto leer, pero sería un tonto ponerme a leer atentamente un libro nuevo mientras conduzco en el tráfico de la hora pico. Igualmente, en la Biblia, Dios establece un momento y un lugar apropiado para el sexo. Viole sus indicaciones, y se encontrará a sí mismo llamando a una grúa muy pronto.

¿Podría ser esa la razón por la que vemos parachoques abollados, vidrios rotos y luces amarillas intermitentes por dondequiera que vamos en Estados Unidos?

En la iglesia, nosotros somos parcialmente culpables de este desorden. No hemos enseñado con precisión lo que la Biblia enseña en cuanto al sexo. Mi padre murió cuando yo tenía diez años, y nadie se ofreció para hablarme acerca de este tema crucial. No me sentí diferente de cualquier otro chico; yo quería saber todo sobre el sexo. Pero nadie en mi iglesia lo discutió alguna vez, excepto cuando algún predicador se ponía realmente caliente bajo el cuello, apuntaba su huesudo dedo y censuraba: "¡Adúlteros!". Yo solía pensar: "Me pregunto, ¿qué es eso?". Sonaba picante, y aparentemente usted iba al infierno si lo practicaba, pero yo me preguntaba por qué nadie nunca me habló acerca del lado positivo del sexo.

¡Y qué lado positivo! La Escritura declara que un esposo y una esposa vienen a ser "una carne." La relación sexual de una pareja casada, unida en Jesucristo, refleja algo tanto maravilloso como sagrado: la unidad del alma con Dios. El disfrute sexual en el matrimonio es un regalo de Dios para disfrutarse durante toda la vida. No es amor en sí mismo, pero Dios lo inventó como una manera de expresar amor.

La tremenda fuerza que llamamos sexo es poderosa, puede hacerle o quebrarle. Si la maneja bien con el poder de Dios, usted puede disfrutar gran éxito y sentirse feliz y libre. Usted será capaz de mirarse en el espejo sin pena o vergüenza, sin recuerdos atormentadores. Pero el sexo también puede destruirle. Una de las maneras más comunes en que lo hace es enmascarándose como amor.

Elija lo mejor

Dado que la actividad sexual une a la gente de maneras poderosas y misteriosas, Dios indicó que ella estuviera reservada para un hombre y una mujer unidos en santo matrimonio. Por supuesto, el sexo puede sentirse bien incluso fuera de esos límites. Pero el sexo extramarital es algo como Kool-Aid con arsénico: veneno con sabor dulce, mortal hasta la última gota. Sin embargo, debido a que todos anhelamos amor, tanto darlo como recibirlo, nos asimos de cualquier rayito de amor que podamos encontrar. Y seamos honestos: el amor es un producto mucho más raro de encontrar que el sexo (aun dentro del matrimonio). Algunos de nosotros nunca han experimentado el amor verdadero en toda su vida. Así que, ¿por qué no disfrutar por lo menos el sexo?

Mi respuesta: Nadie que quiera amor verdadero tiene que conformarse con mero sexo. El sexo es divertido y tentador, pero no puede sustituir al amor. ¿Por qué no ir tras lo real?

¡No se contente con menos de lo que Dios quiere darle! El verdadero amor, la clase de amor que Jesucristo ofrece ayudarle a encontrar, sobrepasa los deleites sexuales del sexo por lo menos en cinco formas:

Sexo	Amor
• La meta es el orgasmo	• La meta es la intimidad
• Valora la ejecución	• Valora la persona
• Enfatiza el aspecto	• Enfatiza el carácter
• Desea obtener	• Desea dar
• Es el medio para un fin	• Es el fin en sí mismo

"La meta es el orgasmo" en oposición a "La meta es la intimidad"

Quienes buscan sexo y quienes buscan amor generalmente persiguen metas diferentes. Mientras el sexo atesora el orgasmo, el amor anhela la intimidad. El primero se concentra en el cuerpo, mientras que el segundo se enfoca en el alma. El primero desea acercarse física y eróticamente; el segundo quiere acercarse emocional y espiritualmente.

Esta distinción cobró vida para mí mientras observaba los reportes del juicio a Rae Carruth, un antiguo jugador de fútbol profesional acusado de asesinato. Cherica Adams murió el 14 de diciembre de 1999, por heridas sufridas en un tiroteo presuntamente planificado por Carruth. En las semanas que precedieron al juicio, la prensa identificaba consecuentemente a Adams como la "novia" de Carruth, una descripción que éste protestó con vehemencia. "Ni siquiera sabía su nombre completo", insistía él, y sostenía que ella no llegó a ser más que una pareja sexual. Finalmente, un jurado encontró a Carruth culpable de conspiración para cometer asesinato, de disparar dentro de un vehículo ocupado, y de usar un instrumento para destruir a un niño no nacido suyo (un hijo, nacido prematuro por diez semanas).

El orgasmo puede ser bueno, amigos, pero es un pobre sustituto del amor.

El sexo fuera del matrimonio es feo, causa división, crueldad, perversión, culpa, y un tremendo sentido de vacío. Nunca he tenido sexo fuera del matrimonio, pero he hablado con cientos que sí, y casi cada uno de ellos describen un vacío interior doloroso. El sexo ilícito podría sentirse excitante por un momento, pero cuando termina, muchos individuos odian y culpan a su "pareja".

Y algunas hasta halan un gatillo.

Existe un mundo de diferencia entre desarrollar una relación íntima con alguien que usted ama y pasar una sesión caliente con un cuerpo disponible. El amor "no busca lo suyo", el apóstol Pablo dice, de hecho, "siempre protege" (1 Corintios 13:5,7). Protección como ésta no puede encontrarse en un condón, pues sólo crece entre las relaciones en la que ambos individuos buscan el mejor interés del otro.

¿Y cómo desarrolla uno interés profundo y centrado en el otro? A mi manera de ver, sólo una ruta da resultados, una vía que la Biblia llama "el camino de la santidad". La Biblia dice: "Busquen la paz con todos, y la santidad, sin la cual nadie verá al Señor" (Hebreos 12:14). Dios mismo expresa: "Sean santos, porque yo soy santo" (1 Pedro 1:16).

Ser "santo" no significa que se convierta en un loco falso, superficial, prejuicioso. Santo significa que usted no tiene nada que ocultar. Santo significa que puede mirar a Dios a la cara con una conciencia limpia y decir: "Gracias, Señor, que no tengo nada de que avergonzarme, nada que esconder, ningún esqueleto en los rincones oscuros de mi mente".

¿Sabía usted que la Biblia dice que su cuerpo puede ser tanto sagrado como eterno? Como el apóstol Pablo dijo a sus compañeros cristianos en 1 Corintios 6:19: "Su cuerpo es templo del Espíritu Santo". Por lo tanto, no podemos comportarnos como gatos y perros o vacas o caballos. Esa es la razón por la que la Biblia nos urge a cada uno de nosotros a "honrar con su cuerpo a Dios" (1 Corintios 6:20).

Dios quiere lo mejor para nosotros, y eso significa pureza, felicidad y satisfacción. La Biblia declara: "Dichosos los de corazón limpio, porque ellos verán a Dios" (Mateo 5:8). No caiga en la trampa que destruye a tantos hoy. No compre la mentira de los medios. No es una gran "diversión" tener sexo fuera del matrimonio. Oh, estoy seguro de que hay cierto placer, pero se va muy rápido, dejando atrás culpa, vacío y un profundo sentido de desesperación. No caiga en eso. El camino de Dios es el mejor.

Usted podría decir: "Luis, no puedo hacerlo. No tengo el poder". ¡Ninguno de nosotros lo tiene. Pero la Biblia afirma: "Pero cuando venga el Espíritu Santo sobre ustedes, recibirán poder" (Hechos 1:8). El poder es el obsequio de Dios también. Dios nos da el regalo del sexo para disfrutarlo, y nos regala el poder del Espíritu Santo para mantenerlo bajo control. El Señor le dice: "Puedo mantenerte. Guardaré tu corazón. Te protegeré. Te completaré y te llenaré con el Espíritu Santo".

Eso no significa, por supuesto, que todas sus luchas cesen de inmediato. ¡Las mías no cesaron! Hace muchos años, un doctor preguntó al público de una conferencia: "¿Alguna vez han dado gracias a Dios por su cuerpo?". Mientras estaba sentado en la multitud, yo pensaba: *No, no le he hecho. Todas estas tentaciones, todos estos pensamientos que cruzan mi mente, sé que algunos no son correctos.* Me pregunto qué hacer.

Primero, descubrí que aun cuando la tentación nos viene a todos, no es pecado. La tentación es sencillamente la inclinación, el deseo de pecar. Pero en el poder de Jesús, usted y yo podemos superar la tentación. La Biblia dice: "Todo lo puedo en Cristo que me fortalece" (Filipenses 4:13).

"Pero Luis", responde usted, "¿Y yo qué? Ya lo eché a perder".

Una vez hablé de este tema en Medellín, Colombia. Después que terminé, una joven de dieciséis años corrió a la plataforma, llorando. "Señor Palau", gritaba, "¿significa eso que no hay esperanza para mí? Hace dos años lo hice". Me dijo que su padre abusaba sexualmente de ella, y que se sentía tan sucia que se volvió promiscua. "¿Puede Dios perdonarme alguna vez?", quería saber ella. "¿Dios nunca me dará un esposo decente?"

Le dije a esa joven de corazón roto que Dios es bueno y compasivo. Le aseguré que la sangre de Jesucristo, la que Él derramó sobre la cruz cuando murió por nuestros pecados, purificaría su conciencia de las obras malas para que pudiera servir al Dios vivo y verdadero (Hebreos 9:14). Admití que algunas cosas podrían no volver a ser iguales, pero insistí en que ella podía comenzar otra vez. Si se acercaba al Hijo de Dios y rendía su pasado, sus recuerdos, sus fallas y su inmoralidad, Jesús la perdonaría. Además, le dije que Jesús prometió hacer el poder del Espíritu Santo disponible para ella.

A usted le digo lo mismo. La santidad es una opción para usted, no importa quién sea o lo que pueda haber hecho. Usted, también, puede unirse a millones de personas al escoger la intimidad por encima del simple sexo.

Creo que el mejor regalo que usted puede darle a su prometido es pureza, ser capaz de mirarle profundamente a los ojos de él o ella el día de su boda y no tener nada que esconder. Santidad significa reservar algo bello y precioso para una persona, hasta que usted diga: "Sí acepto".

Tengo cuatro hijos, todos casados. ¡Qué emocionante fue ver a cada una de mis nueras caminando hacia el altar del brazo de sus padres, y ver a cada uno de mis hijos parados al frente, con las rodillas temblando! Nunca olvidaré a cada padre que sostenía el brazo de su hija y miraba al novio como si dijera: "Hieres a mi niña, y me encargaré de ti personalmente, muchacho".

En cada servicio, vi a un par de jóvenes que aman a Dios, que aman la Biblia y que permanecieron puros por el poder de Dios. Quería llorar mientras les veía arrodillarse y mirarse el uno al otro a los ojos, sin ningún secreto oculto, ningún sucio, ninguna culpa. Ellos podían mirarse el uno al otro ese día con sonrisas refulgentes y decir: "Te pertenezco a ti y a nadie más. No tengo nada que esconder ante el Señor".

Le digo, es hermoso. Y puede ser suyo.

"Valora la ejecución" en oposición a "Valora la persona"

Entre a cualquier librería importante y no tendrá problema en encontrar varias repisas de libros y manuales sobre cómo mejorar su técnica sexual. Técnicas orientales, técnicas de terapeutas sexuales, técnicas de religiones antiguas, técnicas de modernos estudios científicos. Casi todas asumen que si usted se convierte en un amante más eficiente, al fin encontrará el amor que siempre ha deseado.

Lo siento, pero no lo creo.

Una mejor técnica puede aumentar el placer sensual de uno, pero en lugar de amor genuino, esto puede en realidad aumentar la distancia emocional entre las parejas. Aquellos que se concentran en la ejecución más que en la persona inevitablemente devalúan a la pareja sexual, que se convierte en poco más que un receptáculo útil para los fluidos corporales, ¿y quién sueña con convertirse en *eso*?

Los grandes amantes no son aquellos que saben cómo oprimir todos los botones eróticos correctos, sino los que tratan al ser amado como un individuo, no simplemente como un cuerpo lindamente ensamblado. El problema principal con la técnica divorciada del amor es que casi siempre enciende el tipo de orgullo y presunción autocentrado, que valora conquistas y trofeos más que a hombres y mujeres hechos a la imagen de Dios.

La historia de José en Génesis, capítulo treinta y nueve, ilustra mi punto. José, un adolescente hermoso, trabajaba para un egipcio adinerado llamado Potifar. La esposa de Potifar dejó claro (en ausencia de su esposo) que había notado el hermoso rostro y los ondulados músculos de José. "¡Ven a la cama conmigo!", le dijo. Pero José se rehusó. "¿Cómo podría yo cometer tal maldad y pecar así contra Dios?", preguntó él (v. 9).

Difícilmente disuadida, la mujer continuó su hostigamiento, acercándose a José día tras día con la misma proposición. Parecía muy cautivada por José, muy enamorada. ¡Qué tremenda tentación para un adolescente saludable que vivía tan lejos de casa! Ella tenía tanto riquezas como influencia, ¿y quién se enteraría?

Un día, mientras José se encargaba de sus deberes dentro de la nunca desocupada casa, esta lujuriosa esposa se le acercó otra vez con la misma petición: "¡Ven a la cama conmigo!". El joven piadoso rehusó una vez más, esta vez corrió fuera de la casa.

Tan pronto José huyó rápidamente por la puerta del frente, la mujer se volvió contra él. Cinco segundos antes, supuestamente lo amaba diciendo: "¡Duerme conmigo, duerme conmigo!". Pero cuando él rechazó inflexiblemente, ella se dio una media vuelta repentina y trató de destruirlo. Falsamente acusó a José de intentar violarla, y lo hizo meter en prisión.

¡Qué cambio! Del deseo de sexo a la lujuria del castigo. ¿Qué explica un cambio tan rápido? Creo que la respuesta es sencilla: El orgullo herido. La Biblia dice que el amor "no es envidioso ni jactancioso ni orgulloso" (1 Corintios 13:4). La mujer no amaba a José; lo veía meramente como un bonito trofeo. Cuando quedó claro que no podría obtenerlo, se propuso destrozarlo. Es un patrón que se repite con frecuencia cuando se confunde el sexo como ejecución con el amor por la persona.

Orgullo, no amor, ha llevado a muchos "Josés" a decirle a muchas "Saras":

—¿Me amas?
—Sí —responde Sara.
—¿Estás dispuesta a demostrarme que me amas? —pregunta José.
—Sí —dice Sara.
—Bueno, si me amas realmente, Sara, harás esto y esto y esto.
—Ah... ¿eso también, José?
—Bueno, si realmente me amas...

Justo cuando José obtiene lo que quiere, dice: "Adiós", y luego va a Jenny y le hace el mismo truco.

¿Por qué continúa el ciclo? Porque José valora la ejecución más que a la persona. Él se jacta de sus conquistas y no le encuentra nada malo a usar y luego desechar una "amante" tras otra. De alguna manera, ni José ni Sara se detuvieron a plantearse un par de preguntas pertinentes:

- ¿Realmente consigue alguien contentamiento al aparearse con decenas de parejas sexuales?
- Tales uniones breves, ¿realmente producen felicidad duradera?

Yo no estoy preguntando: "¿Se siente bien?". Dios creó el sexo para proveer intensas sensaciones de placer físico, y eso no cambia sólo porque el contacto ocurra fuera del matrimonio. La Biblia enseña que el pecado puede, en efecto, producir placer, pero sólo "por un corto tiempo" (Hebreos 11:25). Al final, las pasiones y los placeres ilícitos siempre llevan a esclavitud y engaño (Tito 3:3).

Si habla con tanta gente como lo hago yo, usted está destinado a encontrar hombres y mujeres cuyos argumentos para la infidelidad suenan persuasivos. Hace algún tiempo, comencé a hablarle a un ejecutivo de Nike de unos treinta años de edad. Llamémosle Tim.

"¿Qué hace usted?", preguntó Tim.
"Soy ministro", respondí.
"¿Es usted ministro, tiene una iglesia?", preguntó.

"No. No la tengo. Sólo viajo por ahí, hablándole a la gente."

"¿Qué tipo de viaje? ¿Es una buena vida?"

"Sí, es una vida muy buena; mejor de lo que piensas en realidad. Con frecuencia, hablo sobre la familia."

Fue entonces cuando la cara de Tim se amargó, y su tono de voz se aplanó.

"Ah, la familia", se burló. "Supongo que usted está contra el adulterio, la fornicación y todo ese asunto."

"Se podría decir que sí", respondí.

"Le diré algo acerca del matrimonio", declaró Tim. "Ustedes, con sus Biblias, quieren que todo el mundo esté casado por cincuenta o sesenta años. Pero cuando llegue a los cincuenta y cinco años de edad, si se queda con la misma señora vieja, va a estar muy cansado."

"Bueno, ya pasé los cincuenta y cinco, y todavía estoy con la mujer con quien me casé hace cuarenta años", admití. "Y, sí, supongo que me aburro un poco a veces. Pero no tiene que ser así."

"Escuche, en la antigüedad, las mujeres tenían dos o tres niños, entonces morían", continuó Tim, "así que el tipo se casaba con otra mujer. En ese entonces, era fácil decir: 'Una esposa hasta que la muerte nos separe', pero eso no tiene sentido hoy en día. Ellas viven demasiado".

Supongo que los argumentos de Tim podrían ser persuasivos (aun cuando él no tiene los hechos correctos), mientras uno olvide la verdad central: el amor es en realidad acerca de la persona, no de la ejecución. El amor implica mucho más que técnica sexual y novedad erótica. Se trata de llegar a conocer a la persona profundamente, de cuidar de esa persona con el corazón y desarrollar un lazo mucho más fuerte que cualquier cosa que las incontenibles hormonas puedan producir.

Temo que a menos que Tim cambie de opinión, continuará persiguiendo una experiencia sexual tras otra. Y nunca descubrirá el gozo más profundo y rico que podría tener al llegar a conocer a una persona íntimamente.

"Enfatiza el aspecto" en oposición a "Enfatiza el carácter"

Cuando alguien confunde sexo con amor, usualmente enfatiza el buen aspecto más que el buen carácter. No puedo evitar preguntarme si esta confusión explica en parte por qué tantos matrimonios de Hollywood son un desastre.

Una de las rupturas con más publicidad en los pasados años tiene que ser la de Tom Cruise y Nicole Kidman. "¡Dí que no es así!", lamentaba una noticia de última hora. "La pareja dorada de Hollywood se está separando después de 11 años de matrimonio."[21]

Un portavoz de la pareja dijo que la decisión "lamentablemente" había sido tomada, pero que las carreras divergentes habían hecho imposible que la pareja pasara suficiente tiempo juntos. Irónicamente, menos de tres años antes, Kidman dijo acerca de su matrimonio: "Han sido nueve años, y me tiene sin cuidado la crisis de los siete años. Cuando te aman por tus defectos, es cuando te sientes realmente segura".[22]

Por lo menos, la ruptura de Tom Cruise y Nicole Kidman demostró que sólo la gran apariencia no es suficiente para mantener una relación amorosa. La apariencia física puede legítimamente acercar a dos personas, pero nunca es suficiente para mantenerlas unidas. Richard Burton y Elizabeth Taylor probaron esa verdad de una forma espectacular.

Taylor se caso con Burton dos veces (en algún punto entre sus otros seis matrimonios). En su cumpleaños número cincuenta, la élite de Hollywood se reunió para celebrar en un club de Londres, y un reportero le preguntó a Burton si se casarían de nuevo: "No, respondió Burton", y explicó, "nos amamos con una pasión tan frenética que nos consumimos el uno al otro".

¡Caramba! Muchos hombres y mujeres leen comentarios "calientes" como este y se dicen: "Yo nunca he tenido una pasión con mi cónyuge que me consuma. ¿Qué me estoy perdiendo?".

¿Sabe lo que se está perdiendo? Nada. No crea en el engaño. Todos somos tentados a pensar que dado que nos sentimos físicamente atraídos a alguien, hemos encontrado el amor real... pero probablemente no sea así. Es muy posible que sea sólo pasión, muy excitante, muy real, pero lejos de ser amor verdadero.

El amor implica cuerpo, alma, espíritu, devoción, voluntad y emociones. La pasión es puramente sexual, despertada con frecuencia por la apariencia física. Cuando alguien le dice a un nuevo novio o a una nueva novia: "Te amo tanto que no puedo esperar para tener sexo contigo", lo que esa persona quiere decir en realidad es: "Estoy sexualmente excitado por la manera en que luces. Mi pasión se ha encendido, y tengo que encontrar la manera de descargarla físicamente. Creo que lo harás".

"Pero Luis," dice usted, "en realidad estoy buscando amor. Quiero encontrar a alguien. Quiero tener un novio o una novia. Estoy buscando activamente, y ¿no es el sexo parte de eso?"[23]

Créame, si quiere amor real que dure para siempre, el aspecto físico vendrá a su debido momento. Usted no necesita adelantarse sólo porque la apariencia de él o ella le enloquezca. El grandullón Sansón, del Antiguo Testamento, escogió la apariencia sobre el carácter, y no le trajo ningún gozo. Cuando vio una cara bonita en aquella ciudad vecina, le dijo a su padre: "¡Pídeme a esa, que es la que a mí me gusta!" (Jueces 14:3). Por encima de sus objeciones, Sansón se casó con la muchacha. El matrimonio duró sólo unos días y resultó en amargura, dolor y múltiples muertes. Al final, Sansón perdió a su esposa y, a la larga, su vida.

¿Así que la apariencia no significa nada? Nunca diría eso. Pienso que la atracción física debería entrar en la mezclar romántica, pero no es la única parte y ciertamente no es la parte más importante. Cada estudio que conozco afirma que el carácter cuenta muchísimo más en una relación satisfactoria que la apariencia física. Usted, con dificultad, puede equivocarse enfocándose en el carácter, pero un interés desequilibrado por la apariencia con frecuencia lleva a angustia.

Un día, a la edad de doce años, estaba montado en un camión con un trabajador de la empresa de mi difunto padre. De repente, el conductor detuvo su vehículo y sacó un libro pornográfico que presentaba todo tipo de imágenes de hombres y mujeres en extrañas posiciones sexuales. "Haré un hombre de ti, muchacho", dijo, y me habló un montón de basura. Llenó mi mente de imágenes perversas, y no fue antes de mi cumpleaños número veintitrés que un misionero me apartó y me dijo la verdad. Durante todos mis años de adolescente, luché con las mentiras que escuché y vi cuando tenía doce.

Demasiadas revistas, libros, programas de televisión y películas pintan una imagen totalmente irrealista de la sexualidad. Nuestro ministerio aconseja a los hombres de todas partes del mundo que han sido engañados y esclavizados por la pornografía: Ellos han sido gravemente heridos por una imagen del sexo que nunca ha sido, ni nunca será, verdad.

¡Tenga mucho cuidado en cómo trata con los estímulos visuales! Si juguetea con la pornografía, si se sienta frente a un televisor y ve una "película sucia", usted contamina su alma, Además, corre un gran peligro de adicción, y, a partir de ahí, una espiral descendente. Usted querrá cada vez más, pero nunca encontrará satisfacción. Jesús dijo: "Pero yo les digo que cualquiera que mira a una mujer y la codicia ya ha cometido adulterio con ella en el corazón" (Mateo 5:28).

Por otra parte, la Biblia da el siguiente consejo a los hombres que buscan una pareja piadosa: "Mujer ejemplar, ¿dónde se hallará? ¡Es más valiosa que las piedras preciosas!" (Proverbios 31:10). La apariencia cuenta, pero el carácter cuenta mucho más. Y cuando energizamos nuestra búsqueda de carácter utilizando el poder de Dios, podemos hacer posible una calidad de vida inalcanzable de cualquier otra manera.

El autor de éxito de ventas Zig Ziglar dijo una vez a un auditorio: "En una nota muy personal, déjenme decir que siempre he amado a mi familia. Siempre he amado particularmente a mi esposa. Los niños siempre nos han llamado 'los tortolitos', pero estoy aquí para decirles que yo no tenía ni idea de lo que significaba amar hasta que aprendí a amar a través de Jesucristo. Cuando usted ama a su familia, cuando ama a sus semejantes a través de Cristo, existe un poder, un amor, una profundidad y una fortaleza que es absolutamente inimaginable para el no creyente".

Él tiene razón. La Biblia afirma que uno puede conocer el amor real, el amor puro, cuando conoce a Dios en su corazón a través de Jesucristo.[24]

"Desea obtener" en oposición a "Desea dar"

Todos hemos conocido individuos con un deseo mucho más grande de recibir que de dar. A la mayoría nos disgusta pasar mucho tiempo con tales hombres y mujeres hambrientos y centrados en sí mismos.

Además, anhelar el sexo sin el compromiso de amar lleva ineludiblemente a una forma asquerosa de narcisismo avaro. Sin amor, el sexo se vuelve cada vez más autoabsorbente y egoísta. Experimentar nuevos placeres viene a ser todo; la otra persona parece completamente irrelevante, aparte de su dotación sexual.

El verdadero amor no actúa de esa manera en absoluto. Cuando usted ama a otro genuinamente, se siente estimulado a darle algo precioso. "Más bienaventurado es dar que recibir" (Hechos 20:35) es más que una máxima bíblica; es un hecho del mundo real. Nada puede compararse a dar un regalo bien escogido a un ser amado, especialmente un regalo sorpresa. Su apariencia de deleite no puede comprarse a ningún precio.

El dar descansa en el corazón de la fe cristiana. El deseo de dar con un corazón amoroso impulsó a Jesús a decir: "Porque el Hijo del Hombre no vino para ser servido, sino para servir, y para dar su vida en rescate por muchos" (Marcos 10:45).

El anhelo de dar debe caracterizar cada matrimonio cristiano. Por eso, la Biblia dice: "Esposos, amen a sus esposas, así como Cristo amó a la iglesia y se entregó por ella" (Efesios 5:25). La Escritura enseña que los cónyuges deberían satisfacer las necesidades del otro, y complacerse el uno al otro, sin negarse el uno al otro (1 Corintios 7:5). En otras palabras, es mutuo.

No hay nada como el sexo dentro del matrimonio en un sólido hogar cristiano. Eso promete placer genuino, gozo y satisfacción. Dios alienta tanto al hombre como a la mujer a iniciar las relaciones sexuales. En el Cantar de los Cantares de Salomón, el preeminente poema de amor de la Biblia, la esposa persigue a su esposo tanto como su esposo va tras ella. Ambos cónyuges deben mostrar interés sexual en el otro. Pero cuando esta instrucción se pasa por alto, resulta en problemas.

Hace años, conocí a una triste pareja en las Islas Británicas que creía que las relaciones sexuales debían ser reservadas para concebir niños. Ellos tenían sólo un niño (no sorprende). El esposo era un hombre amargado y desanimado, a pesar de su papel como maestro de la Biblia local. Y su esposa lucía miserable.

¡Dios nunca tuvo la intención de que el matrimonio fuese así! El amor quiere lo mejor para la otra persona, y se deleita en dar. Un hombre es completamente hombre y una mujer completamente mujer cuando se aman con el amor sacrificado de Jesucristo.

Recuerdo a una joven mujer infeliz que vino a mí por consejo. Su esposo vagaba por el mundo, sin quedarse nunca en casa. Un día, uno de sus hijos le dijo: "Mamá, ¿por qué ya no te ríes? Nunca dices nada alegre".

Esta pobre mujer me confesó: "Luis, ¿sabes lo que mi esposo me ha hecho? He perdido la capacidad de reírme".

Lloré por dentro cuando escuché sus terribles palabras. Ella había perdido su gozo, su felicidad, su feminidad. Esta pareja se había casado porque se amaba, pero de alguna manera el esposo dejó de seguir la regla bíblica. Llegó a ser áspero. De modo que su esposa perdió su espíritu y olvidó cómo reír.

¿Cuántos hombres han asesinado el espíritu de su esposa? Si usted es uno de ellos, ¡arrepiéntase! Diga ante el Señor: "Oh Dios, ¿qué le he hecho a mi esposa? Yo prometí amarla. Prometí cuidar de ella. Y prometí hacerla feliz. ¿Qué he hecho? Perdóname, Señor, y ayúdame a cambiar. Permíteme ver a mi esposa sonreír otra vez". Nunca es tarde para volver a Dios.

"Pero Luis," me dice usted: "He perdido mi amor por ella".

Entonces, usted necesita el amor de Dios en su corazón. Lo que pensó que era amor en su juventud puede haber sido sólo atracción física; lo que usted necesita es amor sobrenatural. La Biblia dice: "El amor de Dios ha sido derramado en nuestros corazones por el Espíritu Santo que nos fue dado" (Romanos 5:5).

Usted puede amar otra vez, porque el amor es más que una emoción. La emoción debería seguir al amor, pero este implica más que sentimientos. Usted decide amar por el poder del Espíritu Santo. Pídale a su Padre celestial que le llene con su poder sobrenatural y regrese a su esposa, pídale que le perdone. Luego, oren juntos.

¿Alguna vez ha orado con su esposa en sus brazos? Sé que puede parecer loco, pero cuando abrazo a mi esposa en la cama y oro con ella, siempre me sofoco, y he estado casado por más de cuarenta años. ¡Ningún amor puede compararse al que crece entre un hombre y una mujer que se abrazan en la presencia de Dios! Le reto a que lo haga esta noche. No tiene nada que ver con sexo (unas veces antes y otras después, pero eso es otra historia).

Durante nuestros festivales, producimos con frecuencia un programa de televisión que ofrece consejo bíblico, en directo, al aire. Los espectadores nos telefonean a la estación y hacen preguntas, muchas relacionadas con el hogar.

Una noche, después de orar con un hombre, le dije: "Ahora que se ha arrepentido y ha abierto su corazón a Jesucristo, vaya a su esposa y dígale: 'Vén y arrodíllate conmigo al lado de la cama'. Luego, coloque su brazo alrededor de ella, y lean un capítulo de la Biblia juntos", y sugerí Juan 1. "Cuando termine de leer con ella al lado, siga arrodillado con su brazo alrededor de ella y discutan lo que leyeron. Luego, ore con su esposa."

Un médico, de cincuenta y dos años de edad, estaba escuchando el programa. Unos días más tarde, me escribió una larga carta. "Palau", decía, "cuando fui a la escuela de medicina, estaba casado. Hice un curso de postgrado y me fui por nueve meses. Yo no sabía nada acerca de Jesucristo. Durante ese tiempo, le fui infiel a mi esposa. Sólo una vez, pero eso me quebró. Vine a casa y le dije a mi esposa, y ese fue prácticamente el final de nuestro matrimonio. Hemos seguido viviendo juntos por los últimos veinticinco años, pero no hemos sido felices. Hemos tenido una relación vacía. Difícilmente nos hablamos. Mi hijo ahora está en la escuela de medicina; es alcohólico. Mi hija de dieciocho años es rebelde. Mi hijo menor está incontrolable".

"Palau, nunca nadie me sugirió que debía hablarle tiernamente a mi esposa, abrir la Biblia, arrodillarme con ella, abrazarla, pedirle perdón y orar juntos. Ni siquiera pensé en tal cosa. Cuando lo vi en televisión, decidí recibir a Jesucristo y pedirle perdón a mi esposa. Ella entró al dormitorio después que yo oré, sin saber qué estaba sucediendo. Se arrodilló a mi lado, coloqué mi brazo alrededor de ella, leímos un capítulo de la Biblia y oramos juntos. Quiero decirle que el amor está volviendo a nuestro hogar."

Dios no reserva milagros como este para los que escuchan producciones de televisión religiosas. Pueden también suceder *en su vida*, cuando usted concuerde con Dios en que es mejor dar que recibir, y entonces comience a dar.[25]

"Es el medio para un fin" en oposición a "Es el fin en sí mismo"

Dios diseñó el sexo como un medio dentro del matrimonio para expresar amor genuino. Nunca tuvo la intención de que fuera un fin en sí mismo.

Cuando tratamos la comida como un fin en sí mismo, más que como un medio para sustentar la vida, nos convertimos en glotones. Cuando tratamos una droga prescrita como un fin en sí mismo, en vez de un medio para mejorar la salud, nos convertimos en adictos. Cuando tratamos nuestro trabajo como un fin en sí mismo, más que un medio de proveer para nuestra familia, nos convertimos en adictos al trabajo. De la misma manera, cuando tratamos el sexo como un fin en sí mismo, más que como uno para expresar amor a nuestro cónyuge, nos abrimos a una serie viciosa de comportamientos disfuncionales y destructivos.

No crea la mentira del "sexo recreativo." El sexo es mucho más que una forma de ejercicio físico divertido, un fin en sí mismo nada diferente a un juego de básquetbol o un paseo en bicicleta sin prisa. El sexo es diferente, porque Dios lo hizo diferente. Aquellos que defienden el "sexo recreativo" casi siempre proclaman que libera a las personas de las cadenas de las costumbres restrictivas, puritanas, pero la verdad está en otra parte. De acuerdo con la Palabra de Dios: "Hablando palabras infladas y vanas, seducen con concupiscencias de la carne y disoluciones a los que verdaderamente habían huido de los que viven en el error. Les prometen libertad, y son ellos mismos esclavos de corrupción. Porque el que es vencido por alguno es hecho esclavo del que lo venció" (2 Pedro 2:18-19).

El sexo fuera del plan de Dios siempre resulta en esclavitud y encarcelamiento espiritual, mientras su expresión dentro de los límites del Señor produce gozo, paz y libertad.

Jesús dijo: "Si el Hijo os libertare, seréis verdaderamente libres" (Juan 8:36). ¡Libre! Libre para servir al Señor. Libre para orar. Libre para adorar, y no con una conciencia culpable o una sonrisa hipócrita. Usted vive libre cuando abre su corazón a Jesucristo: "Y conoceréis la verdad, y la verdad os hará libres" (Juan 8:32). La Biblia también afirma: "Cristo nos hizo libres" (Gálatas 5:1) para que vivamos en libertad. La satisfacción y la libertad sexual vienen cuando usted conoce la verdad que le hace libre. ¡Jesucristo está a favor de la satisfacción y la libertad sexual!

Alguien podría objetar: "¿Pero Dios no es opresivo? ¿No es un asesino de la alegría? Siempre está diciendo: 'No hagas esto, no hagas lo otro'".

No, es exactamente lo contrario. Es como si el Señor colocara algunas cercas y dijera: "Dentro de esta cerca, eres libre de hacer lo que quieras. Puedes disfrutar mi regalo. Instalé esta cerca para que no destruyas tu vida. Estas son mis reglas según las cuales jugar y vivir".

Creo que muchos están diciendo hoy: "Quiero conocer las reglas". Pero usted no las encontrará en las columnas de anuncios del periódico. No las hallará en un horóscopo. No las encontrará en la mayoría de las universidades ni escuelas.

El único lugar para encontrar las reglas es la Biblia, porque Dios creó la sexualidad. El Diseñador que nos hizo escribió el manual que llamamos Biblia. Si usted juega según sus reglas, encontrará éxito en el área de la sexualidad.

Hace décadas, un joven compró un auto Ford Modelo A. Mientras conducía por una carretera de Indiana, el auto dejó de funcionar repentinamente, y rodó hasta una parada. El joven bajó de un salto y abrió el capó. Intentó arrancar el motor incontables veces, pero el auto se rehusó a ceder.

Después de varios minutos, un automóvil grande, negro, elegante, salió del camino y se estacionó a casi treinta metros detrás del Modelo A. Un caballero mayor, vestido de forma impresionante, salió del carro y caminó hacia el joven varado.

—¿Cuál es el problema con su carro? —preguntó.

—No funcionará —dijo el joven, con la rabia subiéndole a la cara—. ¿No lo ve?

—Déjeme ayudarle a repararlo —se ofreció el viejo.

El muchacho lo miró: Abrigo, corbata, frac, uñas arregladas. Lucía como si fuera a una fiesta de alta sociedad. *¿Qué sabe este viejo?,* pensó.

—No gracias —declaró el joven—, lo repararé yo mismo.

Jugueteó con algunos cables, intento arrancar el motor otra vez, pero aun así no encendió. Así que el viejo se ofreció otra vez:

—Escuche, déjeme darle una mano.

—No, señor —insistió el joven—. Lo haré yo mismo.

Pero después de veinte minutos más, se dio cuenta de que su carro simplemente no iba a encender. Así que se volteó hacia el hombre, con resignación en su voz, y dijo:

—Está bien, haga lo que pueda.

—Entre en el carro —ordenó el viejo.
El joven se desplomó en su carro mientras el hombre trabajaba bajo el capó. Pocos minutos después, el hombre dijo:
—Gire la llave.
El joven lo hizo y el auto volvió a la vida.
El joven saltó fuera de su carro, miró fijamente al hombre maravillado y preguntó:
—¿Quién es usted?
—Yo soy Henry Ford —dijo el hombre—. Yo inventé este carro. En el momento en que lo vi, supe exactamente lo que estaba mal. ¿Sabe algo? Dios es nuestro Henry Ford. Él nos hizo. Él sabe lo que nos hace funcionar. Él le dice: "¡Dame tu corazón! Conozco tus problemas; sé qué cables están cruzados. Sé lo que está sucediendo en tu vida. Yo inventé a los hombres, las mujeres y el sexo. Te hice de la manera en que eres. Déjame ser tu mecánico celestial".

Si usted vive según las reglas de Dios, sin esconderse detrás de máscaras ni colocarse una fachada o conformarse con un cristianismo de farándula, sino escogiendo lo real, le diré que será un hombre o una mujer feliz. ¡Será libre! Y disfrutará del verdadero amor.

Algo muy refulgente

Cuando el amor de Dios invade el corazón humano, todo cambia. Los blancos lucen más blancos, los rojos más rojos, los azules más azules. El amor cambia *todo*.

Un amigo mío visitó las Islas Cook en el Pacífico Sur. En un viaje en bote alrededor de la laguna azul turquesa de Aitutake, un guía llamado Ke habló con una gran sonrisa en su rostro y una voz alegre. "Antes que los misioneros vinieran, éramos cazadores de cabezas", dijo Ke. "Ustedes deben haber escuchado que estas islas fueron llamadas así por el Capitán Cook, pero eso no es cierto. Ellas deben su nombre a que nosotros los cocinábamos a ustedes y nos los comíamos. Pero ahora no queremos comérnoslos; queremos amarlos."

Escuché una historia similar mientras estaba en las Islas Fiji. Los misioneros cristianos llevaron el mensaje del evangelio a Fiji hace casi dos siglos.

Un conde europeo visitó las islas después de escuchar acerca de sus bellas chicas, bailes salvajes, playas prístinas y su gran clima. Pero cuando llegó, vio a todos los fijianos bien vestidos, y no como esperaba verlos, y sintió gran desilusión.

Se quejó con un jefe de tribu:

—Qué pena que su pueblo escuchara a esos misioneros y siguiera lo que les dijeron acerca de la Biblia. Yo vengo de Europa, y allí descartamos la Biblia hace mucho tiempo. Tiene que darse cuenta que está obsoleta, que no tiene significado, que no tiene poder. Es realmente una pena que ustedes, los fijianos, que solían vivir una vida tan libre y feliz en sus playas, ahora se comporten como cualquier tonto cristiano.

—Señor —respondió el jefe—, ¿ve esa roca allá?

—Sí.

—Debería agradecerles a los misioneros que vinieran y nos enseñaran el camino del amor.

—¿Por qué debería agradecerles? —preguntó el conde—. Son un montón de mitos de todas maneras.

—¿Sabe lo que solíamos hacer sobre esa roca antes que los misioneros vinieran? —continuó el jefe—. Tomábamos a las personas como usted y les cortábamos la cabeza. ¿Y ve el gran horno con la olla grande? Solíamos tomar a las personas cuyas cabezas habíamos cortado, los hervíamos y nos los comíamos. Así que, es mejor que agradezca que los misioneros vinieran y que nosotros creyéramos su mensaje de amor. Porque si no fuera por ellos, tendríamos su cabeza allí ahora mismo, y usted estuviera hirviendo para la cena de esta noche.

¡El amor hace la diferencia!

Dios le hizo a usted para ser amado y para amar, para disfrutar el fruto delicioso del amor. Pero no puede experimentar el amor real, no importa quién sea usted, a menos que primero conozca a Jesucristo. Si quiere amor genuino, debe tener el amor de Dios en su corazón, no sólo unos pocos versículos bíblicos ocultos en su cerebro, sino a Dios mismo vivo en su interior.

El amor es verdaderamente algo muy refulgente. Y el verdadero amor es Dios en acción en el corazón humano.

Cómo encontrar amor según la Biblia

1. Reconozca que el verdadero amor viene de Dios.
   "Queridos hermanos, amémonos los unos a los otros, porque el amor viene de Dios, y todo el que ama ha nacido de él y lo conoce. El que no ama no conoce a Dios, porque Dios es amor" (1 Juan 4:7-8).
2. Ponga su confianza en Dios.
   "Que tu gran amor, Señor, nos acompañe, tal como esperamos de ti" (Salmo 33:22).
3. Clame a Dios.
   "Tú, Señor, eres bueno y perdonador; grande es tu amor por todos los que te invocan" (Salmo 86:5).
4. Ame al Hijo de Dios, Jesucristo.
   "Y al que me ama, mi Padre lo amará, y yo también lo amaré y me manifestaré a él" (Juan 14:21).
5. Si quiere ser amado, comience por amar a otros.
   "El que reanima será reanimado... El que madruga para el bien, halla buena voluntad" (Proverbios 11:25, 27).
6. Haga planes específicos para bendecir a otros.
   "Pierden el camino los que maquinan el mal, pero hallan amor y verdad los que hacen el bien" (Proverbios 14:22).
7. No busque amor sexual fuera del matrimonio.
   "Pero al que comete adulterio le faltan sesos; el que así actúa se destruye a sí mismo" (Proverbios 6:32).
8. Si es casado, busque maneras de amar a su cónyuge.
   "El que ama a su esposa se ama a sí mismo" (Efesios 5:28).
9. No guarde resentimientos, sea rápido para perdonar.
   "El que perdona la ofensa cultiva el amor" (Proverbios 17:9).
10. Note que el amor es más que una emoción; debe actuar.
    "Queridos hijos, no amemos de palabra ni de labios para afuera, sino con hechos y de verdad" (1 Juan 3:18).

3

Amigo más cercano que un hermano

¿Popularidad o conexión?

> Hay amigos que llevan a la ruina, y hay amigos más fieles que un hermano.
>
> Rey Salomón de Israel, en Proverbios 18:24

Hace pocos años en Spokane, Washington, un grupo de estudiantes universitarios observaron sus cuentas de banco vacías y decidieron que necesitaban algo de dinero. Después de considerar sus opciones, rentaron un edificio de almacén en el centro y colocaron un aviso grande escrito a mano: "Escuchamos, a quince dólares la hora".

Ellos no aconsejaban. No sugerían una dirección. No ofrecían oración. Simplemente ofrecían escuchar por quince dólares la hora.

Y las personas hacían cola —cientos de ellas— para hablar. Los estudiantes hicieron miles de dólares sólo por escuchar.

¿Sabe lo más sorprendente acerca de esta historia? Aparte de su sesgo empresarial, la experiencia de Spokane podría multiplicarse por todo el mundo. Los hombres y las mujeres anhelan tanto la conexión humana que son capaces de expresar sus pensamientos más privados con completos extraños.

Una historia titular del periódico *USA Today*, "Profundos secretos dichos entre pasajeros en las Aerolíneas"[26], reportaba cómo un hombre de treinta años repentinamente comenzó a revelar sus secretos más oscuros al extraño que estaba sentado junto a él. El hombre confesó cómo su prometida se la había pasado el año anterior engañándolo. Reveló todo, cómo descubrió el auto del hombre fuera de su casa, cómo admitió ella que comenzó a buscar a otro porque él no era lo suficientemente bueno, cómo se sentía él solo y traicionado. El artículo contaba algunas historias similares; confío en la precisión del reportero, porque misteriosamente me suceden cosas parecidas.

Una vez mi hijo Andrew y yo estábamos sentados en la primera fila de un vuelo a Carolina del Norte. Dos aeromozas comenzaron a discutir, y una de ellas se sentó frente a nosotros, justo frente a mí.

—Usted no parece feliz —le dije.

—Será mejor que crea eso —replicó—. Traté de hablar con mi novio desde el aeropuerto de San Francisco, pero no me habló. Y justo ahora derramé algo sobre un pasajero.

Soy un sacerdote recibiendo la confesión en pleno avión, pensé.

—Lo vi leyendo la Biblia —continuó ella—. ¿Es usted pastor?

—Bueno, algo así. ¿Qué pasa con su novio?

—Oh, él está en Nueva York. Lo llamé, pero me colgó en cuarenta y cinco segundos.

—¿Dónde lo conoció?

—En un avión.

Antes que yo lo supiera, esta joven mujer estaba contándome toda la historia de su vida. Dijo que quería casarse, pero no podía encontrar un hombre decente. Sugerí que necesitaba que Dios la ayudara. Andrew sólo estaba allí sentado, con la boca abierta. ¡Un perfecto extraño! ¡En un avión!

¿Por qué los individuos buscan charlas de corazón a corazón con extraños? Según *USA Today*, lo hacen porque es seguro. Segundo, los extraños no emiten juicio, como hacen los miembros de la familia con frecuencia. Tercero, los extraños no chismorrean, ya que no conocen al individuo que está "confesando". Los tres factores crean lo que los siquiatras llaman "intimidad inmediata".

Sin embargo, esta intimidad sufre de un gran problema; es más inmediata que íntima. Derramamos nuestros corazones ante extraños porque carecemos de amigos cercanos confiables a quienes podamos revelarles con seguridad los temores secretos y los anhelos que mantenemos escondidos.

Dios nos hizo para las amistades, para establecer conexiones vitales y ricas con los demás. Nuestros corazones anhelan el tipo de afinidad espiritual que trasciende la distancia y el tiempo. Después de victorias aplastantes o derrotas terribles, tomamos el teléfono y hablamos con el amigo a quien sabemos que le importará genuinamente. Si necesitamos un oído interesado, gastamos lo que haga falta para contactar a un amigo confiable.

Así que hagámonos de uno.

Popular, pero solitario

Lamentablemente, las amistades cercanas no se desarrollan con facilidad en una sociedad transitoria y de ritmo acelerado como la nuestra. Con frecuencia, no nos quedamos el tiempo suficiente en un punto para descubrir quién podría llegar a ser un gran amigo. Y cuando nos quedamos, nos ocupamos tanto que podríamos más bien vivir en la luna.

Aunque la mayoría reconocemos instintivamente la necesidad de amigos confiables, no nos sentimos en absoluto seguros de cómo encontrarlos y cultivarlos. En un perpetuo consumo de tiempo, esparcimos nuestra red abierta y tratamos de hacer tantos conocidos positivos como sea posible. Confundimos pronto la popularidad con la conexión, y entonces no podemos imaginarnos por qué nos sentimos todavía tan solos.

La mayoría conocemos individuos que son siempre la vida de la fiesta, hombres y mujeres populares que parecen conocer a todo el mundo por su nombre, sin embargo, parecen extrañamente distantes y vacíos. Quizás nosotros seamos esos individuos.

Las cosas no cambiarán hasta que reconozcamos que existe un enorme abismo entre ser popular y tener una conexión genuina con otros seres humanos. La popularidad puede ofrecer una abundancia de conocidos superficiales y poco profundos, pero la verdadera amistad brinda profundas conexiones de corazón a corazón que, en el tiempo, pueden madurar a afinidad.

Opte por lo mejor

No es pecado ser popular, por supuesto. Todo el mundo quiere agradar. Si el cielo frunciera el ceño con la idea de la popularidad, entonces ¿qué estaríamos forzados a decir de Jesús? Cuando niño, creció "y cada vez más gozaba del favor de Dios y de toda la gente" (Lucas 2:52). Al comienzo del ministerio terrenal de Jesús, "Todos dieron su aprobación" (Lucas 4:22). Y apenas días antes de la crucifixión de Jesús, sus enemigos vieron las multitudes apretándolo y exclamaron: "¡Miren cómo lo sigue todo el mundo!" (Juan 12:19).

El peligro no reside en la popularidad *por sí misma*, sino en confundirla con amistad. Y al perseguir la popularidad en lugar de la conexión humana genuina, sólo podemos cometer un error. La popularidad puede actuar como potente vino, deleitando el paladar mientras ciega al que bebe contra un bus a toda velocidad. Recuerde que fue el popular Jesús quien dijo a las multitudes: "¡Ay de ustedes cuando todos los elogien! Dense cuenta de que los antepasados de esta gente trataron así a los profetas" (Lucas 6:26). Jesús sabía que la popularidad llega mucho más fácilmente cuando uno dice sólo lo que la gente quiere escuchar. Sin embargo, la verdadera amistad valora la verdad aunque duela.

Aunque la amistad puede ser más difícil de cultivar que la simple popularidad, también paga dividendos mucho mayores. Consideremos cinco maneras en las que la conexión genuina supera los beneficios de la popularidad.

Popularidad	Conexión
• Infla el ego	• Brinda reserva de fortaleza
• Preferido del día	• Favorito constante
• Anhela los cumplidos	• Busca la verdad
• Ampliamente conocido	• Profundamente conocido
• Busca ser la estrella	• Desea ser amigo

"Infla el ego" en oposición a "Brinda reserva de fortaleza"

No hay duda: la popularidad hace que la persona se sienta bien. Podríamos encontrarle cierta gracia a jugar el papel del rechazado, del villano solitario, pero dada la ocasión, la mayoría de nosotros escogería la popularidad en un segundo. Cuando sabemos que muchas personas gustan de nosotros, nuestro ego irrumpe con una gran sonrisa.

Pero los aumentos del ego, sin importar cuán frecuentes o potentes sean, tienen poco poder para sostenernos cuando golpean los problemas reales o el desánimo. Usted necesita un verdadero amigo, no un aficionado que busca autógrafos, cuando la vida se pone dura. Una conexión genuina y profunda con otro ser humano brinda una reserva de fortaleza que la popularidad no puede igualar.

Como una joven en Filipinas, Evelyn Fernández, quien era popular especialmente entre los jóvenes que anhelaban estar con ella. "Todos queríamos casarnos con ella cuando éramos jóvenes", me dijo un hombre. Pero Evelyn no les hacía caso. "Con todos los niños abandonados aquí en nuestra ciudad", preguntaba ella, "¿por qué querría casarme y tener más niños? Voy a adoptar varios y a levantarlos como míos".

Así que eso fue exactamente lo que hizo. Se convirtió en maestra de escuela primaria, y durante muchos años adoptó *cuarenta y dos* niños, todos excepto cuatro de los cuales terminaron trabajando para varios ministerios cristianos. Nunca recibió dinero de ninguna agencia internacional de desarrollo. La gente local que la conocía desde niña la ayudaba. A pesar de la tensión financiera y emocional, Evelyn escogió la conexión en vez de la popularidad, e influyó en cientos de vidas.

La conocí cuando fungía como presidenta del comité de niños de nuestra campaña en la Ciudad de Davau. Ella captó mi atención con otro sorprendente acto de generosidad.

Nuestra campaña en Filipinas tuvo lugar durante un severo revés económico. Nuestras reuniones habían terminado, habíamos dado una pequeña fiesta de despedida, y estábamos diciéndoles adiós a los miembros del comité ejecutivo. Mientras terminábamos la recepción, Evelyn me dio una tarjeta. Me imaginé que nos agradecía por ir a su país. Pero más tarde, cuando abrí el sobre, encontré tres billetes de cien dólares estadounidenses destinados a nuestro ministerio. "Gracias por venir a nuestro país", decía su nota. "Sabemos que usted no pidió dinero para el comité, pero yo sentí que debía dar algo".

Siempre me he considerado una persona dadivosa, pero su ejemplo me empujó a convertirme en aun más generoso, más receptivo, más sensible y sacrificado. ¡Imagínese! ¡Una mujer filipina soltera, una maestra de escuela que levantó a cuarenta y dos niños adoptados, me da a mí, un estadounidense rico (según los estándares filipinos), trescientos dólares! Considero a Evelyn un ejemplo vivo de la gracia de Dios. Sé que su espíritu generoso no se desarrolló por accidente; floreció cuando ella conscientemente eligió conexiones íntimas con otros seres humanos.

Usted podría no sentirse capaz de adoptar cuarenta y dos jóvenes sin hogar, pero, ¿cómo puede hacer conexiones personales vitales con los hombres y las mujeres a su alrededor? Por favor, no confunda la popularidad con la amistad; en realidad tienen poco en común.

Cada miércoles cuando estoy en casa, me reúno a las 6:30 a.m. con un grupo de nueve hombres. Oramos juntos y nos animamos los unos a los otros. La mayoría de estos hombres se ha convertido en mis cercanos amigos personales.

Unos cuantos años atrás, nuestro grupo comenzó a orar por un hombre que para entonces servía en el Senado de los Estados Unidos. Le enviamos una carta, y le dijimos que él estaba en nuestras oraciones. Unos problemas familiares terribles lo acosaban, y finalmente sintió como si todos lo hubieran abandonado. En una visita a nuestra área, él nos preguntó: "¿Puedo visitarlos en su reunión de oración?". Durante la mayor parte de su carrera política, había disfrutado de tremenda popularidad, pero dado que nunca tomó tiempo para forjar conexiones profundas y duraderas con individuos atentos, se encontró sin lugar adonde ir cuando su mundo se derrumbó.

La gente se siente sola en Estados Unidos. Algunos pagan enormes cantidades de dinero para sentirse menos solos. Adeudan enormes cuentas por membresías en clubes exclusivos, por fiestas lujosas, por servicios de compañía. Otros, sin grandes recursos financieros, se sienten confusos acerca de adonde voltear. Dado que el Señor sabía esto, creó su propio club, su propia sociedad, para dirigir al necesitado: la Iglesia, el Cuerpo de Cristo, la familia de Dios. Es allí donde Dios nos anima a conectarnos a un nivel profundo con otros en su familia.

Hace apenas unos días, un amigo me contó acerca de la trágica pérdida de su amigo. Mientras conducía con los tres niños de la pareja para visitar a los parientes de ella en otro estado, su esposa perdió el control del carro y murió por el violento vuelco. El choque hirió severamente a dos de los niños.

Si usted fuera el esposo en esta tragedia, ¿sabría dónde buscar ayuda? ¿A quién podría acudir? ¿Quién vendría en su ayuda? Cuando este hombre afligido informó a su iglesia del fatal accidente, ¿su pastor lo acompañó inmediatamente al hospital fuera del estado donde cuidaban a sus hijos heridos? Otros miembros de la congregación hicieron planes de viaje para acompañarlos unos días más tarde, y los amistades cristianas de toda la nación recibieron información sobre el desastre y ayudaron como mejor pudieron.

Nada restituirá la vida de la esposa de ese hombre, ¡pero cuánto mejor soportar tal tragedia con los amigos cercanos! Las conexiones profundas de corazón a corazón brindan una reserva de fortaleza en momentos oscuros. ¿Y la popularidad? Ni siquiera ofrece un poco de agua tibia.

"Preferido del día" en oposición a "Favorito constante"

La popularidad viene y va, dependiendo del humor del día y las modas del momento. Usted puede ser popular un minuto y olvidado el siguiente. ¿Podría mencionar de memoria los miembros del grupo de rock Boston o el jugador más valioso de la serie mundial de 1975 o los nominados a la presidencia y vicepresidencia del partido demócrata de 1988? ¿No? Bueno, en un momento, todos ellos disfrutaron de popularidad sustancial. Ahora usted necesita de una buena enciclopedia o de conexión a la Internet para buscar sus nombres.

Sin embargo, las conexiones personales cercanas sobreviven al paso del tiempo. Los gustos pueden cambiar, pero siempre poseeremos un buen diente para los amigos buenos y que conocemos desde hace mucho.

Mi esposa, Pat, y yo, atesoramos nuestra amistad de mucho tiempo con una pareja de Bellingham, Washington. Quienes componen la pareja no son oradores populares; no son ricos. Son sólo "gente común". Pero Pat y yo pocas veces nos sentimos más cómodos que cuando pasamos tiempo en su hogar. Los hemos conocido por casi cuarenta años, y, para nosotros, ellos se sienten como "zapatos viejos". No tenemos que actuar con ellos. Si estamos visitando su casa y queremos algo para tomar, vamos a la cocina y lo tomamos. Nos sentimos aceptados, completamente en casa. Consideramos tanto al esposo como a la esposa una gran bendición.

Me pregunto, ¿cuántos amigos tiene usted con quienes puede sentirse cómodo y relajado, a gusto y feliz, sin necesidad de actuar o pretender ser algo que no es? ¿Sin máscaras, sin juegos, sin presión, sólo el sentimiento satisfecho de ser usted mismo y "en casa"?

Con tales amigos, usted no siente necesidad de impresionar, ni necesidad de conservar falsas expectativas acerca de cómo debería conducirse un "cristiano serio". Usted puede hacer comentarios con toda la libertad o declaraciones espontáneas que nunca querría ver repetidas en el periódico (o hasta en la reunión de ancianos). Usted sabe que sus buenos amigos lo ven como parte de ellos mismos.

Sin embargo, ha aquí una advertencia: La amistad de largo tiempo no significa contacto sin interrupción. Usted puede conectarse con personas sin frecuentar su puerta día y noche. La amistad exige sabiduría. Algunos de los peores fracasos morales y sexuales ocurren entre "mejores amigos", cuando las parejas se acercan demasiado las unas a las otras.

La amistad tiene sus límites. Necesitamos establecer claras líneas de demarcación y establecer cercas y límites apropiados. Proverbios 25:17 dice: "No frecuentes la casa de tu amigo; no sea que lo fastidies y llegue a aborrecerte". Los límites crean amistades saludables. La tentación sexual con frecuencia golpea a aquellos que se abren demasiado. Si se ha vuelto demasiado íntimo con otro, es fácil deslizarse a áreas peligrosas. Establezca límites en su conversación y en la frecuencia con que se reúnen. Y no cruce esos límites; usted no puede permitirse el riesgo.

"Anhela los cumplidos" en oposición a "Busca la verdad"

La mayoría de los individuos cree que para seguir siendo populares tiene que ocultar su "lado feo." Vive con temor de que si la verdad se descubre alguna vez, su popularidad se evaporará (y la mayoría de las veces, tiene razón). Así que habita un mundo de fantasía, de castillos en el aire, adulación dulce como el azúcar y cumplidos que inflan el ego.

Aun cuando los verdaderos amigos se hablan con amabilidad entre sí, no esconden la verdad. Evitar los hechos desagradables puede ayudar a sostener la popularidad de uno, pero esto actúa como un cáncer en cuanto a la verdadera amistad. "Más confiable es el amigo que hiere que el enemigo que besa", dice Proverbios 27:6.

La verdad puede atemorizarnos, y sospecho que esa es una razón por la que algunos individuos reúnen muchos conocidos, pero muy pocos amigos cercanos. Ellos se rehúsan a correr los riesgos requeridos por la amistad honesta.

Y los riesgos existen. ¿Y qué tal si su honestidad enfurece a su amigo y le tira la puerta en su cara? ¿Y qué si la verdad obliga a su amigo a hacer cambios indeseados? ¿Qué tal si su honestidad hace de usted un mal olor en las fosas nasales de los demás? ¿Y qué si usted está equivocado en su percepción de "los hechos"? ¿Qué si le dice la verdad a una amiga, pensando que se sentirá agradecida y, en vez de eso, ella le ataca por entrometido?

La honestidad con un amigo puede, en efecto, acarrear riesgos, pero sin ella usted no puede desarrollar nunca conexiones personales capaces de sostenerle en tiempos difíciles y deleitarle en los buenos tiempos. Las amistades basadas en la verdad se fortalecen en las junglas de la realidad, pero los conocidos adictos a la adulación sobreviven sólo mientras la burbuja sobre la tierra de fantasía permanece.

¿Cuántos "amigos" se alejaron de la superestrella del básquetbol Kobe Bryant cuando se le acusó de acoso sexual a finales de 2003? ¿Cuántos permanecieron con el peleador Leon Spinks después que perdió su faja del campeonato de los pesos pesados? ¿Cuántos "amigos" perdió Bill Clinton una vez dejó la Casa Blanca en el 2000? Una década antes, ¿con cuántos "amigos" podían contar Rob Pilatos y Fab Morvan cuando la prensa en 1990 expuso su acto, Milli Vanilli, como un fraude musical? Aparentemente no muchos, ya que a pesar de vender diez millones de álbumes y conseguir cinco sencillos en la lista de los mejores (incluyendo tres de ellos número uno), Pilatos trató de cometer suicidio en 1991 al saltar de su suite en el Hotel Beverly Hills.

La verdadera amistad obtiene su prueba más difícil después del fracaso. Es entonces cuando usted descubre a sus verdaderos amigos. Los amigos genuinos le dirán a la cara que lo echó a perder, luego le echarán el brazo y resolverán en qué forma, y juntos, usted se puede recuperar.

Los fanáticos simplemente se alejarán.

Enfrentémoslo: los amigos cometen errores. Más de una vez, mis amigos cercanos han cometido errores al interpretar mis palabras o acciones. Me han hecho enojar, pero yo sabía que me amaban. Aunque se equivocaron, ellos se equivocaron bien, y Dios usó eso. Yo sabía que sus palabras provenían de amor puro y nada más.

¿Quiere usted que sus amigos monten un acto para usted? Los amigos no siempre ven o dicen las cosas correctas, pero usted no los rechaza porque lo reprendan. Aun si se equivocaran y le hicieran lucir mal, usted saldrá en defensa de ellos.

Hace algún tiempo, Pat y yo nos quedamos unos días con algunos amigos. En un momento dado, nuestros huéspedes sufrieron una seria riña marital. A nuestros ojos, parecía infantil y embarazoso, pero el incidente también reveló la intensa rabia que se había forjado durante años. La esposa desapareció en el dormitorio de la pareja durante cuatro largas e incómodas horas.

En su prolongada ausencia, me quedé sólo con mi amigo en la sala y traté de hacerlo hablar. Él sabía que había provocado la explosión de su esposa y parecía tanto ansioso como renuente a hablar. Hice algunos comentarios sencillos acerca de las relaciones entre esposo y esposa, acerca de cómo todos atravesamos ciclos cuando no podemos explicar por qué perdemos el autocontrol. Repentinamente, para mi sorpresa, este hombre orgulloso a quien no le gustaba mostrar debilidad comenzó a confiarme su historia.

No todos responden a la verdad de la misma manera. Algunas veces, un amigo se abre ante usted, usted le ofrece ayuda y la amistad muere. No es que usted hablara de forma inapropiada, sino más bien que su amigo dijo cosas que lamentó más tarde. Un instante y distancia prolongadas dan resultados.

Otro amigo visitó una vez nuestra casa por pocos días y dijo cosas que lamentó más tarde. Desde ese momento en adelante, nuestra amistad más o menos terminó. Las amistades pueden desintegrarse; eso es parte del riesgo. Pero ¿por qué alguien escogería la alternativa?

Un amigo mío vive en un mundo en que los cumplidos insinceros oscurecen el aire como buitres demasiado crecidos. Él sabe que necesita la verdad en medio de ese enjambre de adulación, así que invita a la honestidad de sus amigos más cercanos.

Nos conocimos cuando él aceptó servir como presidente de una de nuestras campañas. Pienso que no sólo quería ayudar en la actividad, sino también hallar ayuda para su propia familia en problemas. Su trabajo como abogado con mucho poder tensó sus relaciones tanto con su esposa como con sus niños. Yo percibí su necesidad de un amigo fuera de la política y la ley, alguien que no utilizara la información personal contra él. Durante meses, nos acercamos más al Señor a través de nuestra amistad.

Algún tiempo después de la campaña, el presidente de los Estados Unidos le pidió a mi amigo que tomara un cargo federal clave. Él me llamó inmediatamente para hablar y orar. Le aconsejé aceptar el empleo como una manera de abrir puertas, sembrar la semilla del evangelio y levantar una luz para el Reino de Dios. Él aceptó el puesto, y pronto se dio cuenta que tenía que despedir a varios individuos de sus empleos, incluyendo a algunos que eran amigos suyos. Cuando leí en los periódicos acerca del lío que enfrentaba, llamé a su oficina.

"Debes estar bajo mucha presión", dije. "Sólo quería orar contigo."

"Caramba", respondió, "estaba en el Kennedy Center anoche, sentado con un tipo que tengo que despedir esta tarde. Créelo. Necesito oración".

Hasta este día, él y yo permanecemos cercanos. Podría llamarlo ahora mismo e imagino que tomaría la llamada, aun si estuviera dirigiendo una reunión importante. Aunque interactuamos con menor frecuencia estos días de lo que solíamos hacerlo, ninguna distancia ha crecido entre nosotros. Él haría cualquier cosa por mí, y yo por él.

Una palabra de advertencia aquí: No espere de la amistad más de lo que ella puede dar. Si está buscando a un amigo humano por lo que sólo Dios puede suplir, va a decepcionarse. No le exija a su amigo lo que sólo Jesús puede darle.

Un amigo humano simplemente no puede darle satisfacción, paz, gozo, pero Jesús se especializa en los tres. Él los aseguró para usted en la cruz, y explicó antes de su muerte que "nadie tiene amor más grande que el dar la vida por sus amigos" (Juan 15:13). Jesús podría legítimamente insistir en que dejemos todo para servir a sus deseos, pero no lo hace. En vez de eso, nos dice, como dijo a sus discípulos: "Ya no los llamo siervos, porque el siervo no está al tanto de lo que hace su amo;

los he llamado amigos, porque todo lo que a mi Padre le oí decir se lo he dado a conocer a ustedes" (Juan 15:15).

Amigos. En los labios de Jesús, ¿tiene un lindo sonido, no?

"Ampliamente conocido" en oposición a "Profundamente conocido"

Si un amigo íntimo es bueno, ¿sería mejor tener veinte? ¿Treinta? ¿Cincuenta? ¿Mil?

No necesariamente.

No creo que usted pueda desarrollar muchos amigos cercanos. La popularidad puede vociferar por multitudes de fanáticos que le adoran, pero la conexión no puede suceder sin límite. Mientras la popularidad opta por la anchura, la amistad crece en la profundidad.

¿Por qué la diferencia? La popularidad no necesita pasar tiempo con sus admiradores; su interés reside principalmente en recibir, no en dar. A mayor número de fanáticos, mejor, y no importan mucho si están cercanos o distantes. En tanto uno pueda escuchar su aplauso, sirven al propósito.

Sin embargo, los amigos cercanos deben cultivarse. Usted no puede nutrir una amistad íntima sin pasar cantidades significativas de tiempo con su amigo, uno a uno. Escuchar el aplauso de un amigo no interesa ni cercanamente tanto como escuchar su susurro de consejo, ánimo o advertencia.

La experiencia me dice que poseemos diferentes capacidades para mantener amistades cercanas. Tres o cuatro es más que suficiente para algunos. La manera en que sus vidas les enclaustran, en que sus responsabilidades claman por su atención, hace que no puedan manejar más de cuatro buenos amigos, y no deberían sentirse culpables por eso.

En realidad, usted no necesita decenas de amigos. Usted sólo puede ofrecer amistad a poca gente. El tiempo no permite más; tampoco la vida. Hasta Jesús, el Hijo de Dios, desarrolló sólo unos pocos amigos cercanos durante su ministerio terrenal. Usted puede pensar en su "vida amistosa" como una serie de círculos concéntricos.

En la esfera exterior, se levantaban las aglomeraciones, las multitudes, que le rodeaban dondequiera que iba. Jesús les ministró y les enseñó y los amó, pero nos los escogió como sus amigos más cercanos. En el próximo círculo, vemos un grupo más pequeño de seguidores devotos, contándose desde 72 (Lucas 10) hasta 120 (Hechos 1:15). Los hombres y mujeres en este grupo ministraban con Jesús y lo representaban ante otros, pero ellos no podrían llamarse amigos cercanos. Pasemos a otro círculo más cerca del centro, y encontramos al grupo esencial del Señor: los doce discípulos. Él comía con estos hombres, viajaba con ellos, los retaba, los guiaba. Los llamaba a todos sus amigos, aun cuando uno lo traicionó.

Pese a eso, estos hombres no calificaban como sus amigos más cercanos. Esa distinción era para tres discípulos en el círculo, a sólo un aro del centro. Pedro, Santiago y Juan conocían a Jesús mejor que cualquiera en la tierra. Sólo a estos tres invitó Cristo al "Monte de la Transfiguración", donde reveló su gloria (Mateo 17:1-13). Fueron estos tres quienes le ayudaron en la oración que pidió justo antes de su arresto y crucifixión (Mateo 26:36-46).

Pero en el mismo centro de todos estos círculos, se paraba un hombre, Juan, a quien la Biblia congruentemente llama "el discípulo a quien Jesús amaba" (Juan 13:23; 21:7,20). Fue a Juan a quien Jesús confió el cuidado de su madre (Juan 19:25-27). Juan debe ser considerado el amigo terrenal más cercano del Salvador.

El ejemplo de Jesús sugiere que si usted valora la amistad cercana por encima de la popularidad, no puede tener muchos amigos íntimos. La vida simplemente no lo permite. En vez de eso, resuelva desarrollar unas pocas conexiones ricas y de corazón a corazón. Mi esposa no hace amigos fácilmente, pero cuando los hace, duran toda la vida. Sea que sus amigas cercanas vengan de posiciones socioeconómicas por encima o por debajo de la suya, no se siente ni avergonzada por lo uno ni orgullosa por lo otro. Son sus amigas, ella no le da importancia a su estatus social.

Así que ¿dónde puede encontrar usted la persona que se convertirá en su amigo más cercano? Primero, busque alguien cuyo corazón lata como el suyo en muchos asuntos fundamentales. Para que una amistad cercana se desarrolle, debe existir algo en común, sueños, ambiciones, metas y puntos de vista similares de la vida. Piense en la amistad cercana como una forma de trabajo en equipo. "Si caen, el uno levanta al otro", dice Eclesiastés 4:10. "¡Ay del que cae y no tiene quien lo levante!" Añade el libro de Proverbios: "En todo tiempo ama el amigo" (17:17), y más contundentemente: "Hay amigos que llevan a la ruina, y hay amigos más fieles que un hermano" (18:24).

Todos anhelamos unas cuantas compañías con quienes nuestra amistad se profundice tanto, con raíces tan fuertes, que nada pueda romper la conexión. Salomón habló de tales lazos indestructibles con su esposa y su mejor amigo: "Ni las muchas aguas pueden apagarlo, ni los ríos pueden extinguirlo", dijo (Cantar de los Cantares 8:7). Todos necesitamos unas pocas amistades como esa.

¿Y cómo los nutrimos, una vez que hagamos la conexión? Usted tiene que pasar mucho tiempo hablando de las cosas serias y profundas de la vida: La intimidad no puede desarrollarse sin abrirse el uno al otro y sin exponer su corazón.

Mis amigos más cercanos son todos cristianos. Yo consideraba al difunto Ray Stedman como uno de mis más íntimos amigos. Aunque pasaran dos años sin vernos, si yo levantaba el teléfono o él me llamaba, era como si nos hubiéramos hablado el día anterior.

¿Cómo llegamos a ese punto? A través de su amor desinteresado. Desde el momento en que me conoció durante un viaje misionero a Sudamérica, él tomó la iniciativa de cultivar nuestra amistad. Sabía que permanecería conmigo aunque yo hiciera la peor cosa del mundo. Nunca me abandonó, nunca renunció a mí, sino que habitualmente salía de su camino para ayudarme y animarme.

Usted puede no tener un Ray Stedman en su vida, pero si está casado, ¿se da cuenta que su cónyuge puede convertirse en su mejor amigo? Hace muchos años, compré un libro para Pat llamado *Mi mejor amigo*. Mientras garabateaba algunas palabras para ella, me di cuenta por primera vez: ¡Pat es mi mejor amiga! Hasta entonces, tenía compañeros a quienes consideraba amigos del alma, mientras pensaba en mi esposa como, bueno... sólo mi esposa. Amaba a Pat, haría cualquier cosa por ella, teníamos cuatro niños juntos, pero yo la consideraba casi un accesorio.

Sin embargo, eso me golpeó ese día: Mi mejor amiga es Pat, justo aquí, justo conmigo. Aunque nuestras personalidades difieren grandemente, compartimos la misma perspectiva, las mismas metas, la misma misión. ¡De esos compromisos compartidos se desarrollan los mejores amigos!

¿Podría su cónyuge convertirse en su mejor amigo, también? Seguro, si usted elige hacerlo así.

"Busca ser la estrella" en oposición a "Desea ser amigo"

El otro día leí un artículo acerca de Judy Garland, quizás la más grande artista del siglo veinte. Con su voz de oro y una magnética presencia en pantalla, la mujer que representó a Dorothy en el clásico de la cinematografía El mago de Oz exigía atención mundial. Aun así, le dijo a un escritor de la revista Forbes: "Si soy una leyenda, ¿por qué estoy tan sola?".

¿Una leyenda? Puede apostarlo. ¿Famosa? Por todo el mundo. ¿Una estrella? Ciertamente. ¿Popular? Sin duda. Y aun así, Judy Garland murió en medio de la noche por una sobredosis de drogas accidental, una mujer quebrantada y sola.

El estrellato puede brillar fuertemente por un momento, pero su luz permanece irregular y fría como hielo. La conexión genuina puede no atraer la mirada de los medios, pero sus brazos brindan una calidez reconfortante y firme. ¿Cuál elige usted?

Si opta por la amistad, note que va a necesitar ayuda para desarrollar las conexiones sólidas que realmente quiere. Si genuinamente desea unirse a otros a un nivel más profundo, no puede hacerlo solo. Los medios no pueden ayudarle; el dinero no puede ayudarle; ni siquiera el psiquiatra más entendido puede ayudarle. La forma más profunda de amistad se desarrolla sólo con ayuda divina.

Cuando era un niño pequeño, solía cantar: "El mejor amigo para tener es Jesús". Lo creía entonces, y lo creo hoy sinceramente. Cuando Jesús vive en su corazón, otras amistades vienen a ser más significativas, más valiosas, más satisfactorias. ¿Por qué? Porque usted se siente en paz. Usted no depende de algún humano imperfecto para que sea su amigo más cercano.

Vivo personalmente por esta filosofía. Sin duda, Jesucristo es mi mejor amigo. Si todos los demás me decepcionan, estaré horriblemente decepcionado y triste, pero no me desesperaré. Sé que tengo un amigo que nunca me dejará y nunca me abandonará. Sé que puedo depender de él por completo.

Jesús mejora todas mis amistades. No tengo que aferrarme a mis amigos, y no quiero que mis amigos se aferren a mí. En realidad, no soy digno de aferrarse. Existe un límite a cuánto puedo tomar de mis amigos, pese a cuán maravillosos puedan ser. Y ciertamente existe un límite a cuánto pueden ellos tomar de mí, no importa cuán maravilloso pueda ser yo.

Jesús da propósito a mis amistades. Si estoy convencido en mi corazón de que estoy en la pista correcta, no necesito escuchar de un amigo: "Estás haciendo lo correcto, amiguito". Obtengo mi aprobación de Jesucristo; por lo tanto, mis amistades pueden ser desinteresadas.

Ahora, no me malinterprete; es lindo escuchar a un amigo decir cosas reconfortantes. Pero si Jesús es su mejor amigo, usted no se desespera cuando nadie le dice cosas agradables. Si yo encallara en una isla desierta, estoy bastante seguro de que no me volvería loco. Extrañaría a mis seres queridos terriblemente, pero no me desesperaría.

¿Vio a Tom Hanks en la película *El náufrago*? Su representación de un hombre varado solo en una pequeña isla del Pacífico Sur le mereció una nominación al Premio de la Academia. El personaje de Hanks no podía soportar el aislamiento, así que cuando una pelota de voleibol fue arrojada sobre la orilla, él usó su propia sangre para pintar una cara sobre ella, le dio un cabello de hierba, llamó a su creación "Wilson", y lo hizo su mejor amigo. Le hablaba, le gritaba, lo golpeaba, lo abrazaba, y casi perdió su vida por él cuando fue arrastrado sobre fuertes corrientes del océano.

Inolvidablemente, Hanks ilustra la necesidad humana de los amigos. Pero él sólo me hace preguntarme: ¿Necesitaría un Wilson si yo fuera abandonado sobre un pedazo de roca, olvidado en medio del amplio océano azul? Sinceramente, no lo creo. Me sentiría dolorosamente solo, ¡seguro!, y haría mi mejor esfuerzo para llegar a casa. Pero no creo que necesitaría un Wilson; ya tengo un mejor amigo llamado Jesús. Y preferiría mucho más hablar con Él que con una pelota de voleibol con mal cabello y nariz sangrienta.

A la edad de cuarenta y cuatro años, Elvis Presley reservó su última presentación en Las Vegas. Un reportero fue a su cuarto de hotel y le preguntó: "Elvis, cuando comenzaste dijiste que querías tres cosas de la vida. Dijiste: 'Quiero ser rico, quiero ser famoso y quiero ser feliz'. ¿Eres feliz?".

Y Elvis Presley, "el rey del Rock and Roll", contestó: "No, no soy feliz. Estoy solo".

"El rey" murió pocos meses después.

Durante su vida, multitudes de fanáticos atropellaban a Elvis dondequiera que iba. Tenía que esconderse para disfrutar cualquier clase de privacidad. Elvis tenía todo el dinero del mundo. Las mujeres gritaban su nombre y trataban de agarrar pedazos de su ropa. Aun así, al final dijo que se sentía terriblemente solo. ¿Por qué?

Creo que estaba hablando acerca de una soledad interna, una soledad espiritual. Vea usted, Elvis creció en una buena iglesia cristiana. Su padre y su madre solían llevarlo a los servicios de adoración. Él cantó por primera vez en público en una iglesia. Pero existe una gran diferencia entre ir a la iglesia y encontrar al Señor Jesús. Usted tiene que solidificar su relación con Jesucristo, porque sólo Él puede darle paz interior, descanso real y un sentido de equilibrio.

Unas cuantas directrices

¿Qué debería hacer usted si realmente quiere desarrollar algunos amigos cercanos, pero no está seguro de cómo comenzar? ¿Qué debería recordar? Permítame esquematizar algunas directrices en su búsqueda de conexión.

Sea amigable para ganarse un amigo

No vaya por ahí buscando amigos; sólo sea amigable. Recuerde el refrán: "El que tenga amigos debe mostrarse amigo". La gente entonces se sentirá atraída a usted y dirá: "Yo podría disfrutar de esta persona como amiga".

Al mismo tiempo, observe que los amigos no aparecen ante su puerta. En raras ocasiones, la amistad comienza instantáneamente, pero aun entonces hace falta un dar y recibir genuinos. No es una calle de una sola vía. Usted debe cultivar la amistad, pues no crece automáticamente.

No trate de imponer la amistad

La amistad no puede ser impuesta o forzada. Usted no puede exigir amistad ni fabricarla. No puede inventarse; no puede planificarse. Usted puede enriquecerla, regarla, desarrollarla, pero sucede naturalmente, paso a paso.

Yo encontré por casualidad a la mayoría de aquellos que se convirtieron en mis amigos; nuestra relación se desarrolló a partir de ahí. Recuerdo a un hombre de negocios que trató de forzar una amistad cercana entre nosotros, pero la naturaleza de su personalidad lo hizo imposible. Una vez se le acercó a un amigo mío y le dijo: "Creo que Dios quiere que yo sea amigo personal y mentor de Luis", aun cuando él es mucho más joven que yo. Nunca sucedió nada.

No espere conexiones instantáneas

Las amistades no son café instantáneo; se desarrollan paso a paso. Aun después de pasar cuatro años con un compañero de cuarto de la universidad, usted puede no conocer mucho acerca de esa persona. Así se ve cómo va la amistad. Observe cómo él o ella responden en una variedad de situaciones. Luego pregúntese: "¿Vale la pena perseguir esto? ¿Va a ser esta una conexión de por vida, sólo algo pasajero o bueno, pero momentáneo?".

Asegúrese de ser confiable

La amistad exige confianza. ¿Pueden sus amigos confiar en usted? Si ellos le cuentan un secreto, ¿se queda la información sólo entre ustedes dos? Si usted hace una promesa, ¿la cumple? Si dice que va a llegar a las 8:15, ¿llega a las 8:15? Si va a tardarse, ¿llama y explica por qué? No espere que los amigos reales carguen con su falta de fiabilidad. Eso asesina amistades.

Ocúpese de dar más de lo que obtiene

La amistad es más algo que dar que algo que recibir. Usted no hace amigos con el fin de obtener algo. Si lo trata, está destinado a fracasar. Muchos individuos no tienen amigos porque sólo quieren recibir, no dar. Sienten carencia en su ser interior y quieren que alguien lo llene. La verdadera amistad es dar y recibir. Decídase a dar más de lo que toma.

Reconozca que las amistades saludables lo elevan

Una amistad saludable lo eleva; una insana lo arrastra al fondo. Aunque busque animar y levantar a la persona que es su amiga, asegúrese también de escoger amigos que lo animen y hagan de usted una mejor persona.

Asegúrese de tener expectativas reales

¿Qué espera de un amigo? ¿Qué necesita? ¿Qué está buscando? Explore profundamente. Responda a la pregunta: "¿Qué estoy buscando, y por qué?" Por encima de todo, percátese de que su amigo no puede darle todo lo que usted necesita. Nunca espere que un amigo supla lo que sólo Jesucristo puede darle.

Identifique a los amigos potenciales dentro de su esfera normal de actividad

Haga una lista de personas en su esfera de actividad con quienes cree que pudiera desarrollar amistad cercana. Comience a mostrar respeto y amor por ellos. La amistad ocurre donde usted vive, donde adora, donde trabaja. Mire alrededor y pregúntese: "¿Cuál es la clase de persona de la que me quiero sentir cercana? ¿Cómo puedo enriquecerlos a ellos y ellos a mí? ¿Cómo podemos ser mutuamente saludables?". Cierto que no puede ir a comprar amigos como si estuviera buscando vegetales en el supermercado, pero usted puede mantener sus ojos abiertos.

Busque hombres y mujeres con gran visión

Es divertido tener amigos con gran visión, con sueños enormes. Yo disfruto de los amigos que no están satisfechos con las cosas como son, que quieren que su vida efectúe un cambio en el mundo. También disfruto de las personas que no ven la vida como una gran fiesta, que no siempre insisten en divertirse. Mi clase de amigos disfruta el momento, las cosas buenas de la vida, una buena fiesta, pero se concentra en cómo hacer lo mejor en la menor cantidad de tiempo.

Busque amigos espirituales serios

Busque amigos moralmente honorables y espiritualmente serios. Alguien con una reputación de "fiestero" puede ser muy divertido en los buenos momentos, pero desanimado para otros. Aquellos que toman seriamente su compromiso con Jesucristo, pero que pueden reírse de sí mismos, brindan sus mejores apuestas para ser amigos potenciales.

No pruebe su amistad

Usted no prueba una amistad. La amistad existe o no existe. Usted no necesita pasar su vida tratando de imaginar si alguien es realmente su amigo o no. O usted es amigo, y lo sabe, o no lo es. Nunca trate de forzar los límites con el fin de probar la fortaleza de su amistad, para ver si su amigo estará con usted. Esa es una prueba que usted puede reprobar sólo al rendirla.

Ore

Pídale a Dios que abra sus ojos a las amistades que Él tiene para usted.

La cura para la soledad espiritual

Dios nos creó para vivir en compañía de otros. Todos anhelamos la clase de compañía de la que habla la Biblia, un amigo más cercano que un hermano (Proverbios 18:24). Creo que ese amigo es Jesucristo. Él es el único que puede llenar el profundo vacío en el ámbito de la soledad espiritual.

Usted puede ser católico, protestante, de una o ninguna religión, pero hasta que no abra su corazón a Jesucristo, continuará sintiéndose solo cuando se permita el tiempo para pensar.

Durante una producción de televisión de media noche, un joven con voz aguda llamó a nuestro programa.

—Señor Palau —dijo—, estoy completamente solo, y es tan atemorizante.

—¿Por qué estás solo? —pregunté.

—Mi papá está en el bar, está en algún lugar.

—¿Y dónde está tu mamá?

—Ella nos dejó hace cuatro años cuando yo tenía ocho.

—¿No tienes hermanos ni hermanas?

—Sí, tengo dos hermanas. Una tiene dos bebés, pero no está casada y vive en otra ciudad. La otra anda en las drogas y nunca viene a casa.

—¿Estás completamente solo en casa? ¿A qué hora regresa tu padre?

—Probablemente a las cuatro de la mañana. Y yo estoy muy solo y muy asustado.

¿Cuántos niños hoy sienten esta clase de soledad profunda? ¿Cuántos adultos? Sentí una profunda tristeza mientras hablaba con el joven que me llamaba.

—Mañana en la noche, ven a la cruzada en el estadio —le dije—. Voy a presentarte a un montón de personas que van a amarte.

Cuando el joven apareció al día siguiente, le di un gran abrazo y oramos juntos. ¡Qué joven tan adorable! Y tan solitario. Pero éste, de doce años, dio su vida a Jesucristo, y lo presentamos a un grupo juvenil local. La iglesia tomó al muchacho bajo sus alas y cuidó de él. Hoy, no se siente tan solo.

La soledad puede curarse. Jesucristo murió y se levantó otra vez para que pudiéramos llamarlo "amigo" y pudiéramos ser unidos como hermanos y hermanas en la familia de Dios. Todos tenemos momentos de soledad, pero nunca tenemos que sentirnos aislados y solitarios otra vez.

Jesús se ocupa de eso.

Cómo conectarse según la Biblia

1. *Admita su necesidad de otros.*
   "Si caen, el uno levanta al otro. ¡Ay del que cae y no tiene quien lo levante! Si dos se acuestan juntos, entrarán en calor; uno solo ¿cómo va a calentarse? Uno solo puede ser vencido, pero dos pueden resistir. ¡La cuerda de tres hilos no se rompe fácilmente!" (Eclesiastés 4:10-12).
2. *Desarrolle pocas amistades cercanas en vez de una barcada de conocidos.*
   "Hay amigos que llevan a la ruina, y hay amigos más fieles que un hermano" (Proverbios 18:24).
3. *Sea gentilmente honesto con otros y valore genuinamente su honestidad igualmente.*
   "Más confiable es el amigo que hiere que el enemigo que besa" (Proverbios 27:6).
4. *Reconozca que la verdadera amistad requerirá autosacrificio.*
   "Por tanto, imiten a Dios, como hijos muy amados, y lleven una vida de amor, así como Cristo nos amó y se entregó por nosotros" (Efesios 5:1-2).
5. *Recuerde que nadie quiere escucharle hablar incesantemente acerca de usted.*
   "No se crean los únicos que saben" (Romanos 12:16).
6. *Interésese más por la humanidad de la persona que por su posición social.*
   "No sean arrogantes, sino háganse solidarios con los humildes" (Romanos 12:16).
7. *Suprima sus instintos egoístas, y busque maneras de mostrar respeto a los demás.*
   "Ámense los unos a los otros con amor fraternal, respetándose y honrándose mutuamente" (Romanos 12:10).
8. *Rehúse darle a la amargura algún lugar en su alma.*
   "Sean bondadosos y compasivos unos con otros, y perdónense mutuamente, así como Dios los perdonó a ustedes en Cristo" (Efesios 4:32).

9. *No se concentre meramente en su propia diversión, piense en formas de alcanzar a otros.*

   "Preocupémonos los unos por los otros, a fin de estimularnos al amor y a las buenas obras" (Hebreos 10:24).

10. *Encuentre una buena iglesia y forje amistades centradas en Dios allí.*

    "No dejemos de congregarnos, como acostumbran hacerlo algunos, sino animémonos unos a otros, y con mayor razón ahora que vemos que aquel día se acerca" (Hebreos 10:25).

4

Un comienzo fresco

¿Aceptación o perdón?

Porque si perdonan a otros sus ofensas, también los perdonará a ustedes su Padre celestial. Pero si no perdonan a otros sus ofensas, tampoco su Padre les perdonará a ustedes las suyas.

Jesús, en Mateo 6:14

Fernando Montero tenía el mundo tomado por la cola: riqueza, prestigio, poder, influencia. Lo tenía todo. Con un artista internacionalmente aclamado por padre y equipado con un grado de la Universidad de Harvard, Fernando había escalado la escalera política para convertirse en secretario de defensa de Colombia a los treinta y siete años de edad. Se encargó del ejército de la nación, y dirigió sus ataques contra el poderoso cartel de la droga de Cali.

Entonces algo salió terriblemente mal.

Fue acusado de usar dinero de narcotráfico para financiar la campaña política del presidente. Montero cayó tras las rejas en una penitenciaría militar. Los oficiales de la prisión le cortaron todo contacto con el mundo exterior. Ningún periodista podía hablar con él; ningún amigo podía verle. Ni su padre ni su esposa trataron siquiera de visitarlo en la cárcel.

Finalmente, un amigo logró pasar en forma clandestina una Biblia dentro de la celda de Montero, y le exhortó a que leyera el libro de

Romanos. Fernando nunca había escuchado el evangelio de Jesucristo y, aunque el libro antiguo le intrigaba, también le confundía.

Hace algunos años, Cumplidores de Promesas (Promise Keepers) me invitó a Bogotá a hablar en su nombre, y durante nuestra visita un socio de Fernando me pidió que tratara de visitar a su amigo encarcelado. Estuve de acuerdo. Pensamos que los guardias nos regresarían en la puerta de entrada, pero para nuestra sorpresa, nos dejaron entrar. "Sólo dejen sus pasaportes aquí", ordenaron.

Entramos al complejo y pasamos cuarenta y cinco minutos con un Fernando fatigado y confundido. Nos dijo que había leído el libro de Romanos, pero indicó: "No lo entiendo. Simplemente, no lo entiendo". Rápidamente estuvo claro para mí que el principal problema de Fernando era la carga de pecado que llevaba. Confesó que había cometido muchos pecados, admitió que había sido encarcelado en parte por su mal comportamiento, en parte porque algunos amigos lo habían traicionado; no ocultó nada. Simplemente no podía entender cómo Dios era capaz de perdonarlo.

Yo remarqué el primer versículo de Romanos 8 ("Por lo tanto, ya no hay ninguna condenación para los que están unidos a Cristo Jesús") y enfaticé el perdón total y absoluto que Dios ofrece a aquellos que colocan su fe en Jesucristo. "Todo eso puede ser perdonado ahora mismo", declaré repetidas veces. "Todo eso, ahora mismo, para siempre." Al final de nuestro breve tiempo juntos, Dios quebrantó totalmente a este hombre. Nos arrodillamos, y Fernando le pidió perdón al Señor, maravillado aún de que el Señor pudiera perdonarle tan completamente.

Un tiempo más tarde, después de su liberación de prisión, Fernando se mudó a Londres. Durante uno de nuestros viajes a Inglaterra, Pat y yo lo invitamos a nuestro hotel para tomar el té. Cuando Pat bajó al lobby para conocerlo, él la saludó con las palabras: "Lo que me atrapó fue que su esposo me aseguró con la Biblia que TODOS mis pecados fueron perdonados en un momento, para siempre, para nunca ser sacados a colación otra vez". Él no podía olvidar el corazón perdonador de Dios.

Pocos días después de su visita, Fernando contó su historia a un grupo de hombres de negocios ingleses. "Yo nunca habría escuchado el evangelio de Jesucristo si no hubiera estado en la cárcel", admitió. "Yo era demasiado arrogante, demasiado orgulloso y no habría hablado con Palau si él hubiera venido a verme cuando yo estaba en el poder. No le habría recibido por tres minutos. Pero en la cárcel, yo estaba desesperado, estaba en una crisis, y Dios uso esto."

Soy tan indigno

Usted no puede imaginar cuántos individuos por todo el mundo me han dicho: "Me siento exactamente como Fernando. He cometido tantos pecados. Soy tan indigno".

La mayoría de nosotros admitimos sentimientos de indignidad. Quizás crecimos en la iglesia, fuimos a misa, hicimos la primera comunión, pasamos una semana en un campamento bíblico, asistimos a la escuela dominical o memorizamos algunos versículos bíblicos. Pero de alguna manera nos descarrilamos, nos casamos mal, nos fuimos de la iglesia, nos divorciamos y ahora nos sentimos tan culpables que creemos que Dios nunca nos aceptará de nuevo. Estoy acabado, pensamos. Dios terminó conmigo. Jesús está bien para la gente buena, pero no para mí. Para la gente de iglesia, pero no para mí. Bueno para la gente que cree como yo creía cuando era niño, pero ahora no hay esperanza para mí.

Estamos rodeados por hombres y mujeres que sienten como si Dios hubiera terminado con ellos. Muchos asisten a la iglesia fielmente, pero nunca han entendido completamente la gracia y el perdón de Dios.

Aun cuando la Biblia insiste en que Jesucristo ofrece perdón como un regalo gratis, muchos pensamos: *Tengo que convertirme en religioso primero. Tengo que hacer mis deberes. Tengo que hacer un esfuerzo especial. Tengo que cumplir promesas difíciles y organizarme.*

Nada de eso es verdad. La Biblia dice que Dios anhela hacerle libre, si usted abre su corazón a Jesucristo y dice: "Señor Jesús, soy indigno. Tú conoces los pensamientos que he tenido. Sabes las obras que he hecho. Pero si realmente moriste por mí, Señor, y te levantaste de los muertos entonces, por favor, limpia mi conciencia. Perdona mi pasado. ¡Hazme libre!".

Al pedir el perdón de Jesucristo, usted puede volar otra vez. No hay necesidad de vivir temiendo a los secretos oscuros.

Cada uno de nosotros, si somos sinceros, sabe que hemos hecho cosas vergonzosas. Todos necesitamos perdón. Aunque muchas veces no buscamos lo que realmente necesitamos. Con demasiada frecuencia, nos conformamos con un sustituto que no llega lo suficientemente lejos. Nos conformamos con aceptación cuando en realidad necesitamos perdón.

La diferencia no es tan sutil como puede parecer en primera instancia. El perdón hace borrón y cuenta nueva, mientras que la aceptación apenas la cubre. El primero dice: "Perdóname"; la segunda dice: "Discúlpame". El perdón reconoce completamente el mal que ha sido hecho, mientras que la aceptación con frecuencia minimiza la ofensa sólo para mantener la relación andando.

A nadie le gusta andar con una nube colgando sobre su cabeza. Probablemente, esa es la razón por la que nuestra cultura enfatiza con tanta fuerza la "tolerancia" y el "aceptar" a otros, y eso es bueno, pero de ahí no pasa. Sin embargo, para sentirnos completamente íntegros, lo que realmente anhelamos es perdón, un borrón y cuenta nueva.

El perdón supera la simple aceptación en al menos cinco maneras importantes:

Aceptación	Perdón
• Ofrece una manera para continuar	• Permite un comienzo fresco
• Brinda un respiro emocional	• Brinda liberación emocional
• Se basa en la técnica	• Se basa en la verdad
• Maneja la culpa	• Quita la culpa
• Detiene el sangrado	• Promueve la sanidad

Debemos aceptar a los demás por quienes son y por lo que son, pero cuando con nuestras acciones herimos o dañamos una relación amada, necesitamos más que simple aceptación. Un "discúlpame" nunca puede sustituir por completo a un "perdóname".

"Ofrece una manera para continuar" en oposición a "Permite un comienzo fresco"

Nos gusta escuchar a un amigo decir: "Olvídalo", cuando hacemos una tontería. Y con mucha frecuencia, no se requiere nada más. Los amigos aceptan a sus amigos y entienden que todos cometemos errores. Si llamáramos al personal de reparación de caminos por cada bache relacional en la vía, nunca llegaríamos a ninguna parte. "Sólo olvídalo", "Está bien", "No es para tanto", y "Sigamos adelante" funcionan bien la mayor parte del tiempo. Una actitud de aceptación nos permite continuar, seguir abriéndonos paso.

Algunas veces, necesitamos una manera de continuar tanto como requerimos un comienzo fresco. Algunos patrones necesitan romperse, pero ellos nunca se acaban si no paramos en seco en nuestros carriles, los llamamos por su nombre, expresamos pena genuina por el dolor que hemos causado y pedimos perdón.

¿Sabía usted que *arrepentimiento* es la palabra más positiva en el idioma inglés? Nunca lo consideré así hasta que escuché a mi amigo John Hunter afirmarlo. Casi siempre pensamos en el arrepentimiento como un término triste, oscuro y horrible; en realidad, es el vocablo más grandioso del mundo. Es el comienzo de una nueva vida. Es dejar el pasado atrás. Es comenzar de nuevo. Es una palabra muy liberadora.

Arrepentirse significa simplemente reconocer la verdad y comenzar a moverse en una dirección diferente. La salida es admitir la verdad: "He fallado; he causado dolor; he hecho mal". Arrepentimiento no significa golpear su pecho y encender una vela. Arrepentimiento no es arrastrarse en el polvo y actuar de forma extraña. El arrepentimiento es una convicción profunda de que he hecho mal, que herí gente, que ofendí a Dios y quiero cambiar. Esa es, en realidad, la única manera de empezar de nuevo. Arrepentimiento significa hacerse responsable de sus acciones y decir: "Sí, he pecado contra mi cónyuge [o mi vecino], lo siento, y por el poder de Dios me propongo comenzar a comportarme de manera más saludable".

Hace muchos años, escuché un sermón acerca de perdonar a otros como Jesucristo nos perdonó a nosotros (Colosenses 3:13). El orador explicó cómo un padre podía alienar a sus niños y perder una relación adulta con ellos por algo que hizo años antes. "Quizás sea tan pequeño como una promesa rota", dijo.

Ese sermón hizo un hueco en mi alma. Regresé rápidamente a casa, y llamé individualmente a mis hijos gemelos, que para entonces tenían nueve años de edad.

"Kevin", le dije al primero, "¿alguna vez te he prometido algo que no haya cumplido? ¿O te he dicho algo que hiriera tus sentimientos y nunca te pedí perdón?".

"Sí, papá", respondió inmediatamente. "La Navidad pasada nos prometiste a Keith y a mí un regalo especial que yo realmente quería y nunca me lo diste."

Abracé a mi hijo contra mi pecho y dije: "Kevin, por favor, perdóname".

"Te perdono, papá."

"Está bien, Kevin, iremos al centro comercial hoy y voy a comprarte ese juguete. ¿Alguna otra cosa que te prometiera pero nunca cumplí?"

"No, no me acuerdo de nada."

"¿Te he ofendido alguna vez y nunca te pedí perdón?"

"No, papá, creo que no."

Dejé ir a Kevin y llamé a Keith.

"Keith", le dije, "¿alguna vez te he prometido algo que no haya cumplido?"

"Sí."

"¿Qué?"

"La Navidad pasada me prometiste un juguete especial, el mismo que quería Kevin, pero nunca me lo diste."

Aparentemente, yo la había hecho en grande con mis muchachos, y ni siquiera lo sabía.

"Está bien", dije, "voy a comprarte uno hoy. ¿Me perdonarás?"

"Sí, te perdono."

"¿Alguna vez he herido en verdad tus sentimientos, Keith, y nunca te pedí perdón?"

"Sí."

Yo no esperaba esa respuesta.

"¿Qué hice?", pregunté.

"¿Recuerdas cuando nació Stephen?"

Él había aparecido en escena seis años antes.

"Sí, recuerdo cuando nació Stephen. ¿Qué sucedió?"

"¿Recuerdas cuando mamá iba a tener a Stephen, que saltaste al carro y saliste para el Hospital en Ciudad de México?"

"Sí, lo recuerdo."

"Regresaste media hora después. Te habías olvidado de la maleta para el bebé."
"No lo recuerdo."
"Bueno, yo lo recuerdo."
"¿Y qué sucedió?"
"La maleta estaba toda desordenada y tú me azotaste porque pensaste que yo lo había hecho."
"Pero, ¿no la desordenaste tú?"
"No. Uno de los niños vecinos lo hizo."
Hombre, me sentí tan mal. ¡Seis años! Keith nunca había olvidado que lo azoté injustamente. De inmediato, lo acerqué a mí y le dije:
"Keith, te azoté por algo que no hiciste. ¿Me perdonarás?"
"Seguro, te perdono."
Veinte años más tarde, estábamos hablando acerca de este incidente, y Keith dijo, riendo: "Sabes papá, te aprovechaste de nosotros. Sólo teníamos nueve años y yo no me di cuenta de la mina de oro que nos ofreciste. ¿Por qué no nos preguntas ahora si hiciste alguna promesa que no hayas cumplido?".

La aceptación brinda un servicio bueno y necesario, pero nunca sanará las heridas que sólo el arrepentimiento y el perdón pueden tratar. Algunas veces, herimos a alguien y rápidamente olvidamos el incidente, pero la parte herida nunca lo olvida. Multiplique juguetes olvidados y azotes no merecidos por mil, y pronto comenzará a ver cuánto arrepentimiento y perdón necesita.

"Brinda un respiro emocional" en oposición a "Brinda liberación emocional"

Cuando hemos agraviado a una persona, la aceptación permite que la relación continúe proveyendo una tregua emocional al dolor. Cuando la persona agraviada decide olvidar el asunto y "dejar atrás el pasado", podemos mantener nuestra interacción a cierto nivel.

Pero a menos que la parte agraviada perdone, hasta que traigamos el problema a la luz del día y completa y finalmente nos encarguemos de él, sólo estamos disparando Novocaína a un pie infectado. El tratamiento trae cierto alivio del dolor y nos permite continuar caminando, pero la infección nunca mejora en absoluto.

Un respiro emocional se siente bien, pero la libertad emocional es absolutamente mejor. La libertad condicional puede iluminar nuestro día, pero la libertad completa ilumina nuestra vida. Y la libertad, en realidad, es el punto.

Durante su niñez, un amigo mío observó que un tío parecía siempre rondar la granja de la familia. Un día, este tío se ofreció a llevar a la mamá de mi amigo de compras. Mi amigo, quien sólo tenía cinco años y medio, pensó: *Ah, ¡esto es fantástico! Me voy a esconder en la parte trasera del carro. En el centro comercial, sacaré mi cabeza y ellos me comprarán algo.*

Así que el pequeño se tiró en el piso de la parte posterior del auto antes que este saliera zumbando. Pero en vez de dirigirse hacia un centro comercial, el carro se detuvo en un parque. Mi amigo se aterrorizó cuando escuchó una conmoción desde el asiento delantero. Después de varios minutos de ruidos raros, el muchacho curioso asomó su pequeña cabeza sobre el asiento de atrás, y ahí estaba su mamá, tendida sobre su espalda, con el tío encima de ella.

La madre entró en pánico. Tanto ella como el tío saltaron, y éste amenazó al muchacho: "Si alguna vez le dices a tu papá algo de esto, si le dices a alguien, me encargaré de ti". Mi amigo nunca más vio a ese tío.

Años más tarde, mi amigo, un hombre de negocios exitoso, cuidó de sus padres ya mayores hasta que murieron, sucumbiendo su madre seis meses después de su padre. A la edad de cincuenta y siete años, mi amigo me confesó: "Luis, ¿sabes lo que realmente dolió? A medida que los años pasaron, mi madre nunca se disculpó. Ella nunca dijo: 'Lo siento'. Nunca habló de esto. Mi padre nunca lo descubrió, y yo no tuve corazón para decírselo".

Aunque mi amigo asiste fielmente a la iglesia y todos lo consideran un gran tipo, sufrió una depresión nerviosa masiva poco después que sus padres murieron. Él nunca perdonó a su madre, y los recuerdos de su problema no resuelto lo demolieron. Imagínese, un tipo brillante, un inventor, un millonario que colapsó emocionalmente, porque nunca resolvió la enconada rabia en su alma. Él necesitaba la liberación emocional del perdón, no el respiro emocional de la aceptación.

En Mateo 18, Jesús dijo una parábola acerca de la necesidad de perdonar a los demás. Aquellos que se rehúsan a perdonar, dijo, sólo cierran la puerta de su propia celda de prisión. La gente que no perdona sólo puede esperar "rabia" y "tortura", dijo Jesús. Y terminó su historia con las sobrias palabras: "Así también mi Padre celestial los tratará a ustedes, a menos que cada uno perdone de corazón a su hermano" (v. 35).

¡Pero Jesús quiere que caminemos libres!

Una joven mujer escocesa hizo este descubrimiento después que pasó varios años tras barrotes emocionales. Su padre abandonó a la familia y se fue a trabajar a Arabia Saudita. La amargura dominó su corazón, y, al pasar el tiempo, un desagradable rencor contra él creció aún más. Finalmente, ella dio su vida a Jesucristo, pero todavía rehusaba perdonar al viejo.

Un día, escuchó las palabras de Jesús: "Porque si perdonan a otros sus ofensas, también los perdonará a ustedes su Padre celestial. Pero si no perdonan a otros sus ofensas, tampoco su Padre les perdonará a ustedes las suyas" (Mateo 6:14-15). Ella tomó la advertencia de su Señor de corazón, escribió una carta a su padre, y le dijo que, por causa del amor de Jesús, ella lo perdonaba por alejarse y nunca regresar.

Para su sorpresa, el viejo de corazón roto inmediatamente escribió una respuesta, y le pidió perdón... y le preguntó a su madre si podía volver a casa.

El perdón le libera. Si permite que la amargura y la rabia crezcan en su corazón, usted es el que paga. Mi esposa y yo estábamos hablando recientemente acerca de unos amigos de Inglaterra. Hace cinco años, el esposo le anunció a su esposa: "Estoy cansado de ti, tú hablas y hablas y hablas. Eres molesta. Nunca nos separamos del otro. Eres buena cocinera, pero mi madre era mejor...".

Él repiqueteó toda clase de líneas hirientes. Dejó a su esposa, y se fue con una mujer que conoció cuando ambos eran adolescentes. Durante los primeros meses después de la separación, la esposa sentía una rabia terrible, y con razón. Duele ser abandonado por alguien. Al principio, nos dijo que ella podía haberle disparado a su esposo. Pero un día de Navidad, ella llamó a mi esposa desde Inglaterra.

"¡Soy libre!", gritaba. "Soy libre!"

Pat erróneamente pensó que había conseguido el divorcio. "No", explicó nuestra amiga: "No me divorcié de él. Lo perdoné".

Diez días antes de Navidad, esta mujer finalmente decidió que su amargura y su rabia estaban destruyéndola. Así que declaró: "Tal como

Dios en Cristo me ha perdonado, yo lo perdono. ¡Y me siento tan libre!". Desde ese día, y han sido varios años, ella ha disfrutado de verdadera libertad. ¡Somos libres cuando perdonamos!

"Se basa en la técnica" en oposición a "Se basa en la verdad"

Aunque todos reconocemos instintivamente nuestra necesidad de perdón, los seres humanos han desarrollado montones de técnicas para lidiar con la culpa aparte del perdón. Lo negamos. Aliviamos su dolor con drogas o alcohol o sexo. Tratamos de ignorarlo, apaciguarlo, redefinirlo mediante costosos procedimientos psicológicos. Pedimos a espiritistas que quiten la maldición que imaginamos descansa sobre nosotros. Adoptamos el ateísmo, esperando que nuestros sentimientos de culpa se alejen si nosotros alejamos a Dios. Tratamos de compensar nuestras malas acciones con buenas obras. Y algunos que se cansan de la lucha cometen suicidio.

Pero ninguna de estas técnicas resultan al final, porque nunca tratan completamente con la verdad de nuestra culpa. Usted no puede hacer suficiente penitencia para quitar su culpa. Sólo Jesucristo puede sacarla, porque únicamente Él tiene el poder y la sabiduría para oponerse a ella en su fuente. Como dijo el apóstol Pablo: "Antes de recibir esa circuncisión, ustedes estaban muertos en sus pecados. Sin embargo, Dios nos dio vida en unión con Cristo, al perdonarnos todos los pecados y anular la deuda que teníamos pendiente por los requisitos de la ley. Él anuló esa deuda que nos era adversa, clavándola en la cruz" (Colosenses 2:13-14). Jesús brinda perdón a través de la verdad.

Durante un encuentro con la secretaria del partido comunista de Ecuador hace varios años, yo sólo podía ofrecerle la verdad de Jesucristo.

Esta mujer, una amarga revolucionaria, vino a verme después que vio a uno de nuestros programas de televisión participativos. Me maldijo y también a mi madre, me insultó repetidas veces, y orgullosamente se describió a sí misma como atea. Dijo que provenía de la clase alta, con raíces católicas, pero había abandonado la iglesia hacía mucho tiempo. Cuando su madre murió, ella asistió al funeral principalmente para burlarse del arzobispo, que ofició las honras. Ella se había casado y divorciado tres veces. Ardía en cólera. Pero yo podría decir que ella se sentía profundamente culpable por sus actividades revolucionarias.

Así que pensé: ¿Qué versículo de la Biblia citaré? Hebreos 10:17, y sólo Hebreos 10:17 me vino a la mente: "Y nunca más me acordaré de sus pecados y maldades".

—Bueno, yo no creo que la Biblia sea la Palabra de Dios —me riñó.

—Usted puede no creerlo —dije, pero Dios dice: "Y nunca más me acordaré de sus pecados y maldades".

—¡Ah, ustedes los sacerdotes y San Pablo son todos iguales! Tramposos y mentirosos cada uno.

—Aun si eso fuera cierto —repetí—, Dios todavía dice: "Y nunca más me acordaré de sus pecados y maldades".

Nuestro combate siguió por una hora y media. Conté cuántas veces cité el versículo: diecisiete. Hacia el final ella comenzó a llorar.

—Si existe un Dios —dijo—, ¿piensa que perdonaría a una mujer como yo?

Y yo repetí una última vez:

—"Y nunca más me acordaré de sus pecados y maldades."

Ella hizo una pausa, luego dijo despacio:

—Si Dios puede perdonarme, puede perdonar a cualquiera en el mundo.

Y justo allí le pidió al Señor Jesús que perdonara sus pecados y la limpiara. Renunció a su membresía del partido y fue convertida maravillosa y completamente a Jesucristo.

¿Cómo nos perdona Cristo? Primero, nos perdona aunque todavía somos culpables: "Pero Dios demuestra su amor por nosotros en esto: en que cuando todavía éramos pecadores, Cristo murió por nosotros" (Romanos 5:8). Cristo murió en la cruz para perdonarnos cuando todavía éramos rebeldes. Él nos perdona por su propia y libre voluntad. Todo lo que pide es que vengamos a Él con corazones sinceros y digamos: "Dios, por favor, perdóname y hazme tu hijo". Crea que Él murió en la cruz por usted y que se levantó otra vez de la tumba para darle vida. Como dijo el apóstol Pablo: "Que si confiesas con tu boca que Jesús es el Señor, y crees en tu corazón que Dios lo levantó de entre los muertos, serás salvo" (Romanos 10:9).

Jesús trata con nuestra culpa sin aplicar una técnica sofisticada, sino tomando nuestra pecado sobre sí mismo. "Dios estaba reconciliando al mundo consigo mismo, no tomándole en cuenta sus pecados", nos dice Pablo. ¿Cómo? "Al que no cometió pecado alguno [Cristo], por nosotros Dios lo trató como pecador, para que en él recibiéramos la justicia de Dios" (2 Corintios 5:19, 21).

Cuando visitamos Rusia justo antes de la caída de la Unión Soviética, conocimos a miles de hombres y mujeres que anhelaban ser libres de la culpa personal. Durante setenta años, sus maestros ateos les habían dicho que el pecado no existe, que la culpa fue invención de una imaginación religiosa enferma y nada más que una herramienta sacerdotal para mantenerlos en atadura. Pero ellos sabían más. Nunca olvidaré las lágrimas de pesar que vimos dondequiera, constantes, abundantes y fluyendo libremente. No nos quedamos por mucho tiempo; visitamos cinco ciudades en nueve días. Pero eso fue suficiente para presenciar un derramamiento nacional de pesar, especialmente cuando hablé de perdón. Cuando comencé a mencionar promesas de la Biblia, las multitudes sólo se quebrantaban y sollozaban. Eso me tocó profundamente. Mientras me paraba detrás del púlpito, una voz en el público gritaba algo en ruso.

—¿Qué está diciendo? —preguntaba a mi intérprete.

—Todos están diciendo: ¿Soy perdonado? ¿Soy perdonado? —respondía él. Ellos seguían planteando esa única pregunta una y otra vez, sin importar en qué lugar del país estuviéramos.

Sobre la cruz Jesús, trató decisivamente con nuestra culpa. La Biblia dice que su sangre sigue limpiándonos de todos nuestros pecados, mientras estemos viviendo en la luz de la presencia de Dios (1 Juan 1:7). No importa que pecados podamos haber cometido.

Mi esposa y yo estábamos desayunando en casa de unos amigos cuya hija acababa de soportar un divorcio confuso. Cuando ella y su esposo militar vivían en Hawai, un amigo llegó a visitarlos tres semanas. Mientras su esposo se iba al trabajo, este tipo caminaba por la playa y nadaba, luego regresaba a charlar con la esposa del amigo. Después de casi una semana y media, comenzó a hacer bromitas y pases tímidos. Finalmente, se puso un poco más descarado, y ella aceptó. En un momento de debilidad, él se le arrojó, ella se rindió, y cometieron inmoralidad sexual.

Cuando ella se dio cuenta de lo que había hecho, se hizo pedazos. Le dijo al hombre que se fuera, pero él se quedó rondando hasta el final de la tercera semana. Ella no sabía si contarle o no a su esposo. Pero finalmente se sintió tan culpable y miserable que dijo: "Tengo que decirte algo y necesito tu perdón". Escuchando la confesión de su esposa, este joven esposo se enojó tanto que la lanzó fuera e inmediatamente presentó el divorcio. Y así terminó el matrimonio.

La mujer sufrió una depresión masiva, y se mudó con sus padres. Ni sicólogos ni siquiatras podían hacer nada para ayudarla. Así que cuando Pat y yo llegamos, sus padres preguntaron: "¿Le hablarían a nuestra hija? Quizás ustedes puedan hacer algo para ayudar".

Estuvimos de acuerdo, y cuando su hija nos contó su historia comenzó a llorar incontrolablemente.

—¿Sabes?, existe el perdón —dijimos—. Lo lindo es que el Señor Jesús te perdonará. La Biblia dice que la sangre de Cristo te limpiará de todo pecado, cada pecado es perdonado.

—Pero, ¡yo lo hice! —seguía repitiendo ella—. ¡Lo hice! Sabía que estaba mal. Sabía que no estaba bien, pero lo hice de todas maneras. Fue mi culpa. Ahora mi esposo está casado de nuevo y yo estoy arruinada.

Ella habló la verdad. Fue su culpa y estaba en ruinas. Estaba completamente destrozada.

—¡Dios nunca me perdonará! —insistía—. ¡Miren lo que le hice a mi hogar!

Durante hora y media, leímos pasaje tras pasaje de la Biblia, para asegurarle el amor de Dios. Finalmente, la Palabra de Dios comenzó a penetrar la niebla alrededor de su torturada mente. Las lágrimas se secaron y el entendimiento comenzó a brillar en sus húmedos ojos. Ese día, esa joven mujer, de sólo veintiséis años de edad, abrió su corazón al Señor Jesús. Por supuesto, necesitó consejería posterior para ayudarla a rehacer su vida, pero dio el primer paso ese día al pedirle a Jesucristo que la perdonara y se llevara su culpa.

Eso fue hace muchos años. Ahora tiene cincuenta años, pero todavía vive en la gracia y el perdón de Jesucristo. Disfruta de paz con Dios. Es una mujer feliz otra vez. Los recuerdos permanecen, pero han perdido para siempre su poder de atemorizar. ¿Por qué? Porque cuando el Señor Jesús perdona, perdona completamente.

"Maneja la culpa" en oposición a "Quita la culpa"

La mayoría de los psicólogos le dirán que la culpa no resuelta explica el ochenta por ciento de todos los problemas siquiátricos y sicológicos. Los hombres y las mujeres buscan desesperadamente alivio de la culpa.

El difunto escritor inglés Somerset Maugham dijo una vez: "Si anotara cada pensamiento que he tenido alguna vez, y cada obra que he hecho, la gente me llamaría un monstruo de la depravación".

Miles de individuos viven temiendo ser descubiertos. *Cualquier día esto va a saltar y me va a atrapar*, piensan, *y voy a pagar un precio exorbitante*. Así que viven desesperados. Más de una vez cuando he citado la frase: "La mayoría de los hombres viven vidas de callada desesperación", he visto muchachos romper en lágrimas.

Hasta los mejores entre nosotros tienen secretos ocultos, secretos no conocidos por ningún otro. Quizás usted tuvo una aventura. Quizás engañó con dinero. Quizás mintió acerca de alguna calificación o experiencia. Usted es lo suficientemente listo para cubrirlo, pero por dentro se siento destrozado y culpable.

La pregunta es: ¿Cómo podemos tratar mejor con la culpa? ¿Qué debemos hacer con ella? Un creciente número de hombres y mujeres hoy tratan de manejar su culpa personal, mantenerla bajo control, encubierta. Han tratado y fallado en negarla, no pueden ver cómo deshacerse de ella, así que aprenden pequeños trucos para tratar y mantenerla encerrada (tanto como sea posible).

Ellos tienen razón acerca de una cosa: La culpa es real. Todos luchamos cuerpo a cuerpo con ella. Pero Jesucristo quiere hacer más que manejar la culpa; Jesús quiere quitarla.

> Subió Jesús a una barca, cruzó al otro lado y llegó a su propio pueblo. Unos hombres le llevaron un paralítico, acostado en una camilla. Al ver la fe de ellos, le dijo al paralítico: "¡Ánimo, hijo; tus pecados quedan perdonados!". Algunos de los maestros de la ley murmuraron entre ellos: "¡Este hombre blasfema!". Como Jesús conocía sus pensamientos, les dijo: "¿Por qué dan lugar a tan malos pensamientos? ¿Qué es más fácil, decir: 'Tus pecados quedan perdonados' o decir: '¿Levántate y anda?'. Pues para que sepan que el Hijo del Hombre tiene autoridad en la tierra para perdonar pecados...". Se dirigió entonces al paralítico: "Levántate, toma tu camilla y vete a tu casa". Y el hombre se levantó y se fue a su casa.
>
> Mateo 9:1-7

Todos luchamos con la culpa, pero si se nos deja, nos quedamos echados en la camilla. Jesús nos da una manera de *deshacernos* de ella totalmente. La Biblia dice que la culpa puede ser quitada por Dios, nuestro Creador, y erradicada de nuestra conciencia a través de la fe en su Hijo, Jesucristo. Jesús murió en la cruz para proveer perdón y quitar nuestra culpa. La Biblia dice que cuando venimos a Él en fe, Jesucristo "purificará nuestra conciencia de las obras que conducen a la muerte, a fin de que sirvamos al Dios viviente!" (Hebreos 9:14). Podemos tratar de lidiar con nuestra culpa, pero solamente Jesús puede quitarla y limpiar nuestra conciencia.

Los individuos heridos con culpa terrible necesitan escuchar que Dios es un Dios bueno, un Dios amoroso. Él conoce todo acerca de nuestra culpa y quiere alejarla. La Biblia nos dice francamente que todos nos hemos extraviado de Dios y tomado nuestro propio y terco camino, pero en amor Dios ha hecho posible que regresemos a Él, sin barrer nuestros pecados bajo la mesa, ni ignorarlos, ni manejarlos, sino quitándolos mediante la fe en Jesucristo. Jesús puede quitar nuestra culpa y limpiar nuestra conciencia, algo infinitamente superior a la habilidad de hasta el psiquiatra o psicólogo más dotado. Ellos pueden ayudar señalando con precisión los problemas, pero ninguno se atrevería a decir: "Yo puedo quitar su culpa".

Jesús sí lo afirma.

> "Pues para que sepan que el Hijo del hombre tiene autoridad en la tierra para perdonar pecados... [Jesús] se dirigió entonces al paralítico: "A ti te digo, levántate, toma tu camilla y vete a tu casa". Al instante se levantó a la vista de todos, tomó la camilla en que había estado acostado, y se fue a su casa alabando a Dios.
>
> Lucas 5:24-25

El escritor de Hebreos celebraba la habilidad de Jesús para quitar la culpa y urgía a sus lectores: "Acerquémonos, pues, a Dios con corazón sincero y con la plena seguridad que da la fe, interiormente purificados de una conciencia culpable y exteriormente lavados con agua pura" (10:22).

Por supuesto, no todos celebran la obra de Jesús. Hace algunos años, aparecí en un programa radial de llamadas en Inglaterra. El anfitrión me contó acerca de un buen amigo suyo de un hogar estrictamente religioso, un hombre con "una calificación A en culpa".

—Yo creo que los principios bíblicos revelados te ayudan a salir de la culpa y de los nudos que atan a ese "calificación A en culpa" —dije—. Cristo entra a tu vida y limpia tu conciencia y le hace saber: "Sí, eres pecador. Sí, estás equivocado, pero verdaderamente te perdono. Eres limpio".

El anfitrión no lo creyó.

—Lo siento, Luis —dijo—. Esa es una salida fácil, me parece.

—¿Qué quieres decir con "una salida fácil"? —pregunté.

—Sí, yo he pecado, pero ahora estoy bien porque soy perdonado. Es demasiado fácil.

—Pero ¿sabes? —insistí—, esa es la salida.

Puede ser "fácil" para nosotros deshacernos de nuestra culpa, pero no fue fácil en absoluto para Cristo. Para hacer posible nuestro perdón, tuvo que renunciar por un tiempo a las glorias del cielo, encarnarse, sufrir en manos de enemigos crueles, morir en una cruz romana, y levantarse de la tumba al tercer día. ¡No fue ninguna "salida fácil" para Él! "Él murió por nosotros", escribió el apóstol Pablo, "para que... vivamos junto con él" (1 Tesalonicenses 5:10).

¡Y vivamos sin culpa!

Aun así, como dije, no todos celebran. Una persona que llamó a ese programa el mismo día, que se identificó como miembro de la Sociedad Secular Nacional, objetó vigorosamente mi suposición sobre la culpa y el perdón.

"La religión dice que el sufrimiento está por ahí y es malo", dijo, "pero también dice que tiene la explicación para esto: Usted es culpable, ustedes son los pecadores, ustedes tienen el pecado original heredado de Adán y Eva, quienes son, dicho sea de paso, ficticios. Todo lo que hace la religión es transferir la culpa de todo lo malo que sucede en el mundo a los seres humanos, lo cual pienso que es terrible. Los sacerdotes han hecho esto por sus propios propósitos. Quiero decir, si ustedes pueden convencer a las personas de que son culpables, de que necesitan a Jesús o a la iglesia o cualquier cosa para salvarlos, entonces ustedes tienen control sobre ellas. Un famoso humanista dijo una vez que el cristianismo no sólo tiene la ventaja única de volver esclavos a los hombres y las mujeres, sino que también les enseña a amar sus cadenas, y eso es lo que Luis Palau está haciendo aquí. Está enseñando a amar sus cadenas, a aceptar que son culpables, y entonces pasar sus vidas arrastrándose en el polvo, diciendo cuán maravilloso es que ellos hayan sido aliviados de su culpa".

Pero todo esto está equivocado. Jesús no quiere que nos arrastremos en el polvo; Él quiere levantarnos del polvo (donde nos ponemos nosotros mismos) y ayudarnos a remontarnos alto en los cielos. Si mi amigo humanista tuviera razón, entonces las únicas personas luchando con la culpa deberían ser aquellos con alguna conexión con la iglesia, pero sé, debido a que he viajado por el mundo, que el fenómeno de la culpa penetra cada cultura, cada nación, cada comunidad, cada corazón humano.

Hace poco tiempo, en Guam, ayudé a un hombre de ochenta y tantos años a encontrar perdón en Cristo. La gente lo llamaba Dutch. Él peleó en la Segunda Guerra Mundial y en la Guerra de Israel de los Seis Días en 1967. Era un piloto rico con una historia increíble. Pero para el momento en que lo conocí, estaba casi ciego y acercándose al final.

—Quiero tener vida eterna —me dijo mientras nos sentábamos en el vestíbulo de un hotel—. Necesito el perdón de mis pecados, pero no quiero dejar de ser judío. ¿Cómo puedo hacerlo?

—Esto funciona así —dije—. Usted recibe a Jesucristo, Él perdonará sus pecados, le dará vida eterna e irá al cielo.

—Pero todavía quiero ser judío.

—Usted puede ser un judío completo —respondí y le expliqué el camino del perdón a través de Jesucristo.

Al final, rompió en un torrente de lágrimas. Fue increíble; todo lo que le dije fue: "Y nunca más me acordaré de sus pecados y maldades", al citar Hebreos 10:17 de la Biblia.

—Escuche, yo he hecho muchas cosas —declaró.

—Dutch —respondí—. No quiero escucharlas. Usted las sabe. Dios las conoce. Cristo las llevó sobre la cruz.

—Lo creo —dijo.

—Usted está a un paso del reino de Dios —respondí.

—Pero usted no puede meter todo eso bajo la silla —objetó él.

—No —respondí—, Dios no lo mete bajo la silla. Él lo metió en su Hijo sobre la cruz.

Y Dutch comenzó a vociferar otra vez. Para el final de nuestra conversación, había aceptado el perdón que Jesucristo le ofreció. Unos días más tarde, cuando pasé por Guam en mi regreso a casa a Portland, llamé a un amigo de Dutch para ver cómo estaba.

"Está muy emocionado y en paz con Dios", reportó.
No se conforme con "manejar" su culpa. Y no se moleste en tratar de negarla. Deje que Jesucristo la quite de una vez por todas.

"Detiene el sangrado" en oposición a "Promueve la sanidad"

Cuando herimos a alguien o alguien nos hiere, la aceptación puede actuar como una clase de torniquete relacional. La decisión de aceptar a alguien a pesar de una ofensa detiene el sangrado en una relación y nos permite seguir adelante.

Sin embargo, no es la solución final, ya que detener el sangrado no es lo mismo que promover la sanidad. Utilizamos los torniquetes para las emergencias como una medida sustitutiva, no como una solución permanente. Una vez detenemos el sangrado, necesitamos comenzar el proceso de sanidad, y, en las relaciones, eso ocurre sólo a través del perdón.

Si su hogar está herido, quebrándose, sufriendo por algo que ha hecho, ¿qué puede hacer usted? Permítame decirle lo que declara la Biblia.

Primero, ponga de lado el orgullo y humíllese. Colosenses 3:12 dice: "Por lo tanto, como escogidos de Dios, santos y amados, revístanse de afecto entrañable y de bondad, humildad, amabilidad y paciencia". ¿Cómo puede usted construir un hogar que parezca que está quebrándose? El primer paso es la humildad. La mayoría no queremos humillarnos. Pero si su hogar está herido, o no es lo que usted quisiera, humildemente admita su fracaso, su falta o el dolor que ha causado.

Segundo, la Biblia dice que debemos perdonarnos los unos a los otros. El siguiente versículo en Colosenses dice: "De modo que se toleren unos a otros y se perdonen si alguno tiene queja contra otro. Así como el Señor los perdonó, perdonen también ustedes".

Unas de las mejores maneras para que una familia comience de nuevo y enmiende sus problemas es que sus miembros se perdonen los unos a los otros de corazón. ¡Da resultados!

Recuerdo a un ingeniero y su esposa de Centroamérica, una pareja atractiva, bien educada y que había viajado mucho. El esposo engañó a su esposa, y cuando descubrió su infidelidad, ella decidió pagarle igualmente. Ambos se sentían terribles, pero no sabían cómo deshacer el daño.

Fueron a nuestra cruzada en San Salvador, y me visitaron una tarde en nuestro hotel.

—Queremos perdonarnos, pero no sabemos dónde comenzar —me dijo él.

—Bueno, que uno de ustedes empiece —sugerí.

Y el hombre lo hizo. Cayendo sobre sus rodillas frente a su esposa, le dijo:

—¡Por favor, perdóname! Yo fui el que comenzó esto.

Ambos comenzaron a llorar; y pronto me les uní. Ella rápidamente cayó de rodillas al lado de su esposo y dijo:

—Por favor, perdóname por tratar de pagarte igual. Lo siento tanto.

Entonces se abrazaron.

—Muy bien —dije y me sequé las lágrimas—, el siguiente paso es este: Vayan a casa, y desde hoy en adelante, busquen a Dios todos los días de rodillas. Júntense al lado de su cama antes de ir a dormir en la noche. Coloque sus brazos alrededor de ella —y dije, dirigiendo ahora mi consejo al esposo—: Lea un capítulo de la Biblia, luego dirija a su esposa en oración.

Lo llamé una semana más tarde para ver cómo iban las cosas. Su suegra también vivía en la casa, junto con una mucama, así que sabía que no sería fácil.

—Luis —dijo él—, no puedes creerlo. El primer día, mi suegra se paró en una esquina, y me miró como si fuera a matarme. De repente, me había convertido en un lector de la Biblia, ¿un santito? Pero tres días después, ella se sentó con nosotros, entonces fui a la librería y le compré una Biblia. Ahora hasta la mucama se sienta alrededor de la mesa. ¡La estamos pasando muy bien!

Averigüé acerca de él otra vez muchos años después, cuando regresé a El Salvador. Allí estaban, caminando con Dios todavía. Primero se humillaron, luego se perdonaron y después comenzaron a estudiar la Palabra de Dios juntos. ¡Da resultados!

El camino a la sanidad no siempre rueda tan suavemente, por supuesto. Muchas veces, la restitución debe acompañar al paquete del perdón. Aquellos que verdaderamente han recibido el perdón de Dios naturalmente quieren hacer las cosas bien, hasta donde puedan, con aquellos a quienes han herido. Cuando Zaqueo recibió el perdón de Jesús en Lucas 19, de inmediato se volvió y dijo: "Mira, Señor: Ahora mismo voy a dar a los pobres la mitad de mis bienes, y si en algo he defraudado a alguien, le devolveré cuatro veces la cantidad que sea" (v. 8).

¿Recuerda el programa de radio inglés que describí antes? La restitución se convirtió en un punto álgido en nuestra discusión. Tuve un momento difícil ayudando a los escuchas a ver la diferencia entre arreglarse con Dios y arreglarse con aquellos a quienes habían agraviado.

"Luis", dijo mi amigo humanista, "usted le está diciendo a la gente: 'No se hagan responsables de sus actos. Désenlos a Dios.' Está privando a la gente de la responsabilidad final de sus acciones. Como humanista secular, le diría a la gente: 'Si usted ha hecho daño a alguien y se siente culpable por eso, entonces hágalo bien en esta vida. No existe vida futura donde hacerlo bien. Creer en la vida futura, y en Jesús y Dios arreglándolo de ahora en adelante, le impide a la gente ser responsable de sus propias acciones aquí y ahora".

Traté de nuevo de explicar que debemos distinguir entre dos asuntos. Primero, nuestra conciencia necesita limpiarse con nuestro Creador. La idea de que de alguna manera no tenemos ninguna responsabilidad con Dios podría parecer una forma limpia de alejarse corriendo de la profunda culpa personal, pero no da resultado. Aunque tampoco deberíamos mezclar nuestro deber con Dios, con nuestra responsabilidad, con la persona que hemos ofendido.

El mensaje de Jesucristo no enseña la irresponsabilidad. Debemos pedir perdón los unos a los otros, y, de ser necesario, restituir los unos a los otros. Si usted ha abandonado a su esposa, entonces humíllese y pídale que le perdone. Quizás es demasiado tarde para reparar el matrimonio, pero el evangelio nos impulsa a hacer las cosas bien, en cualquier grado que sea posible. "Si es posible", dice el apóstol Pablo, "y en cuanto dependa de ustedes, vivan en paz con todos" (Romanos 12:18).

Lee Atwater descubrió exactamente lo difícil que puede ser esto después que vino a la fe en Cristo. Atwater dirigió la exitosa campaña presidencial de 1988 de George Bush contra el gobernador de Massachussets Michael Dukakis. Atwater, puede que usted lo recuerde, era el insolente, pero brillante director de campaña republicano que con frecuencia ganó por "lo negativo". Algunos decían que Atwater "convirtió la política en un deporte sangriento". Más de una autoridad lo llamó "el gurú de la política sucia". El día de la inauguración de Bush, Atwater se quedó con un amigo en las ceremonias inaugurales. "Lee", observó el amigo, "dijiste que querías ser millonario cerca de los treinta años de edad, y lo hiciste. Dijiste que querías dirigir una campaña presidencial exitosa, y Bush está siendo juramentado. ¿Ahora qué?".

"Quiero ser el presidente del partido republicano", respondió Atwater.

Unas semanas más tarde, Atwater consiguió su deseo. Se sentía en la cima del mundo, y entonces comenzó a sentir cierto dolor. Los exámenes médicos revelaron un tumor cerebral inoperable. Y Lee Atwater, ejecutante del banjo, chico del partido, gran hombre de campaña, truquero sucio de la política, pensó repentinamente: *¡Voy a morir!* Como muchos de nosotros en una crisis, se desesperó. Como nunca antes comenzó a pensar en Dios, en la eternidad y en el cielo. Arregló una reunión en Washington con algunas personas influyentes que realmente amaban a Cristo, quienes le mostraron cómo ser perdonado. Recibió a Cristo y el perdón de los pecados, y los escépticos alrededor de la capital expresaron su cinismo. "Está muriéndose", decían, "así que, por supuesto, ahora se va a enderezar. Pero ¿es real? ¿O es la desesperación de un hombre que se hunde?".

La prueba llegó a tiempo. El Señor había perdonado a Lee Atwater; ahora este se daba cuenta que necesitaba pedirle a mucha gente que lo perdonara. El primero en la lista: Michael Dukakis. Atwater le había hecho muchos tiros sucios a Dukakis, incluyendo la extendida publicación de una foto de Dukakis sacando su cabeza sobre un tanque, buscando al resto del mundo como Snoopy. Cuando vi esa imagen, dije: "Dukakis está acabado".

Atwater telefoneó a Dukakis y le dijo:

—Gobernador, es Lee Atwater. Sé que probablemente vaya a colgarme el teléfono, pero, por favor, concédame un segundo. Estoy muriéndome de cáncer; estaré muerto en algunos meses. Me he arrepentido. Le he pedido a Dios que me perdone y Él lo ha hecho. Y ahora quiero que usted, por favor, le ruego que me perdone por las cosas sucias que le hice. Yo soy el que dijo que su esposa era alcohólica. Soy culpable. ¿Me perdona?

Dukakis ya había escuchado del tumor y dijo:

—Lee, está perdonado. No se preocupe.

Entonces Atwater dijo:

—¿Puedo hablar con su esposa?

Dukakis dudó.

—Eso va a ser otra historia —dijo. Pero Atwater presionó su petición, y Kitty Dukakis finalmente atendió al teléfono.

—Señora Dukakis, me disculpo —dijo Atwater—. Le pido que me perdone. Yo soy el que corrió la voz de que usted estaba tomando. Es mi culpa, y yo estaba equivocado. ¿Me perdonaría?

Para su sorpresa, la señora Dukakis dijo con gracia:

—Lo perdono.

Entonces Atwater comenzó a llamar a otros individuos por todo el país a quienes había agraviado. Gastó miles de dólares en llamadas telefónicas. Unos pocos meses después, murió, en paz con Dios y en paz con aquellos a quienes había agraviado.[27]

Ese es el poder del perdón genuino.

Un comienzo fresco en Minnesota

Hace unos años, me quedaba con un amigo dueño de una cabaña a orillas de un lago en Minnesota, pasando el límite de Dakota del Norte. Mi amigo pescaba regularmente con mi vecino, un caballero mayor llamado Aarón, quien peleó en la Segunda Guerra Mundial. Cinco años antes de mi visita, la esposa de Aarón había venido a vivir a una casa de descanso.

El día que lo conocí le dije:

—Aarón, es un placer conocerle. Mi amigo me ha hablado de usted.

Pero este noruego nada tonto tenía poco tiempo para sutilezas.

—¿Usted es predicador, no? —preguntó.

—Sí señor, lo soy.

—¿Es verdad que si usted cree en el Señor Jesucristo, nunca tendrá que enfrentar el juicio de Dios? —preguntó.

—Tiene toda la razón —respondí—. Aarón, si usted cree en el Señor Jesucristo, nunca tendrá que enfrentar el juicio de Dios. ¿Qué le hace pensar en eso?

—Estoy envejeciendo. Mi esposa es vieja. Mis amigos de la Segunda Guerra Mundial son viejos. Y el otro día escuché a Billy Graham en televisión. Le escribí para que me enviara un casetito. Lo escuché. El tema era "Vida después de la muerte", y quiero prepararme.

—Mañana temprano voy a predicar en una iglesia cerca de aquí —dije—. ¿Vendrá?

Aarón asistió junto con su amigo. Yo prediqué con todo mi corazón, si por nadie más, por Aarón. Al final, cuando hice la invitación, Aarón, ese viejo pájaro duro, le ganó a todos al frente. Arrastró a uno de sus viejos compañeros militares con él mientras pasaba adelante.

Esa noche fui a verlo a su cabaña.

—Aarón —pregunté—, ¿está seguro ahora de que Jesucristo ha perdonado sus pecados y le ha dado vida eterna?

Y ese duro veterano de la Segunda Guerra Mundial, un noruego-americano a quien no le gusta hablar mucho, respondió:

—Mejor será que lo crea. Sé que tengo vida eterna.

¿Tiene usted la misma seguridad? Usted puede, en tanto venga al mismo Señor por perdón.

Cómo recibir perdón de acuerdo con la Biblia

1. *Observe que el perdón fluye del amor de Dios, no de la dignidad.*
   "Por tu gran amor, te suplico que perdones la maldad de este pueblo, tal como lo has venido perdonando desde que salió de Egipto" (Números 14:19).
2. *Reconozca que la misericordia de Dios retiene su juicio.*
   "Sin embargo, él les tuvo compasión; les perdonó su maldad y no los destruyó. Una y otra vez contuvo su enojo, y no se dejó llevar del todo por la ira" (Salmo 78:38).
3. *Entienda que Dios quiere garantizar su perdón a través de Jesucristo.*
   "Él nos libró del dominio de la oscuridad y nos trasladó al reino de su amado Hijo, en quien tenemos redención, el perdón de pecados" (Colosenses 1:13-14).
4. *Confiésele sus pecados a Dios.*
   "Si confesamos nuestros pecados, Dios, que es fiel y justo, nos los perdonará y nos limpiará de toda maldad" (1 Juan 1:9).
5. *Aléjese de sus pecados y determínese a caminar en una nueva dirección.*
   "Prediqué que se arrepintieran y se convirtieran a Dios, y que demostraran su arrepentimiento con sus buenas obras" (Hechos 26:20).
6. *Crea que Jesús murió y se levantó otra vez para darle perdón.*
   "Él nos mandó a predicar al pueblo y a dar solemne testimonio de que ha sido nombrado por Dios como juez de vivos y muertos. De él dan testimonio todos los profetas, que todo el que cree en él recibe, por medio de su nombre, el perdón de los pecados" (Hechos 10:42-43).
7. *Declare su dependencia de Jesús.*
   "Que si confiesas con tu boca que Jesús es el Señor, y crees en tu corazón que Dios lo levantó de entre los muertos, serás salvo" (Romanos 10:9).
8. *Una vez que reciba el perdón, practíquelo con otros.*
   "De modo que se toleren unos a otros y se perdonen si alguno tiene queja contra otro. Así como el Señor los perdonó, perdonen también ustedes" (Colosenses 3:13).

9. *No "lleve la cuenta" de las ofensas cometidas contra usted.*
   "Pedro se acercó a Jesús y le preguntó: 'Señor, ¿cuántas veces tengo que perdonar a mi hermano que peca contra mí? ¿Hasta siete veces?' 'No te digo que hasta siete veces, sino hasta setenta y siete veces'" (Mateo 18:21-22).
10. *No permita que el resentimiento desvíe su perdón.*
    "Y cuando estén orando, si tienen algo contra alguien, perdónenlo, para que también su Padre que está en el cielo les perdone a ustedes sus pecados" (Marcos 11:25).

5

Un regalo invaluable que no nos cuesta nada

¿Alivio o paz?

> No se inquieten por nada; más bien, en toda ocasión, con oración y ruego, presenten sus peticiones a Dios y denle gracias. Y la paz de Dios, que sobrepasa todo entendimiento, cuidará sus corazones y sus pensamientos en Cristo Jesús.
>
> El apóstol Pablo, en Filipenses 4:6-7

El comediante y anfitrión del programa de medianoche Jay Leno sugirió una vez cómo podía tratar de impresionar a los jueces si de alguna manera compitiera en un concurso de belleza famoso: "Como Miss América, mi objetivo es traer paz al mundo entero y luego llegar a mi propio apartamento".[28]

Reímos con la incoherencia, pero algunas veces el apartamento es justo lo que uno necesita para tener paz, si no la mundial, al menos algo de paz personal. Mi abuela materna vivió durante muchos años con un esposo rencoroso y de espíritu ruin. Habitualmente, le daba rienda suelta a las palabras hirientes, y parecía buscar maneras para vomitar su veneno. Por su causa, mi abuela me proveyó de algunas de mis primeras y más grandes imágenes acerca de la paz.

La abuela era francesa, y cada vez que su malhumorado esposo comenzaba a vociferar y desvariar, ella tomaba un pedazo de queso, una rodaja de pan francés y una botella de vino. Se dirigía a su dormitorio, cerraba y aseguraba la puerta, y decía: "Pan, queso, vino y paz".

Todos nosotros necesitamos paz en un mundo tan inundado de contiendas. Anhelamos tranquilidad, quietud, armonía, serenidad y calma. Desdichadamente, esto no parece fácil de encontrar.

Hace algún tiempo, conocí a un doctor de urgencias que trabajaba en un hospital de Michigan. "Toda mi vida", me dijo, "supe que me estaba perdiendo de algo. No tenía paz y odiaba a la gente".

A medida que trabajaba noche tras noche con el ensangrentado y herido, se volvía más cínico y endurecido. Me dijo que "francamente despreciaba" a muchos de aquellos que entraban para tratamiento, especialmente los golpeados en peleas de borrachos o los drogadictos que vomitaban por todas las instalaciones.

"Simplemente odiaba a esa gente", admitió. "Los remendaba porque era mi trabajo, pero ni siquiera les deseaba el bien."

Es decir, hasta que conoció a Jesucristo. Entonces, de repente, se dio cuenta de que el problema era él. Aunque no gusta de lo que muchos de sus pacientes hacen para destrozarse, ahora siente compasión por ellos, porque Cristo la tuvo por él.

"¿Cuál fue el principal cambio en su vida después que usted conoció a Jesucristo?", le pregunté.

"Paz, instantáneamente", respondió. "Nunca la había tenido en mi vida. Solía escuchar a la gente hablar al respecto, pero nunca sabía de qué estaban hablando. Sin embargo, en el momento en que conocí a Jesucristo, tuve paz."

La paz es uno de los tremendos beneficios de conocer a Jesucristo. Cuando usted encuentra paz con Dios, la gana con los demás, y comienza a experimentar gran paz en su alma, la maravillosa paz divina. Usted aprende a cómo hacer a un lado la agitación, el tumulto y la inquietud que una vez le perturbó, y lo reemplaza con una confianza tranquila. Su paz bulle desde adentro, sale de un espíritu amable energizado por el Dios vivo.

¿Paz o alivio?

Todos queremos paz, pero en un mundo tan destrozado por el rencor y la inquietud, es demasiado fácil confundir la paz genuina con una atractiva imitación o conformarse con una alternativa menos comprensiva. ¡Y tenemos mucho de ambas cosas para elegir!

Todos los días muchos optan, sin darse cuenta, por la paz falsificada. Nos convencemos de que ella viene a través de experiencias "espirituales", finanzas controladas, cuerpos tonificados, posesiones limitadas, menos responsabilidades, césped verdes, vacaciones largas o problemas ignorados. Algunos, seguros de que no puede conseguirse la paz auténtica, optan por el simple alivio. Así que huimos de una buena parte de nuestro dolor mediante el uso de alcohol, las drogas, el sexo o la terapia sicológica. El alivio puede no ser paz, pero se siente mejor que la tensión o el dolor.

Me parece que el asunto fundamental que enfrentamos todos es este: ¿Existe realmente la paz genuina? Y si es así, ¿podemos encontrarla y asegurarla para nosotros mismos? ¿Es en verdad posible dejar atrás las medias medidas de alivio para entrar en las inundantes bendiciones de la paz?

No sólo es posible, sino que sostengo que millones de hombres y mujeres a través de las edades y por todo el globo han llegado a entender y disfrutar el mensaje del salmista: "El Señor fortalece a su pueblo; el Señor bendice a su pueblo con la paz" (Salmo 29:11).

La paz verdadera, del tipo que Dios coloca en los corazones de sus hijos, merece calificaciones superiores a las del simple alivio en por lo menos cinco maneras:

Alivio
- Va y viene
- Alivia la ansiedad
- Entregada desde afuera
- Requiere dosis en aumento
- Costosa

Paz
- Permanece firme
- Da confianza calmada
- Extraída desde adentro
- Disfruta creciente calma
- Invaluable

Me entristece que tantos de nosotros nos conformemos con alivio cuando lo que realmente queremos, lo que verdaderamente necesitamos, es paz. Todos queremos esto: "En paz me acuesto y me duermo" (Salmo 4:8). Pero con demasiada frecuencia tenemos esto: "No encuentro paz ni sosiego; no hallo reposo, sino sólo agitación" (Job 3:26). Viajes o meditación, tranquilizantes o terapias pueden traer una medida de alivio, pero, ¿por qué conformarse con un simple respiro cuando Dios nos ofrece paz real, genuina y personal?

"Va y viene" en oposición a "Permanece firme"

El alivio viene y va. Lo sentimos sólo durante el tiempo que nuestros músculos ondulan o el alcohol fluye a través de nuestras venas. El dolor se apacigua sólo mientras nos sentimos distraídos por otra cosa. Pero tan pronto como esa distracción cesa, el dolor regresa, muy posiblemente con mayor intensidad que antes. La paz de Dios, sin embargo, permanece constante y firme sin importar las circunstancias. ¿Por qué? Porque el Dios infinito lo suple: "Al de carácter firme lo guardarás en perfecta paz, porque en ti confía" (Isaías 26:3).

Nada puede alejar la creciente paz de un cristiano, si elige confiar en Dios. Aunque las circunstancias pueden sacudirle, ninguna fuerza externa puede arrancarle su paz. ¿Y qué si su cheque de pago no cubre todos sus gastos? ¿Y qué si le asaltan? ¿Y qué si su doctor le dice que lo siente, pero usted tiene una clase inoperable de cáncer? Esas cosas naturalmente causan mucha ansiedad, pero los creyentes que mantienen sus mentes siempre concentradas en la sólida roca de Jesucristo pueden (y con frecuencia lo hacen) decir cosas como: "Señor, esta podría ser una gran oportunidad para hablarles a otros acerca de ti".

El 20 de abril de 2001, el misionero Jim Bowers perdió a su esposa, Verónica "Roni" Bowers, y a su recién adoptada hija de siete meses, Charity, en una tragedia espantosa. Mientras los Bowers volaban a su destino sobre el río Amazonas, un jet peruano confundió su hidroavión con una nave traficante de drogas y abrió fuego. Durante el ataque, una sola bala mató instantáneamente tanto a Verónica como a Charity. Jim, su hijo Cory y el piloto sobrevivieron a la caída en el río Amazonas.

Cuando los servicios funerales para sus seres queridos recibieron cobertura internacional de los medios, Jim no expresó venganza o amargura, en vez de eso, glorificó a Dios. "Obviamente duele", dijo, "pero Dios obra misteriosamente para darme consuelo de modo que no tenga que estar triste todo el tiempo… Una señal de que Dios fue responsable de lo que sucedió es… el efecto sobre el trabajo misionero ahora. Espero que esto resulte en un aumento de misioneros en el futuro. Estoy seguro de que así será; ahora se desafía a la gente a ir a hacer lo que Roni hizo… Cory y yo estamos experimentando una paz inexplicable y, para mí, esa es una prueba de que Dios está en esto. Nuestra actitud hacia aquellos responsables es de perdón".[29]

La paz de Dios no significa que usted no sienta terror o dolor en circunstancias horribles, simplemente significa que ella puede aplastar cualquier cosa que le arrojen de afuera.

Ninguna fuerza externa puede alejar la paz del cristiano. Ni su gobierno. Ni su jefe. ¡Ni siquiera sus suegros! Sólo dos cosas pueden robarle la paz de Dios a un cristiano: la falta de confianza en el Salvador y el pecado no confesado.

En 2 Tesalonicenses 3:16, el apóstol Pablo escribió: "Que el Señor de paz les conceda su paz siempre y en todas las circunstancias. El Señor sea con todos ustedes". Cuando Pablo terminó con "El Señor sea con todos ustedes", no simplemente pronunció un lugar común religioso. Quiso decir que sus amigos necesitaban depender del Señor y hacerlo conscientemente parte de sus vidas cotidianas. Sólo entonces podían esperar disfrutar su paz.

No se equivoque: Aunque Dios nos ofrece todos los recursos que necesitamos para disfrutar su paz, muchos de nosotros nunca aceptamos su ofrecimiento. ¿Por qué? Porque tratamos de reparar las cosas por nosotros mismos, pero el proverbio: "Ayúdate que yo te ayudaré", *no* está en la Biblia. O elegimos los efímeros placeres de nuestro pecado favorito. Olvidamos lo que el Señor nos dice: "Quien encubre su pecado jamás prospera; quien lo confiesa y lo deja, halla perdón" (Proverbios 28:13). Y de alguna manera se nos escapa de nuestras mentes que Dios insiste: "La mentalidad pecaminosa es muerte, mientras que la mentalidad que proviene del Espíritu es vida y paz" (Romanos 8:6).

¿Quiere que el Espíritu Santo de Dios inunde su mente y corazón con su paz que lo abarca todo? ¿Quiere liberar su alma del interminable tumulto interior? Usted realmente puede tener la paz de Dios... si la quiere. Jesucristo es el Príncipe de Paz. Isaías dice que Jesús "fue traspasado por nuestras rebeliones, y molido por nuestras iniquidades; sobre él recayó el castigo, precio de nuestra paz" (53:5). Jesús tomó el castigo que los pecados de la humanidad merecían, para de esa manera hacer posible su paz entre nosotros y nuestro Dios Santo. Todo lo que hace falta para que usted reciba su paz es encomendar su vida a Jesucristo a través de la fe. Entonces, el Príncipe de Paz mismo ha prometido bendecirle con la paz de la salvación que Él ganó en la cruz.

Y aun así necesito hacer una aclaración importante: La paz de Dios no nos escuda a ninguno de nosotros de los momentos desagradables de la vida, como una clase de supersedante. Aquellos que conocen y aman a Jesucristo, hasta aquellos hombres y mujeres felices que hacen a Jesús una parte cotidiana de sus vidas, pueden ser movidos por la tragedia y las dificultades. La paz de Dios no capacita a los creyentes fieles a marchar por la vida con ojos vacíos y sonrisas congeladas. Ni esto actúa como un "elevador" perpetuo, permitiéndoles rebosar de alegría por la vida como si ningún problema les tocara nunca. Pero les da una confianza y una calma de espíritu que les permite lidiar con cualquier cosa que salga a su paso.

Durante mucho tiempo, mi esposa no pudo entender por qué yo insistía en la imagen bíblica de los seres humanos como criaturas con cuerpo, alma y espíritu (1 Tesalonicenses 5:23; Hebreos 4:12). "¿Y qué?", preguntaba ella. "¿Cómo ayuda ese conocimiento a alguien?"

Entonces, enfermó con cáncer, tuvo una cirugía importante y comenzó quimioterapia. "¿Sabes?, al fin entendí el valor de tu insistencia en el asunto acerca del cuerpo, el alma y el espíritu", me dijo. "Mi cuerpo tiene dolor y no estoy segura de si me importa mucho. Mi espíritu está absolutamente en paz. Estoy lista para morir, aunque no quiero morir; realmente quiero ver crecer a nuestros hijos. Aun así, estoy lista. Estoy en paz. No tengo miedo. Al mismo tiempo, mi alma es un yo-yo. Un día me despierto y estoy feliz porque estoy viva. Otro día me despierto y me siento deprimida porque el cáncer podría haberse esparcido y no detectado."

Esa es la realidad que todos tenemos que enfrentar. La paz de Dios no significa la ausencia de aflicción. Así que, ¿son duales los cristianos al decir: "Tengo paz absoluta con Dios, aunque estoy aterrorizado de que el cáncer pudiera estar en mi hígado"? En absoluto. Decir tal cosa simplemente significa que el que habla es un ser humano completo con cuerpo, alma y espíritu. Aun cuando pertenecemos a Dios, nuestras emociones suben y bajan, y nuestros sentimientos se columpian.

- El *cuerpo* duele y está enfermo (va a morir de todas maneras).
- El *espíritu* está al fin en paz (seguro y con certeza de la eternidad).

- El *alma* fluctuará emocionalmente, dependiendo de las circunstancias (y un día también será redimida completamente).

En tanto vivamos en estos cuerpos que se desintegran, nuestras emociones tienden a calentarse, enfriarse y brincar de arriba abajo, dependiendo de las circunstancias. Sin Dios, esas emociones toman el control y rápidamente nos colocan en cadenas de miedo y pavor. Pero con Dios, la paz que disfrutamos en nuestro espíritu influye grandemente en las fluctuantes emociones de nuestra alma. No tenemos que regirnos por nuestros sentimientos.

Cuando nos movemos por la vida con Dios, podemos contar con la promesa de su Palabra: "Voy a escuchar lo que el Señor Dios dice: él promete paz a su pueblo y a sus fieles, siempre y cuando no se vuelvan a la necedad" (Salmo 85:8).

"Alivia la ansiedad" en oposición a "Da confianza calmada"

Ninguna fortuna alguna vez amasada ni ninguna bebida alcohólica alguna vez elaborada ha eliminado aunque sea una vez la ansiedad que siente un alma humana. Lo mejor que pueden hacer es aliviar el dolor por un ratito. Las riquezas y las copas pueden mitigar brevemente la ansiedad, pero al final, con frecuencia, terminan agravándola.

La paz, por el contrario, no significa tanto la ausencia de ansiedad como la presencia de confianza calmada. Es "la santa presencia de Dios en cada experiencia de nuestra existencia humana".[30] La paz de Dios brinda una calma y una seguridad que deja maravillados a los testigos.

La confianza tranquila florece naturalmente en el corazón de un individuo que vive en la paz de Dios. "El producto de la justicia será la paz", dijo Isaías, "tranquilidad y seguridad perpetuas serán su fruto" (32:17). Aquellos que se arriman profundamente a la paz de Dios no tienen necesidad ni de fanfarronear ni de acobardarse, ya que le creen a Dios cuando dice: "No temerás ningún desastre repentino, ni la desgracia que sobreviene a los impíos" (Proverbios 3:25-26).

Veo la paz de Dios en acción de manera increíble en mi madre. Ella enviudó a la edad de treinta y cuatro años, rápidamente perdió el negocio familiar, y tuvo que encontrar una manera de alimentar a siete hijos con casi nada. Sin embargo, a mis ojos ella parecía flotar a través de la vida principalmente sobre dos versículos de los labios de Jesús: "En este mundo afrontarán aflicciones, pero ¡anímense! Yo he vencido al mundo" (Juan 16:33). "La paz les dejo; mi paz les doy. Yo no se la doy a ustedes como la da el mundo. No se angustien ni se acobarden" (Juan 14:27).

Mamá nunca sufrió un ataque de depresión ni dejó que nuestra pobreza extrema llegara a ella. Aunque no disfrutaba de nuestras circunstancias e hizo lo que pudo para mejorar nuestra suerte, todavía recuerdo la cálida sonrisa que la inundaba desde las profundidades de un corazón en perfecta paz.

La paz de Dios hace mucho más que aliviar la ansiedad. Brinda una confianza calmada que puede sustentar su espíritu a través del peor de los tiempos. Justo hoy estaba pensando en un versículo favorito en Isaías. Dios le dice a su pueblo: "Así que no temas, porque yo estoy contigo; no te angusties, porque yo soy tu Dios. Te fortaleceré y te ayudaré; te sostendré con mi diestra victoriosa" (41:10).

¡Esa tremenda paz puede ser suya si camina con Dios!

"Entregada desde afuera" en oposición a "Extraída desde adentro"

Aquellos que buscan alivio en vez de paz encuentran otro gran problema: no tienen fuente interna de la cual obtener alivio, sino que deben buscarlo afuera, de fuentes externas a sí mismos. Sea el ejercicio o el alcohol, los viajes exóticos o la terapia interminable, el alivio que buscan tiene que venir de afuera. Así que, ¿qué sucede cuando el cuerpo se desgasta, la bebida se seca, las vacaciones terminan o el terapeuta se va? ¿Y qué entonces?

"¡Ajá!", podría decir alguien. "Luis, ahora estás en un apuro. Todo el tiempo has estado diciendo que necesitamos buscar a Dios por paz, pero Él está fuera de nosotros."

Bueno, sí y no.

Sin duda, Dios existe por siempre e infinitamente más allá de nosotros y sobre nosotros. Como dijo Pablo: Dios es "el único y bendito Soberano, Rey de reyes y Señor de señores, al único inmortal, que vive en luz inaccesible, a quien nadie ha visto ni puede ver" (1 Timoteo 6:15-16). Dios "es quien da a todos la vida, el aliento y todas las cosas" (Hechos 17:25). Así que sí, ciertamente, está fuera de nosotros.

Por otra parte, uno de los grandes misterios y bendiciones de la fe cristiana es que Dios mismo ha escogido vivir dentro de su pueblo, dentro de sus propios cuerpos. "¿Acaso no saben que su cuerpo es templo del Espíritu Santo, quien está en ustedes y al que han recibido de parte de Dios?", pregunta Pablo (1 Corintios 6:19). Dado que Dios es el Dios de paz (Romanos 15:33, 1 Corintios 14:33; Filipenses 4:9), eso quiere decir que la paz de Dios habita dentro de nosotros y no necesita ser suplida desde afuera. Adondequiera que va un cristiano, la paz de Dios le sigue de cerca. Esa es la razón por la que Jesús pudo decir: "De aquel que cree en mí, como dice la Escritura, brotarán ríos de agua viva" (Juan 7:38). Juan explicó que "con esto se refería al Espíritu que habrían de recibir más tarde los que creyeran en él" (v. 39).

Ese "más tarde" es *ahora*. En el momento en que alguien invita a Jesús a su corazón, el Espíritu Santo toma residencia en el cuerpo de ese individuo. Desde ese momento en adelante y por toda la eternidad, la paz de Dios está disponible desde *adentro*.

A pesar de eso, siempre tratamos de encontrar paz (o al menos alivio) desde afuera. Algunas veces, tratamos de obtener alivio del dolor de vivir, no por meternos pastillas o ingerir algún otro sustituto químico, sino por esforzarnos para conseguir más que otro tipo. Pero eso no da resultado. Si realmente sobresalimos más allá de nuestros pares, la satisfacción y la paz aún nos esquivan; y si otros todavía permanecen "por encima" de nosotros, nos deprimimos.

Cuando nos comparamos con otros, no somos sabios (2 Corintios 10:12). Alguien siempre será mejor que nosotros en algún área de la vida, con frecuencia, exactamente donde codiciamos el punto más alto. Alguien siempre se levantará por encima de nosotros en apariencia, estatura, educación, talento o experiencia, y eso puede devastar a quienquiera que tenga la necesidad de ser el número uno. Tales individuos pueden tener todo lo que necesiten, todo el dinero que un humano pueda gastar responsablemente, y —sin embargo— carecer de paz.

La carencia de paz con frecuencia se revela a través de la rabia con el mundo, rabia a las personas más exitosas, rabia al pasado. Tales individuos enojados siempre refieren su mala suerte y maltrato a las manos de otros, reales o imaginados. Algunos pierden su paz por el resto de su vida. Cuando otros los ven venir, huyen. Ellos saben que esa gente amargada repite continuamente la vieja historia que ya todos saben de memoria.

Para experimentar la paz de Dios, debemos adoptar las metas de Él, no las metas enfermas que terminan destruyéndonos. Las metas divinas vienen de adentro, no de afuera, y no dependen de comparaciones con otros.

¿Sabe usted por qué muchos vivimos vidas de callada desesperación? Porque hemos adoptado metas indignas del ser humano. La vida humana dura sólo setenta, quizás ochenta años, y la mayoría de las personas (especialmente en occidente) tienen todo lo que hace falta para disfrutarla. Sin embargo, ¿cuántas personas con paz conoce usted?

Conozco mujeres que han levantado familias increíbles, pero carecen de paz. Ellas escuchan las constantes minimizaciones acerca de su elección de permanecer en casa y se preguntan si tomaron la decisión correcta. Mi esposa se quedó en casa con nuestros cuatro hijos, y con mucha frecuencia yo tenía que recordarle su enorme contribución. "Escucha", le decía yo, "esperemos diez años y veamos qué sucede con los muchachos de todas esas personas que te minimizan". Una madre que levanta niños piadosos, hijos e hijas saludables que siguen casándose con cristianos crecientes y tienen sus propios hijos piadosos, ¡es exitosa! Su paz la abandona cuando sus metas difieren de las de Dios. Y las falsas metas pueden afligir a cualquiera.

Para los evangelistas como yo, la gran tentación es querer ser "el más grande". ¿Quién es el más grande, quién es el mejor, quién lleva más gente al reino de Dios, quién mueve las multitudes más grandes, quién escribe más libros, a quién citan más, a quién le piden salir en "Larry King Live"? Usted puede quedar atrapado en esas cosas y perder su paz. Nadie puede disfrutar de paz mientras persiga metas insanas.

El presidente actual de nuestra junta directiva, el empresario Dave May, cuenta una divertida historia acerca de cómo perseguir metas indignas puede robarle a un hombre la paz. Él se jubiló millonario antes de los cincuenta años, y hoy es dueño de la asociación Phoenix Suns of the National Basketball Association. Siempre ha sido súper competitivo. Mientras hablaba el año pasado a un grupo de profesionales en Evansville, Indiana, explicó exactamente cuán competitivo es.

"No me comí todo mi almuerzo hoy", dijo, "pero si lo hubiera hecho, las posibilidades eran que fuera el primero en terminar. Siempre he sido un comensal muy rápido. Hoy, eso no significa nada para mí, pero hubo un tiempo cuando la gente veía cuán rápido comía y decían: 'Muchacho, sí que comes rápido'. Y mi respuesta era: '¡Sí!' como si fuera una victoria. Si usted y yo cruzábamos la calle, yo nunca decía nada, pero le aseguro que yo tocaba el brocal de la acera antes que usted. Era importante para mí vencerlo. Cuando estaba en la universidad, obtener una calificación alta no era tan importante para mí como ser el primero en terminar el examen. Así que cuando terminaba con él, lo levantaba y lo volteaba frente a todos los demás, sin importar la calificación. Ganar era muy importante para mí. Yo quería ganar; yo quería ganar en todo, y gané un poco".

Después de graduarse en la universidad, David tomó un empleo como vendedor con IBM. En su primer año, la compañía lo nombró el mejor vendedor novato del oeste. En su segundo año, lo hizo aun mejor, y, en el tercero, ganó un ascenso desde Los Ángeles directo a Nueva York (la vía normal le habría llevado primero a San Francisco).

"Yo era capaz de lograr casi cualquier cosa que quisiera", decía Dave. "Tenía un Porsche, un Jaguar y camisas de las marcas más famosas. Tenía Maytag, KitchenAid [los mejores artefactos del hogar]. Todo por lo que trabajaba que pensaba que me haría feliz, yo lo tenía, y lo tuve muy temprano. Pero eso no me dio lo que yo creía."

En esa etapa de su vida, Dave puso sus prioridades en el siguiente orden: éxito en el trabajo; felicidad (que incluía su éxito en el trabajo, dinero y cuánto se estaba divirtiendo); sus niños; su esposa y su matrimonio. Eso parecía apropiado para él, porque después de todo, *¿qué podría ser un mejor regalo para mi esposa sino que yo fuera exitoso?*

Un día, la esposa de Dave anunció que pensaba que deberían empezar a llevar a su familia a la iglesia. A Dave le pareció una buena idea; ¿no era eso lo que hacían todas las familias estadounidenses? Además, quizás haría muchas buenas conexiones de negocios allí.

En la iglesia, Dave finalmente encontró la paz que se había estado perdiendo. La vida, de repente, comenzó a "encajar" para él con Jesucristo en el asiento del conductor.

"Solía ser que yo trabajaba para complacerme sólo a mí mismo", admitió. "Pero después de ese día en 1979 cuando entregué mi vida a Cristo, muy pronto mis prioridades cambiaron. Se convirtieron en: Amar y servir a Dios; mi esposa y mi matrimonio; mis hijos (y ahora mis nietos); y mi empleo y mi negocio así como el éxito financiero. Y diré esto: Mi negocio y éxito financiero han sido diez veces más grandes como mi cuarta prioridad que como la primera. Cuando no le prestaba mucha atención a mi negocio y éxito financiero, pero le estaba prestando atención a mi relación con Dios, el Padre que me creó y me conoce mejor que yo mismo, cambió mi vida inmensurablemente."

Dave descubrió que la verdadera paz viene no de afuera, no de competir y ganarle al mejor, sino de adentro, cuando el Espíritu Santo hizo residencia en su corazón. Y esa es una clase de fe duradera que puede sobrevivir hasta la peor sequía.

"Requiere dosis en aumento" en oposición a "Disfruta creciente calma"

Cuando buscamos alivio del dolor emocional con drogas o alcohol o conductas autodestructivas, descubrimos que nuestros cuerpos se ajustan rápidamente, exigiendo dosis cada vez más altas para mantener el mismo nivel de alivio. Lo que daba resultados hace un año para traer una medida de alivio ahora no tiene efecto alguno.

La paz de Dios obra exactamente de la manera opuesta. Mientras más permitamos que su paz traiga tranquilidad a nuestros corazones, más firmes y calmadas se vuelven nuestras vidas. Lo que solía enojarnos hace un año, ahora difícilmente causa un murmullo. Mientras su paz más infunda nuestras vidas diarias, más confiables, seguros y equilibrados nos sentimos. Y todos lo notan.

Aun así, no deberíamos pensar que la paz de Dios aparece mágicamente en nuestras vidas. En verdad, muchos hombres y mujeres me han dicho cómo Dios instantáneamente les prodigó un sentimiento profundo de paz en el momento que confiaron en Jesucristo por su salvación. Aún en sus vidas, sin embargo, Dios continúa forjando su paz gradualmente en el tiempo. Una de las maneras más importantes en que lo hace es a través del cuarto mandamiento:

> Acuérdate del sábado, para consagrarlo. Trabaja seis días, y haz en ellos todo lo que tengas que hacer, pero el día séptimo será un día de reposo para honrar al Señor tu Dios. No hagas en ese día ningún trabajo, ni tampoco tu hijo, ni tu hija, ni tu esclavo, ni tu esclava, ni tus animales, ni tampoco los extranjeros que vivan en tus ciudades. Acuérdate que en seis días hizo el Señor los cielos y la tierra, el mar y todo lo que hay en ellos, y que descansó el séptimo día. Por eso el Señor bendijo y consagró el día de reposo.
>
> Éxodo 20:8-11

Dios proyectó el sábado para hacernos felices, gozosos y descansados, pero a través de los siglos hemos logrado hacerlo un día religioso severo. ¡Qué tragedia! El Señor nos dice: "Trabaja por seis días, pero dame este único día de descanso. Úsalo para estar feliz, libre y relajado. Disfrútalo, ríete un poco, mantente con tu familia, y pasa tiempo conmigo en adoración".

¿Tiene todo eso sentido o no? Durante seis días, usted trabaja duro. Se siente tenso. Pone todo su esfuerzo en su trabajo. Pero un día de siete usted lo da al Señor. Ese día debe descansar del trabajo.

¿Lo hace? Si no, ¿le sorprende que carezca de la paz de Dios?

El cuarto mandamiento es el único entre los diez que no parece repetirse en el Nuevo Testamento y, no obstante, nunca ha rescindido tampoco. Es un regalo de amor del Señor. Él quiere que tomemos un día de siete y lo disfrutemos completamente.

El Señor dice: "Quiero que seas libre. Quiero que disfrutes de paz. Esta orden es simplemente una de mis cercas. Te estoy dando un gran y amplio pedazo de tierra, un estado enorme. Dentro de la cerca alrededor de este estado, puedes trabajar y divertirte. Simplemente no choques con la cerca, y ciertamente no trates de saltarla, porque si lo haces, te caerás a pedazos. Quédate dentro de esta gran cerca, y puedes tener una gran vida".

Hacer las cosas a la manera de Dios trae liberación y emoción. Usted no tiene que preocuparse. No tiene que golpearse el pecho. No tiene que buscar continuamente su alma. Y experimenta la paz de Dios en los niveles más profundos.

El cuarto mandamiento revela a Dios como un Señor pacífico que quiere un pueblo que trabaje duro y descansado. En este mandamiento, Dios no está simplemente "estableciendo la ley", como tendemos a decir. La ley revela su carácter amoroso. Jesús nos dice: "El sábado fue hecho para el hombre, no el hombre para el sábado" (Marcos 2:27). En otras palabras, es una expresión del amor de Dios que nuestro Señor nos ordenara apartar un día a la semana en el que no tengamos que sentirnos culpables por no trabajar o preocuparnos por conseguir una reputación de perezosos. "Puedes trabajar seis días", dice el Señor, "pero el séptimo día, descansa".

¿Cómo nos trae este mandamiento la paz de Dios? Primero, nos libera de la febril e interminable preocupación financiera. Tendemos a convertirnos en esclavos de cualquier cosa que capture nuestra incesante atención, y Dios tiene la intención de que el día sábado rompa nuestra obsesión con las finanzas.

Segundo, este mandamiento nos libera de la codicia de vivir sólo por el trabajo. El Señor tiene la intención de que el sábado rompa con la adicción al trabajo. Un ejecutivo que se rehúse a descansar en el Señor, porque está determinado a hacer lo que haga falta para alcanzar la cima y quedarse ahí, no puede conocer la paz de Dios. Muchos trabajadores hacen naufragar a sus familias al no encontrar libertad en esta área.

Tercero, el mandamiento protege su salud. "¡Ojalá su corazón esté siempre dispuesto a temerme y a cumplir todos mis mandamientos, para que a ellos y a sus hijos siempre les vaya bien!", dijo Dios a Moisés. "Sigan por el camino que el Señor su Dios les ha trazado, para que vivan, prosperen y disfruten de larga vida en la tierra que van a poseer" (Deuteronomio 5:29, 33).

Por supuesto, descanso no significa solamente que usted se eche en la playa. El descanso también trae una confianza de que Dios controla su vida. Cuando usted vive en integridad y mantiene a Dios como su principal prioridad, disfruta de un descanso tranquilo y de la confianza que la Biblia llama paz. "Mi regalo del sábado es descanso interior", dice Dios. "Descanso del espíritu. Descanso de la mente. Descanso de la conciencia."

Mi mentor, el difunto Ray Stedman, me dijo hace años que en su funeral quería que la congregación cantara un bello himno titulado "Jesús, estoy descansando, descansando". La primera estrofa de esta gran canción dice: "Jesús, estoy descansando, descansando, en el gozo de lo que tú eres; estoy descubriendo la grandeza de tu amoroso corazón. Me has mirado, y tu belleza llena mi alma, por tu poder transformador, me has hecho completo".[31]

Ray me ilustró lo que significa descansar en Jesucristo y vivir por su paz. Cuando vine por primera vez a los Estados Unidos, yo no entendía este descanso interior que proviene de saber que uno está habitado por el Señor Jesús. Ah, con frecuencia escuchaba acerca del "Señor Jesús que habita dentro". Lo tenía intelectualmente. Entendía el punto. Hasta predicaba a otros que Jesucristo vive en nosotros, que todos sus recursos estaban disponibles para nosotros, que su vida resucitada era nuestra vida, y que vivimos porque Él vive. Insistía en que estábamos unidos al Señor, un espíritu con él, y que el Padre es uno con el Señor Jesús, así éramos uno con el Señor Jesús.

Sin embargo, por algún tiempo nunca descansé en la obra terminada de Jesucristo. Nunca parecía capaz de descansar en la habitable presencia del Señor Jesús, y eso producía la falta de descanso, la confusión y el incesante nerviosismo. No disfruté de la paz divina hasta que llegué completamente a descansar en las promesas de Dios, en el carácter de Dios y en la habitable presencia de su Espíritu Santo.

Entonces, escuché una vez al comandante Ian Thomas hablar en un capilla en Multnomah Bible College (luego llamada Multnomah School of the Bible). En una charla sobre Moisés y la zarza ardiente, este caballero inglés dio vuelta a la llave que abrió mi entendimiento espiritual.

Antes que él viniera, uno de mis profesores iniciaba cada clase de la misma manera. Entraba al salón, se paraba ahí y citaba Gálatas 2:20: "He sido crucificado con Cristo, y ya no vivo yo, sino que Cristo vive en mí. Lo que ahora vivo en el cuerpo, lo vivo por la fe en el Hijo de Dios, quien me amó y dio su vida por mí".

Yo despreciaba a ese viejo. Yo todavía tenía la arrogancia del joven y pensaba que conocía bastante bien la doctrina. En mi orgullo, me sentaba ahí pensando: *No puedo creerlo, ¿Hice todo el camino a este país para escuchar esto? En mi iglesia hasta los niños lo saben.*

Este hombre hacía eso en todas sus clases, sin importar el tema. Y yo simplemente me sentaba, pensando: *Este hombre sólo se sabe un versículo. ¡Va a repetir ese versículo todo el tiempo!* Ya comenzaba a enfurecerme.

Pero con el tiempo, el Espíritu Santo usó ese versículo para cavar profundo en mi corazón. He aquí su pregunta: "¿Está usted crucificado con Cristo?" Y yo sabía la respuesta: "No, no lo estoy". Al fin, me di cuenta de que aun cuando sabía mucho de doctrina bíblica, no tenía ni idea de lo que significaba estar crucificado con Cristo. Y el Espíritu Santo comenzó a decirme: "Mira, niñito arrogante. ¡Piensas que sabes tanto! Pero no sabes nada del poder del Dios vivo. Desprecias a otras personas, sólo porque te he dado una mente aguda y los privilegios de una buena educación. Pero no sabes nada del poder de Dios".

Ese pensamiento me aplastó... hasta aquel día en la capilla. Me sentía en total desesperación. Conocía mi falta de poder. No tenía autoridad espiritual en mi vida; todo era intelectual. No sabía nada del poder del Cristo levantado.

Ese día, Ian Thomas habló acerca de la zarza ardiente. "No es tu educación lo que cuenta", dijo. "No son tus conexiones las que cuentan. No son tus privilegios los que cuentan. Cualquier viejo arbusto lo hará, siempre y cuando Dios esté en él." Entonces citó Gálatas 2:20: "He sido crucificado con Cristo".

Y de repente todo encajó.

Corrí a mi dormitorio y falté a mis otras clases. Caí de rodillas y dije: "Oh Dios, al fin lo entiendo. No soy yo, sino Cristo viviendo en mí. La vida que ahora vivo en la carne, la vivo por fe en el Hijo de Dios, quien me amó y se dio a sí mismo por mí".

Permanecí de rodillas por casi dos horas. Había estado tratando durante siete u ocho frustrantes años de servir a Dios con mi propio poder, con mi propio conocimiento, experiencia y educación. Yo pensaba que era agudo. Pero el Señor me había mostrado: "Luis, mientras confíes en ti mismo, no puedo usarte. Pero si dependes del Dios que habita dentro, si dejas que Cristo viva en ti y a través de ti, entonces, Luis, puedo usarte. ¿Todos esos sueños que has tenido como adolescente? Provienen de mí. Haré que ocurran. Pero debes aprender a vivir de acuerdo con esta palabra: 'No soy yo, es Cristo viviendo en mí'".

Fue un pensamiento revolucionario, un tiempo revolucionario. Yo tenía veinticinco años de edad, y sentía como si me hubiera convertido de nuevo. Finalmente, me di cuenta de que el secreto no es lo que hacemos nosotros por Dios, sino lo que Dios hace en nosotros y a través de nosotros. Ah sí, nosotros obedecemos, pero no al depender de nuestro poder. En vez de eso, dependemos del poder del Cristo levantado.

Pronto comencé a predicar los mismos mensajes básicos que había predicado antes, pero esta vez, para mi sorpresa, la gente se convertía. Vi un poder en los mensajes que nunca había visto antes. Comencé a disfrutar una libertad y un gozo que nunca había experimentado. Repentinamente, me sentía emocionado de servir al Señor; ya no era más una carga.

¡Qué delicioso es cuando un creyente en Jesucristo finalmente llega a descansar en la certeza de que el Hijo de Dios habita dentro de él o ella! ¡Qué maravilloso es darse cuenta de que todos sus recursos son míos! ¡Todo lo que Él es, está disponible para mí!

El Señor nos dice: "Entra en mi descanso y disfruta mi paz". ¿Ha entrado en ese descanso? ¿Tiene paz en su alma? Si Jesucristo vive en usted, usted puede y debería.

"Costosa" en oposición a "Invaluable"

Las cuentas realmente se amontonan cuando usted depende de recursos materiales y técnicas humanas para agarrar un poco de alivio del dolor de la vida. Por otra parte, la paz de Dios no nos cuesta nada. Sin embargo, nadie puede asignarle precio a su valor. La paz de Dios es simplemente invaluable.

Dos hombres de negocios estaban entre los que asistieron a unas reuniones que tuvimos en Australia. Ambos se sentían bajo terrible presión. Ambos sufrían de tremendos problemas de negocios. Ninguno se llevaba bien con su esposa, y ambos sentían la carga de los desagradables problemas familiares. Cuando hice la invitación a recibir a Jesucristo, uno de ellos abrió su corazón al Señor. El otro se enojó extremadamente y abandonó la reunión, pisó fuerte por todo el camino. Blasfemó, salió y maldecía a medida que se alejaba.

Tres años después, regresé a esa ciudad e indagué acerca de los dos hombres. El primero se fue a casa, arregló las cosas con su esposa, y comenzó a pagar sus deudas y a reparar sus negocios. Los amigos me dijeron que aprendió a realmente amar y obedecer a Dios, y tenía una familia gozosa para probarlo. Este hombre descubrió la paz de Dios.

Las noticias acerca del segundo hombre rompieron mi corazón. Unas semanas después de nuestras reuniones, subió a un edificio alto y saltó a su muerte. Había rechazado a Jesucristo, rehusó inclinarse al Salvador y terminó con su vida. Ese hombre nunca descubrió la paz de Dios, ya que como dijo el profeta Isaías: "'No hay paz para el malvado', dice el Señor" (48:22).

La Biblia dice que usted puede encontrar paz con Dios a través de la fe en nuestro Señor Jesucristo (Romanos 5:1). Usted puede quemar incienso durante generaciones y nunca disfrutar de la paz con Dios. Puede ofrecer sacrificios en el altar y nunca encontrar paz con Dios. Hasta puede leer la Biblia durante veinte años y aun no tener paz en su alma. La Biblia dice que Jesucristo es nuestra paz. Llama al evangelio "las buenas nuevas de la paz" (Hechos 10:36). Pero para experimentar esta paz, usted debe abrir su vida a Jesucristo y recibirle en su corazón. Es un regalo invaluable que no le cuesta nada.

Aunque es también un regalo que podemos rechazar, incluso como creyentes. Colosenses 3:15 dice: "Que gobierne en sus corazones la paz de Cristo". ¿Observó las primeras dos palabras? "Que gobierne." Dios no impone su paz sobre nadie. Ni siquiera sobre sus propios hijos. Podemos tener la paz de Dios... si queremos. Podemos permitir que su paz rija nuestras vidas y nos haga un dulce aroma a los que nos rodean.

Pero debemos elegirlo.

Los cristianos que viven día a día en la paz de Dios, pueden tener un tremendo impacto sobre quienes les circundan. "Por medio de nosotros", dijo el apóstol Pablo, Dios "esparce por todas partes la fragancia de su conocimiento" (2 Corintios 2:14-15). Dios considera a los cristianos crecientes el perfume de Jesucristo, creyentes con una inolvidable influencia.

Un amigo mío, Odice Amyett, murió repentinamente hace unos años. Fui a ver a la viuda de Odice, Billie, poco después. Ahora bien, cuando usted entra a una casa después de una muerte repentina, casi nunca sabe qué esperar, hasta con los creyentes. Pero cuando Billie abrió la puerta, me saludó con un gran abrazo, nos sentamos, hablamos y oramos durante algunos minutos. Parecía estar en perfecta paz. No malinterprete, el impacto de la muerte repentina de Odice aún no había desaparecido, y ella extrañaba terriblemente a su esposo. Él era un tipo adorable, y todos nosotros lo queríamos. Pero yo sentía una paz palpable en esa casa. Billie no lucía desesperada, no se halaba el cabello, no parecía a punto de derrumbarse a pedazos. No daba indicación de que pensara: *Dios, ¿por qué lo hiciste?* No. Ella estaba absolutamente en paz, tanto consigo misma como con Dios. El perfume de Jesucristo en esa casa olía absolutamente agradable.

Dios no vende ese perfume, lo regala. "No se inquieten por nada", nos aconseja Pablo, "más bien, en toda ocasión, con oración y ruego, presenten sus peticiones a Dios y denle gracias" (Filipenses 4:6-7).

¿Impregna su casa esa clase de aroma? Puede hacerlo. Es una fragancia invaluable, pero no puede comprarse con todo el oro y los diamantes del mundo. Algunos pueden escoger perfumes con los nombres "Obsession" [Obsesión], "Beautiful" [Preciosa] o hasta "Destiny [Destino]." En lo que a mí respecta, sólo un nombre contará: "Paz".

Promueva al Príncipe de paz

Hace unos años, el periódico *New Zealand Herald* publicó un artículo acerca de mí titulado: "Promoviendo al Príncipe de paz". Ni yo mismo pude decirlo mejor. Me encanta promover al Príncipe de paz.

Hace algún tiempo, estuve en el interior de Nueva York para una semana de oración con algunas iglesias presbiterianas. Una noche nevó tanto que sólo unas buenas almas hicieron frente al clima para asistir a la reunión. Un caballero anciano se me acercó antes del servicio, cojeando y caminando lentamente con un bastón.

—Joven —dijo, no podía pronunciar mi nombre—, ¿puedo hablar con usted antes de que deje el área? Usted se está quedando con mis amigos del tiempo de la universidad. ¿Puedo verlo?

—Sí —dije, y acordamos la hora.

Después del servicio, fui a casa con mi huésped.

—Luis —me dijo—, ese era el Dr. Smith, el oftalmólogo más famoso de la costa este. Siempre ha estado en la iglesia, pero nunca ha sido feliz. ¿Y ahora quiere hablar contigo? Eso es maravilloso.

El día de nuestra reunión, todos nos sentamos y comenzamos a conversar. Después de una taza de té, él les pidió a mis huéspedes que salieran del cuarto.

—Joven —dijo seriamente—, tengo que hacerle una pregunta. Cuando yo estaba en la universidad, John R. Mott, el muy conocido misionero, vino a nuestra escuela y retó a los estudiantes de medicina a ir a ayudar a los pobres en ciertas partes del mundo, en el Medio Oriente y Afganistán. Yo sentí al Señor enviarme, así como a mi hermano. Pero cuando le dije a mi familia y mi prometida, todos se burlaron de mí y me abuchearon. Cuando me gradué en la universidad, salí con prospectos realmente buenos. Rechacé el llamado del Señor y me casé con mi novia; hemos estado casados durante cuarenta años.

Pero, ¿sabe algo, joven? Ahora estoy jubilado, he hecho un poco de dinero, he escrito mis libros, pero mi hijo se va al infierno por causa mía. Él es ateo. Durante cuarenta y dos años, nunca he tenido un día de paz en mi vida. Ahora soy un hombre viejo y estoy de salida, porque mi enfermedad es seria.

Quiero ir a Afganistán con mi esposa para tratar de ayudar a muchas personas con visión pobre. Pero ella se rehúsa. Y ahora quiero hacerle una pregunta, y voy a actuar según su palabra: ¿Voy o no?

Caramba, pensé, *que clase de decisión tengo que tomar*. Sentí un impulso que esperé fuera del Señor, así que coloqué mis brazos alrededor de ese caballero y le dije:

—Vaya doctor.

Él se aferró a mí y comenzó a llorar.

—Oh, Señor —gritaba—. ¡Sí voy! Voy y nadie me detendrá.

Luego hizo una oración y se fue. Y eso fue todo.

El día siguiente, visitamos otra iglesia. Otra vez la nieve cayó, otra vez unos pocos aparecieron para orar y otra vez estaba ahí el doctor. Casi diez minutos después que comencé a dar mi pequeño mensaje sobre la oración, este médico retirado se puso de pie, en una iglesia presbiteriana, imagínese, no una pentecostal, y dijo en voz alta: "Yo voy. Yo voy, ¡y nadie me detendrá!".

Todos los presbiterianos se voltearon, miraron, y sus sobresaltadas expresiones decían sin palabras: "¿Qué sucede?".

"Doctor", le dije, "por qué no les explica adónde va y quién no va a detenerle".

Ese fue el final de la reunión. El buen doctor se encargó de ella y comenzó a contar su historia. Su esposa quería tanto quedarse en casa, que se resbaló en la nieve y pretendió que se había roto su pierna. "Pero yo soy doctor", dijo él. "Y vi los rayos X y que no había pierna rota. Ella simplemente no quería ir."

Seis meses más tarde, llamé a mi antiguo anfitrión y le dije: —¿Cómo estás? ¿Y cómo está el Dr. Smith?

—¿No lo sabes? —preguntó mi amigo.

—No.

—Está en Afganistán con su esposa. ¡Como un adolescente de nuevo! Está tan emocionado. Regresó a los Estados Unidos una vez sólo para visitar las grandes compañías farmacéuticas, recogió un montón de medicinas y se las llevó a Afganistán. Está trabajando por un tiempo con un misionero, y dice que nunca había sido tan feliz. Pero su cuerpo se está destruyendo.

La Semana Santa siguiente, visité Nueva York durante una semana de evangelismo. Allí estaba el doctor, su cuerpo hecho un desastre. Difícilmente podía hablar ahora, pero asistió a un almuerzo que acordamos.

"Luis", me susurró, "gracias por hacerme ir a Afganistán. ¡Redimí todos los cuarenta y dos años perdidos en apenas uno! Nunca volveré a verte excepto en la presencia del Rey, y allí te veré".

Cerca de dos meses más tarde, el fiel médico fue a morar con el Señor.

¿Alguna vez ha escuchado usted el llamado de Dios como ese doctor? Quizás lo escuchó llamarle en algún momento de su vida, pero se resistió. Quizás el Señor le habló acerca de ir a algún lugar o hacer algo o de otra cosa. Pero usted no respondió, y no ha disfrutado de un día de paz durante años. Si ese es su caso, escuche: Nunca es tarde para lanzarse de vuelta a la corriente de la voluntad de Dios para su vida. ¡Nunca!

Si el Maestro ha hablado a su corazón, no deje pasar otra semana sin responder. Y si le está hablando ahora mismo, diga: "Sí, Señor", porque usted nunca tendrá un día de paz si se mantiene fuera de la voluntad de Dios. Si ha estado corriendo lejos del Señor, vuelva a Él de inmediato y diga: "Yo voy. Yo voy, ¡y nadie me detendrá!".

Cómo encontrar paz según la Biblia

1. *Reconozca que la paz evita a todo el que permanece extraño a Dios.*
   "No hay paz para el malvado', dice el Señor" (Isaías 48:22).
2. *Crea que Dios quiere darle su paz.*
   "Que el Señor de paz les conceda su paz siempre y en todas las circunstancias" (2 Tesalonicenses 3:16).
3. *Acepte que el camino a la paz se encuentra confiando en Dios.*
   "Al de carácter firme lo guardarás en perfecta paz, porque en ti confía" (Isaías 26:3).
4. *Encuentre paz con Dios a través de la fe en Jesucristo.*
   "En consecuencia, ya que hemos sido justificados mediante la fe, tenemos paz con Dios por medio de nuestro Señor Jesucristo" (Romanos 5:1).
5. *Observe que la paz de Jesús debe ser aceptada conscientemente.*
   "La paz les dejo; mi paz les doy. Yo no se la doy a ustedes como la da el mundo. No se angustien ni se acobarden" (Juan 14:27).
6. *Busque la paz en Jesús, no dentro de usted.*
   "Yo les he dicho estas cosas para que en mí hallen paz. En este mundo afrontarán aflicciones, pero ¡anímense! Yo he vencido al mundo" (Juan 16:33).
7. *Escuche lo que Dios dice en su Palabra y aléjese de la necedad.*
   "Voy a escuchar lo que el Señor Dios dice: él promete paz a su pueblo y a sus fieles, siempre y cuando no se vuelvan a la necedad" (Salmo 85:8).
8. *Asegúrese de que el Espíritu de Dios guía su mente.*
   "La mentalidad pecaminosa es muerte, mientras que la mentalidad que proviene del Espíritu es vida y paz" (Romanos 8:6).
9. *Lleve sus preocupaciones habitualmente a Dios en oración.*
   "No se inquieten por nada; más bien, en toda ocasión, con oración y ruego, presenten sus peticiones a Dios y denle gracias. Y la paz de Dios, que sobrepasa todo entendimiento, cuidará sus corazones y sus pensamientos en Cristo Jesús" (Filipenses 4:6-7).
10. *Elija deliberadamente convertirse usted mismo en un pacificador.*
    "En cambio, la sabiduría que desciende del cielo es ante todo pura, y además pacífica, bondadosa, dócil, llena de compasión y de buenos frutos, imparcial y sincera. En fin, el fruto de la justicia se siembra en paz para los que hacen la paz" (Santiago 3:17-18).

6

Ganador en el juego de la vida

¿Logro o éxito?

Pon en manos del Señor todas tus obras, y tus proyectos se cumplirán.

Rey Salomón de Israel, en Proverbios 16:3

Crecí en Argentina, donde los misioneros estadounidenses trataron de enseñarme cómo jugar básquetbol. Nunca, por nada del mundo, pude llegar a entender cómo girar la bola de manera que cuando golpeara el borde, cayera a través del aro. Cada vez que tiraba la bola, siempre giraba lejos de la cesta. Dado que me negaba a lucir como un tonto, dejé de jugar básquetbol.

Permanecí lejos de muchos deportes como ese.

Hace mucho tiempo, un día caluroso, me uní a un grupo de latinos y varios extranjeros en el campo de fútbol. Pensé que era bastante bueno. Pero pronto uno de ellos vino trotando hasta mí y dijo: "Luis, ¿por qué no sales del campo? Eres tan flaco. No eres bueno para el fútbol".

Y así fue, el último deporte que pensé que podía practicar y, simplemente, me sacaron. (Todavía pienso que podría jugar cricket. Pero como nunca he jugado en Inglaterra, no sé cuán malo soy en realidad.)

¿Por qué nadie me quiere en su equipo? ¿Y por qué no disfruto practicando esos deportes? El hecho es este: nos encanta ganar y odiamos perder.

Nos encanta ganar en los deportes. Nos encanta ganar en los negocios. Nos encanta ganar en la escuela. Nos encanta ganar en el amor. Nos encanta ganar, punto. ¿Por qué? Porque nos sentimos grandiosos cuando ganamos, y deprimidos cuando perdemos.

Amamos el éxito. ¿Y por qué no? Estamos destinados a eso. Dios mismo quiere que tengamos éxito. Antes que Josué guiara a los israelitas hacia la Tierra Prometida, Dios dio a su siervo instrucciones explícitas para ayudarlo a "tener éxito" adondequiera que fuera y a hacerlo "próspero y exitoso" (Josué 1:7-8).

¿Cree usted que el Señor quiere algo menos para nosotros?

Hace unos años, pronuncié un discurso de graduación en una universidad cristiana. Exhorté a los graduandos: "Salgan de aquí a tener éxito para Dios. Salgan de este lugar y triunfen. Dios les ha dado una educación fantástica en un contexto cristiano con una base bíblica. Todo está ante ustedes para sobresalir para la gloria de Dios. ¡Así que vayan a hacerlo!".

A juzgar por las miradas que recibí de algunos miembros de la facultad, creo que la parte de "triunfen" de mi mensaje irritó a algunos de los profesores. Pero lo veo así: ¿Cuáles son sus opciones? Sólo veo tres: éxito, mediocridad o fracaso. ¿Cuál escoge?

Yo tomaré el éxito siempre, pero no en la versión de la sociedad.

Lo bello es que el verdadero éxito no se trata de dinero. El verdadero éxito no significa vencer a otro tipo. No es sobrepasar a tus pares. Se trata de agradar a Dios y asociarse con Jesucristo en la más grande aventura de la historia.

Efesios 2:10 enseña: "Porque somos hechura de Dios, creados en Cristo Jesús para buenas obras, las cuales Dios dispuso de antemano a fin de que las pongamos en práctica". Dios creó obras específicas para que las hagamos a lo largo de nuestra vida aquí en la tierra. Si buscamos la voluntad de Dios, Él nos guiará a las obras que ha preparado. Podría ser guiar con amor a nuestros hijos a la salvación o convertirnos en un médico misionero. Podría significar convertirse en un evangelista y liderar festivales o calladamente sacar el máximo de cada oportunidad para servir a otros y compartir el evangelio. El propósito no es el logro por nuestro propio bien; es tener éxito en lo que Dios ideó para que nosotros lo hagamos. Si logramos lo que Dios quiere, somos exitosos.

Espiritualmente, cada uno de nosotros puede ser un ganador en Jesucristo.

Elija el éxito, no el logro

Es simplemente natural desear éxito y huirle al fracaso. Todavía tengo que conocer a alguien que quisiera fracasar en la vida más que tener éxito. Nadie se plantea la meta de fracasar tantas veces como sea posible.

Sin embargo, con demasiada frecuencia, nos conformamos con el simple logro cuando podríamos disfrutar el éxito real. ¿Cuál es la diferencia? El logro se concentra en metas y tácticas, mientras que el éxito enfatiza propósito y estrategia. El logro toma la vista corta, mientras que el éxito mantiene la visión larga. El logro se concentra en los triunfos personales, mientras que el éxito opta por victorias comunitarias. Al final, el logro deja el corazón vacío y el alma jadea por más, mientras que el éxito expande el espíritu y deja al individuo profundamente contento.

Todos podemos elegir tener éxito o fracasar. Uno puede lograr muchas cosas y, sin embargo, ventilar un fracaso espectacular. Dado que prefiero triunfar, trato de recordar al menos cinco maneras en que el éxito genuino se eleva sobre el simple logro:

Logro	Éxito
• Gana recompensas	• Trae satisfacción
• Gana fama	• Gana respeto
• Gratifica la carne	• Contenta el espíritu
• Logra metas	• Disfruta el propósito
• Construye un imperio	• Construye un legado

Para ver cómo el verdadero éxito muestra su superioridad sobre el simple logro, observemos más de cerca las comparaciones precedentes.

"Gana recompensas" en oposición a "Trae satisfacción"

El trabajo arduo, la perseverancia y la determinación pueden llevar a grandes logros, los que a su vez producen recompensas impresionantes.

Algunos individuos pasan todas sus vidas persiguiendo estas recompensas: unas oficinas en esquina, unos autos caros, una vestimenta de diseñador, unas casas grandes, unos botes elegantes, un cargo en la junta directiva. Sin embargo, la mayoría de la gente dedicada al logro finalmente descubre que las recompensas y juguetes por los que trabajaron tanto no satisfacen por mucho tiempo.

Por otra parte, el verdadero éxito trae algo que ningún beneficio material puede entregar nunca: satisfacción. "Los deleites más profundos y más satisfactorios que Dios da a través de la creación, son regalos gratis de la naturaleza y las relaciones amorosas con las personas", dice un autor. "Después que sus necesidades básicas están satisfechas, el dinero acumulado comienza a disminuir su capacidad para estos placeres en vez de aumentarla. Comprar cosas no contribuye absolutamente en nada a la capacidad del corazón para el gozo."[32]

El autor David G. Myers lo dijo de otra manera en su libro *The American Paradox: Spiritual Hunger in an Age of Plenty* [La paradoja estadounidense: Hambre espiritual en una era de abundancia]. "Cuando se navega en el Titanic", escribió, "ni la primera clase puede llevarle donde usted quiere ir."[33] Todo el mundo veía el Titanic como un logro total cuando navegó en su primer viaje inaugural en abril de 1912, pero antes de que pudiera llegar a Nueva York, se hundió hasta el fondo del glacial Atlántico del Norte, una tumba acuosa para algunos de los más acaudalados hombres y mujeres de la época.

El logro simplemente no le llevará adonde usted quiere llegar.

Hace muchos años, tuve un amigo que poseía un negocio de limpieza de piscinas. Su compañía iba bien, pero no era nada sobresaliente. Un año preguntó si su hija podía visitarnos en el campo misionero en Colombia. Nos preguntábamos cómo podría manejar eso financieramente, pero lo hizo.

Un tiempo después, justo antes de que regresáramos a los Estados Unidos, me escribió una carta. "Te esperaré en el aeropuerto de San Francisco", decía. "Tengo un lindo carro, te llevaré a casa, nos divertiremos. Iremos a un spa."

¿Spa?, pensé. *¿Un limpiador de piscinas?*

Cuando llegué a San Francisco, él estaba en un Mark IV Lincoln Continental, con las mangas dobladas, bronceado, musculoso, con esa apariencia de alguien que no trabaja demasiado. *Caramba,* pensé, *en realidad algo le ha sucedido.*

Fuimos al spa, sudamos, luego visitamos una cafetería. Observé que había adoptado todos los amaneramientos y gustos de los acaudalados.

—Gerald —dije—, ¿qué sucedió?

—Bueno, déjame contarte —respondió.

En cuatro años, él había avanzado de la limpieza de piscinas a poseer propiedades costosas en las afueras de San Francisco, sobre las colinas con vista hacia el Pacífico. Dirigía quince estaciones de radio y una compañía de computadoras.

—Hombre —dije—, ahora puedes realmente ayudarme con el evangelismo.

—Esa es exactamente la razón por la que te traje aquí —dijo—. En realidad, quiero ayudarte. Ahora mismo tengo algunos tratos que cerrar, tengo que comprar otra estación de radio en Modesto y una en Fresno, pero tan pronto como lo haga, tú estás en el tope de mi lista.

Yo ansiaba ver lo que Dios haría a través de la nueva riqueza de Gerald.

Él compró las estaciones en Modesto y Fresno, luego dijo que necesitaba justo sólo tres más. Cuando las adquirió, prometió que el dinero comenzaría a rodar. Pero los meses continuaban pasando, y siempre fue otro trato más, eso era todo, otro trato más.

En 1978, el país atravesó una seria recesión, y su compañía comenzó a fracasar. Él tuvo que vender las estaciones de radio. Tuvo que vender las tierras. Además, un socio de negocios comenzó a pelear con él.

"¿Sabes?", me dijo una vez, "lo que me carcome en realidad es que no le entregué el dinero que dije que le daría al Señor. Y ahora un montón de bancos de San Francisco lo tienen".

Hoy día, Gerald ha perdido su autoridad y alegría. ¿Por qué? Porque optó por el logro en vez del verdadero éxito.

Dios desea sinceramente que su pueblo disfrute plenitud de vida. Jesús dijo: "El ladrón no viene más que a robar, matar y destruir; yo he venido para que tengan vida, y la tengan en abundancia" (Juan 10:10). Dios quiere que vivamos una vida abundante y exitosa en el ámbito espiritual, de manera que rebose dentro del ámbito físico. Dios quiere bendecir a su pueblo y colocar la responsabilidad en sus manos. Él nos dice: "Estoy dándote esto de manera que puedas utilizarlo honorablemente para la extensión de mi reino".[34] Es parte del paquete que Dios desea para su pueblo.

Quizás recuerde a Paul Jones, cantante líder del grupo pop Manfred Mann en la década del sesenta. Él encendió muchos corazones adolescentes con tonadas como "Do Wah Diddy Diddy". Su buena apariencia y versatilidad lo impulsó a la cima de la industria del entretenimiento. A principios de la década del ochenta, coprotagonizó con Fiona Hendley en Guys and Dolls y The Beggar's Opera, en un escenario de Londres. Los dos se llevaban bien, y pronto se mudaron juntos.

Paul se imaginaba a sí mismo como un polemista brillante, utilizando con frecuencia su agudeza y habilidades oratorias para tergiversar las creencias de aquellos que él consideraba cristianos hipócritas. Durante veinticinco años, se consideró un ateo inquebrantable. No obstante, algo seguía molestándole.

Durante una gira por Alemania, visitó una galería de arte. "Me impactaron particularmente las pinturas de un artista alemán, Caspar David Friedrich, contemporáneo de Beethoven", dijo. "Lo que me impresionó fue su habilidad para crear una clase de 'espiritualidad' a partir de paisajes y escenas de la naturaleza. En realidad, es gracioso que yo utilizara la palabra espiritualidad, dado que había dicho, como ateo sincero, que ese término carecía bastante de sentido. Aun así, las pinturas me hablaban acerca de los valores más allá del simple objeto visible."[35]

Su novia, que vivía con él, se consideraba cristiana. "Yo estaba convencida de que un cristiano era alguien que creía que existía un Dios, que era bastante moral, y que era una persona bastante buena, y probablemente iba a la iglesia de vez en cuando", dijo Fiona. Ella creció en una familia desintegrada, y vio a su madre buscar alivio con espiritistas y en lo oculto. Ella misma trató de buscar a Dios a través de un culto. Pero nada de eso dio resultados, y dijo sentirse "hecha un lío".

"Yo creía que la manera de escapar a todo ese dolor era tener éxito en mi carrera", dijo. "Pensaba, voy a hacer todo lo que pueda para ser la mejor en lo que puedo hacer, voy a lograrlo y nadie va a impedírmelo, nadie va a detenerme."

Un día, Fiona inexplicablemente entró en una iglesia en el centro de Londres. Aun cuando había como que "renunciado a Dios", tomó una Biblia, la abrió, y sus ojos se encendieron sobre Juan 3:16: "Porque tanto amó Dios al mundo, que dio a su Hijo unigénito, para que todo el que cree en él no se pierda, sino que tenga vida eterna".

"Yo estaba absolutamente asombrada con este versículo", dijo, "porque yo pensaba, si esto es verdad, es asombroso y maravilloso. Si es una mentira, ¡cómo es posible que esté escrito!".

Para ver si el versículo demostraba ser verdad, ella y Paul comenzaron a asistir a los servicios dominicales y estudiar la Biblia con un pastor. La exploración tanto emocionó como aterró a Fiona, porque pensaba: *Ahora espera. Si yo sigo esto completamente para encontrar a Dios, ¿qué sucede si Dios me quita algo que quiero?* Ella quería su carrera más que cualquier cosa, y se sentía desesperadamente atemorizada de que Dios pudiera enviarla a África en lugar de eso. Por otra parte, a Paul le preocupaba tener que pararse frente a una multitud algún día y decir: "¿Me recuerdan? Ahora soy cristiano".

Un día, el cantante pop Cliff Richard telefoneó a Paul y Fiona para pedirles que fueran con él al Queen's Park Rangers Stadium.

—¿Con quiénes juegan? —preguntó Paul.

—No, no es fútbol —respondió Cliff—. Es un hombre llamado Luis Palau. Creo que escucharlo mejorará sus vidas.

Al principio, Paul dudó, pero cuando Cliff ofreció brindar la cena, la pareja aceptó. El mensaje de Romanos 1 impactó a Paul y Fiona. Perdidos en una multitud de dieciséis mil personas, Fiona dijo: "Sentíamos que éramos las únicas personas allí. Era como si el foco estuviera sobre nosotros y estuviéramos atrapados en la luz".

En la invitación, Fiona se levantó para ir al frente, pero Paul la agarró del brazo.

—Un momento —dijo—. ¿Adónde vas?

—Bueno, es tiempo de detener este asunto a medias —respondió ella—, y Jesús va a ser mi Señor de ahora en adelante.

—Eso es terrible —dijo Paul—. ¿Dónde voy a dormir hoy?

Fiona se sentó de nuevo. Pero antes que terminara la noche, ambos habían entregado su vida a Jesucristo.

—He sido tan feliz desde entonces —dijo Fiona—. El cambio es asombroso. Dios me ha dado tanta paz con todo eso de mi carrera.

Ahora tengo un propósito que no tenía antes. Tiemblo al pensar lo que sería nuestro matrimonio después de catorce años si ambos no hubiéramos venido a Cristo.

¿Logro o éxito? Paul y Fiona han tenido ambos, pero ellos descubrieron que el primero no le llega ni cerca al segundo.

"Gana fama" en oposición a "Gana respeto"

El logro sobresaliente puede en verdad hacer reconocida a una persona. Con frecuencia, lleva a la fama. ¿Quién en nuestra sociedad tan saturada de medios no ha escuchado los nombres de Tiger Woods, Julia Roberts, Oprah Winfrey, Stephen King o Billy Graham? Todos ellos han actuado a un alto nivel en sus campos de experiencia y se han convertido, en el proceso, en nombres muy conocidos.

Pero, ¿cuánto exactamente vale la fama? Mark Twain pensaba que no mucho. "La fama es vapor; la popularidad, un accidente; la única certeza terrenal es el olvido", decía.[36] La actriz Marlo Thomas ofreció una crítica menos abstracta: "La fama para mí perdió su atracción cuando fui a un baño público y un cazador de autógrafos me pasó un bolígrafo y un papel por debajo de la puerta."[37]

El logro puede ganar la tenue fama que va y viene de acuerdo con los cambios en el gusto público, pero el éxito gana el respeto duradero. Cuando alguien respeta a otra persona, él o ella en realidad está diciendo: "Te conozco y confío en ti. Te he visto en acción, y te has ganado mi confianza. Te has ganado mi lealtad".

Conozco un caballero en Paraguay que nunca será famoso, pero que ha ganado mi respeto para siempre. Fue voluntario hace varios años en el ministerio de consejería de una de nuestras misiones. Entrenamos a iglesias locales para aconsejar a los cientos que vienen buscando ayuda para sus matrimonios, familias y otros problemas personales. Aun cuando este hombre era pastor, era muy pobre, su apariencia descuidada, y no leía bien. Él se sentaba en la clase todo el día, escuchaba mientras su sobrino de doce años anotaba por él. Un pequeño examen siguió al entrenamiento. Otra vez, el niño escribió por el pastor. Esto preocupó a nuestro director de consejería, pero cuando leyó las respuestas del hombre, las encontró excelentes.

Una iglesia local nos permitió utilizar sus instalaciones como centro de consejería; casi setenta consejeros integraban el personal del lugar. Un día, los setenta estaban ocupados aconsejando, mientras este humilde hermano se sentaba allí, esperando su turno. Entró un hombre bien vestido, supimos que era médico, y le dijo a la secretaria en la puerta: "Necesito hablar con alguien. Tengo un problema con mi esposa. Estamos a punto de divorciarnos. Escuché en televisión que ustedes dan consejos aquí. ¿Con quién puedo hablar?".

De inmediato, el humilde hermano saltó y le dijo al doctor: "Yo le aconsejaré". Casi media hora más tarde, ese pastor iletrado emergió del brazo con el doctor.

"Doctor, ¿hay algo que pueda hacer por usted?", preguntó nuestro director de consejería cuando los vio. "Estoy disponible si me necesita."

"No, gracias", respondió el doctor. "Este caballero me acaba de ayudar muy bien. Sé lo que debo hacer cuando llegue a casa. Acabo de orar y abrir mi corazón a Cristo." Entonces abrazó al pastor y salió.

Al día siguiente, el lugar estaba abarrotado de nuevo, todos los consejeros estaban ocupados, y allí estaba sentado ese pastor, esperando otra oportunidad para aconsejar. El mismo doctor regresó, esta vez con dos de sus colegas.

"¿Doctor, puedo ayudarle?, preguntó el director de consejería. "¿Puedo hablar con usted?"

"Muchas gracias", respondió el doctor, "pero este hermano aquí me ayudó a recibir a Cristo ayer. Mis dos amigos quieren recibirlo también, y quiero que hablen sólo con él".

Así que estos tres profesionales se dirigieron a un salón, guiados por el pastor, y, en unos instantes, el hombre llevó a los otros dos doctores a Jesucristo. Al día siguiente, los tres médicos aparecieron con un cuarto colega. Todos tenían serios problemas maritales y se conocían del club de campo. Insistieron en hablar sólo con una persona. Y el pastor pobre con una barba desaseada y ropa arrugada guió a los cuatro a Jesucristo.

Después de la misión, los cuatro doctores se reunieron con sus esposas y dieron una fiesta. ¿A quién cree que invitaron? ¿Al evangelista cuyo nombre aparecía en la publicidad por toda la ciudad? Ni siquiera me conocían. ¿A nuestro director de consejería? No, gracias.

Invitaron al pastor y a su sobrino. Estos hombres profesionales se convirtieron en dedicados seguidores de Jesucristo, activos en una iglesia local, y arreglaron sus familias de nuevo, gracias en gran parte a un pobre e iletrado pastor. Él nunca será famoso, ¿pero no cree usted que merece algún respeto? Ese hombre ha disfrutado más éxito que el noventa por ciento de todos los ejecutivos *Fortune 500* que han vivido.

Después de escuchar esa historia, simplemente tenía que conocer al hombre. El día del cierre de la misión, fue un privilegio sacarme una fotografía con *él*.

"Gratifica la carne" en oposición a "Contenta el espíritu"

El logro se siente bien y gratifica nuestro deseo de victoria, pero el sentimiento nunca dura. Mientras escribo, se están dando los partidos tanto en la Liga Nacional de Hockey (NHL) como en la Asociación Nacional de Básquetbol (NBA). En un par de semanas, ambas ligas coronarán a sus campeones. Aunque no soy profeta, puedo garantizar que ocurrirá una escena justo momentos después del pitazo final. Algún reportero colocará un micrófono muy cerca de la cara de un atleta y preguntará algo como: "¿Crees que puedan repetir esto el próximo año?".

El atleta responderá con alguna versión de: "Sólo queremos saborear esto por un rato", pero el daño ya estará hecho. Alguna porción de la satisfacción del ganador se habrá desvanecido para siempre.

El verdadero éxito implica gratificación, pero va más allá del contentamiento. Cuando usted tiene éxito en ayudar a otros a superar algún problema persistente, siente una alegría que no se desvanece. Cuando tiene éxito en las cosas que hacen sonreír a Dios, la alegría que usted siente dura y dura. Ese es el verdadero éxito.

En Newcastle, Australia, hablamos con estudiantes y profesores en cuatro universidades. En una escuela, una joven —de alrededor de veinte años— me dijo:

—Señor Palau, hay algo que me falta por dentro. Mi novio y yo hemos hablado acerca de eso muchas veces. Hay algo que nos falta, y no puedo dar en el clavo.

—Escucha —dije—, lo que te falta es vida eterna. Lo que te falta es Jesucristo.

—¿Eso es todo? —preguntó—. Bueno, ¿cómo lo consigo?

Y justamente ahí, parados en medio de la Universidad de New South Wales, rodeados por varias decenas de estudiantes esperando para hablar, esta bella muchacha inclinó su cabeza y oramos juntos. Ella encontró lo que le faltaba por dentro, la alegría que viene sólo a través de Cristo.

Tres días más tarde, la vi de nuevo y le pregunté:

—Ese elemento en tu vida que te faltaba por dentro, ¿todavía te falta?

—No, Señor Palau —respondió, sonriendo ampliamente. Eso lo llenó Jesucristo.

¿Podría ser esa su situación ahora mismo? A usted no le falta dinero; usted es una persona agradable; vive una vida limpia. Sin embargo, en lo profundo, siente que falta algo.

Ese "algo" es la alegría que sólo Jesús puede darle, como puede decirle Joy Stevens.

Diez días después que Joy dio a luz a su segundo hijo, su esposo la abandonó. En respuesta: "Decidí que iba a darles a mis muchachos la mejor vida posible", dijo ella. Se convirtió en agente inmobiliaria, y rápidamente hizo mucho dinero. "Pero me convertí en una amargada y enojada", admitió. "En pocos años, mis muchachos estaban en mala forma; uno de ellos cayó en las drogas."

Todos los días, camino a su oficina, Joy observaba un anuncio colocado frente a una iglesia: "Regresa a Dios".

"Yo no puedo regresar a Dios", decía ella. "Yo nunca estuve ahí en primer lugar." La iglesia nunca cambió el anuncio, y este ritual siguió durante años.

A través de una serie de eventos, Joy hizo finalmente profesión de fe en Jesucristo, pero, en realidad, no entendía lo que Dios estaba haciendo en su vida. Cuando le reveló su conversión a su nuevo esposo, cuya madre había trabajado una vez con el Ejército de Salvación, él exclamó: "¡Ah, qué gracioso! ¡Ahora tengo una esposa cristiana!".

Para celebrar, se detuvo en un bar a tomar un trago. En la casa, en la noche, con su esposo dormido, Joy recuerda: "Mi mente era un tumulto. Mientras descansaba ahí en la oscuridad, dije: 'Bien, Dios. ¿Ahora qué? Y sentí como si el Señor me dijera: 'Te mostraré'".

Al día siguiente, cuando su esposo se despertó, le dijo a Joy: "¿Sabes?, ahora que eres cristiana, deberíamos comprar una Biblia, ¿no?".

Así que compraron una. Esa misma semana, ella comenzó a asistir a los servicios en una pequeña capilla calle abajo. Al tiempo, su esposo entregó su vida a Jesucristo; el Señor liberó a su hijo de la adicción a las drogas; el otro hijo y los dos hijos de su esposo confiaron en Jesucristo; y su madre —de ochenta y dos años de edad— también vino a Cristo. Hoy, toda la familia ama y sirve al Señor.

Finalmente, Joy decidió asistir a la iglesia con su hija, ¿y sabe usted que iglesia era? La iglesia con el anuncio que todavía urgía a los transeúntes a "Regresar a Dios".

La búsqueda de Joy por alegría comenzó con una carrera y dinero. Ella pensaba que eso era lo que su familia necesitaba. Pero sólo en Jesucristo usted encontrará alegría verdadera y duradera. Otras cosas podrían gratificarle por un rato, pero sólo el Señor Jesús puede hacerlo eternamente alegre.

"Logra metas" en oposición a "Disfruta el propósito"

Aun hoy, usted puede atestiguar su asombrosa capacidad para lograr metas dinámicas. Metro tras metro, kilómetro tras kilómetro, todavía puede ver las asombrosas fortalezas que construyeron, fuertes, imponentes y profundamente impresionantes. Ellos utilizaban el concreto más espeso que cualquier cosa conocida previamente, se armaban con enormes armamentos, y construían áreas con acondicionadotes de aire para las tropas, áreas recreativas, residencias, almacenes de provisiones, y vías de ferrocarril subterráneas que conectaban varias partes de las fortalezas. A principios de la década del treinta, los franceses les llevó varios años construir la Línea Maginot contra la invasión alemana, y no les tomó ningún tiempo a los alemanes rebasar las fortalezas al invadir Francia a través de Bélgica, dejando la línea inservible.

Hoy en día, todos reconocen la Línea Maginot como un gran logro, pero ninguno la llamaría un éxito. Aunque sus constructores lograron todas sus metas, su propósito breve condenó a la empresa completa.

¿Qué beneficio hay en lograr metas que no sirven a un propósito valioso? ¿Cómo puede llamarse "éxito" a eso? Usted puede leer y seguir esclavizadamente el consejo en un libro como *Power, Money, Fame, Sex: A User's Guide* [Poder, dinero, fama y sexo: Guía para el usuario], un libro proyectado para quien es "descaradamente ambicioso", según el editor, pero ¿adónde lo llevará eso, finalmente?

Conozco muchos individuos ricos a quienes les emociona utilizar sus bendiciones financieras para el evangelismo, pero nunca desarrollan en realidad su potencial dado por Dios. Han disfrutado experiencias espirituales increíbles, capacidad para negocios asombrosa, educación extensa y una visión del mundo amplia. Sin embargo, no viven a un décimo de su capacidad total. Hasta ahora, han rechazado el lema del ejército estadounidense: "Sé todo lo que puedas".

"Ser todo lo que puedas" requiere propósito, no simplemente la habilidad de alcanzar las metas. Es posible seguir la corriente, sin mover el bote, evitar grandes pecados, simplemente perseguir la meta de ser agradable, y terminar en fracaso.

¿Está usted solamente flotando? Considero a un amigo misionero uno de los hombres más piadosos que he conocido alguna vez, y le he visto desde adentro. Pero sólo tres de sus hijos tienen un compromiso serio con el Señor. Los otros parecen suficientemente buenos, con buenos estilos de vida, buenos hijos propios, buena iglesia, buena gente, pero no tienen fuego, ningún poder, ningún filo cortante. Sólo siguen la corriente.

Cuando la esposa de este hombre estaba muriendo, le dijo a mi esposa, Pat: "La gran agonía de nuestras vidas es ver que la mitad de nuestros hijos no cuentan para nada. No es que sean malos. No es que estén en pecado; están perfectamente bien en esa área. Simplemente, no cuentan para nada. Son sólo buenas personas que siguen la corriente".

Me doy cuenta de que no todos pueden ser hombres de estado o políticos o renombrados evangelistas. Pero si vivimos con un propósito eterno en vez de vivir para lograr unas pocas metas a corto plazo, estamos destinados a trabajar al máximo. Los hombres y las mujeres sentirán el toque de Dios cuando nuestras vidas afecten las de ellos.

¡Pero ay de nosotros si estamos sólo logrando metas! Sin un propósito eterno, hasta lograr lo grandioso no cuenta mucho al final.

Mi amigo, Bob Waymire, era ingeniero de Lockheed Martin, donde ayudaba a desarrollar sistemas de armas Polaris y Poseidon, precursores del Trident. Él llegó a casa desde su trabajo un día, para descubrir una nota de su esposa: lo había dejado por otro hombre, y se había llevado sus tres niños con ella. Poco tiempo después, se divorció de Bob.

Devastado, Bob gradualmente adquirió un problema de alcohol. Continuó trabajando duro, pero estaba más interesado en su vivaz secretaria. Para la frustración de Bob, ella era una cristiana que estaba más interesada en que él arreglara su vida aceptando a Jesucristo. Ella y otra secretaria oraban regularmente por él. Y le dijo a Bob: "Quizás su dios no sea lo suficientemente grande para curar su problema con la bebida, pero el mío sí lo es".

Después de una típica tarde de bebida, Bob encaró a una secretaria enojada. "¡Una cosa es que desperdicie su vida, pero usted está desperdiciando la vida de sus hijos!", dijo ella. Bob le respondió amargamente: "¿Cómo puedo estar desperdiciando la vida de mis hijos cuando ni siquiera puedo verlos?".

La intensa mujer apuntó que los niños de Bob necesitaban recibir vida eterna. "Si usted confiara en mi amigo Jesús, podría guiar a sus hijos al reino de los cielos. No es la voluntad de Dios que permanezcan perdidos; ellos necesitan a alguien que les explique acerca de Jesucristo."

Captando finalmente la atención de Bob, ella siguió diciéndole que él mismo necesitaba recibir a Jesús como su Salvador, y dejar que Jesucristo, y no el alcohol, controlara su vida. Al final de su larga conversación, Bob entregó el control de su vida a Jesucristo en oración.

La conversión de Bob cambió su vida dramática y rápidamente. Siempre había sabido cómo lograr sus metas, pero por primera vez en su vida ahora tenía un propósito eterno.

Hoy, Bob está completamente comprometido con el evangelismo mundial. Utilizó su entrenamiento científico para comenzar Global Mapping International. Su negocio desarrolla productos y programas que capacitan a líderes cristianos a utilizar mejor la información estratégica de las misiones. Está casado de nuevo con una maravillosa mujer cristiana, y tienen dos niños. Bob tiene una grandiosa relación con su ex esposa y sus cinco hijos. La gracia de Dios está logrando sus transformadas metas.

La habilidad para lograr metas simplemente no se cortará si usted está tras el éxito real. Para disfrutar el éxito al nivel más alto, necesita un propósito eterno. Afortunadamente, eso es justo lo que Jesucristo provee.

"Construye un imperio" en oposición a "Construye un legado"

En cualquier costa de los Estados Unidos, los visitantes pueden observar grandes tributos a imperios financieros colosales. Aquellos en la Costa Este pueden viajar a Asheville, Carolina del Norte, para ver el espectacular Piltmore Estate, un extendido complejo construido por George W. Vanderbilt en las montañas Blue Ridge. Este incluye la casa más grande de los Estados Unidos, con sus doscientos cincuenta y dos cuartos llenos de arte y antigüedades de la época. Los en la Costa Oeste pueden visitar el Hearst Castle, que incluye ciento veintisiete acres de jardines, terrazas, piscinas y casas de huéspedes, construidas por el famoso hombre de periódicos William Randolph Hearst. La joya de la corona de este estado, la Mediterranean Revival Mansion de cuarenta y cinco metros de altura llamada "Casa Grande" ("Big House"), se asienta a quinientos metros de altura sobre San Simeon Bay en el norte de California, a casi tres kilómetros hacia el interior desde la costa del Pacífico.

Una mirada a cualquiera de esos complejos impresionantes quita toda duda de que sus constructores controlaban enormes activos y construyeron poderosos imperios. Sin embargo, esa misma mirada revela algo más: en realidad, ya nadie vive allí. Ambas propiedades funcionan básicamente como museos proyectados para atraer turistas tontos.

No mucho de legado, en mi libro. Cuando medito en "hogares" y "legados", no puedo evitar pensar en mi papá.

Me encanta visitar Argentina, porque cada vez que voy escucho historias acerca de él. Se pone mejor cada vez que voy, aunque los de los viejos tiempos están muriendo todos. La pareja más vieja aún viva que sirvieron con mis padres en su pequeña iglesia ahora está al final de la edad de los setenta. El esposo estaba sentado en la iglesia la noche que mi padre recibió a Jesucristo; él mismo llegó a la fe sólo unos meses más tarde.

Mi papá, un constructor antes de que muriera a los treinta y cuatro años de edad, edificó las casas para nueve parejas que él pensaba que mostraban el potencial para comenzar iglesias locales. Construyó una casa para la pareja que acabo de mencionar, algo tipo chalet, y todavía está en forma. Esta ostenta el mismo tejado brillante de lozas rojas que mi papá instaló hace cincuenta años.

Estos amigos me dijeron que tres semanas antes de que papá muriera, fue a la casa y les dio el título de propiedad. "Es suya", les dijo. "Páguenme de la forma en que puedan. Si no pueden pagar, está bien, siempre y cuando comiencen una iglesia en esta ciudad." Y así lo hicieron. Me mostraron fotos del primer grupo de niños con los que comenzaron. Esa es la manera en que solían hacerlo en Argentina: comenzaban con los niños; entonces llegaban a las madres; luego a los padres; finalmente iniciaban una pequeña congregación. Las nuevas villas donde mi padre construyó hogares todas albergan iglesias activas hoy en día. Él maximizó su potencial a su manera, adecuada a su propio estilo.

¿Qué le impide a usted maximizar su propio potencial? ¿Podría ser que está decidido a construir un imperio en vez de dejar un legado?

Un rico, joven y poderoso agente comercial se acercó una vez al Señor Jesús y le preguntó ansiosamente: "Maestro bueno, ¿qué debo hacer para heredar la vida eterna?" (Marcos 10:17). El Evangelio aclara que el joven tenía posición social, riqueza, una personalidad atractiva, sinceridad, valor, humildad, entrenamiento religioso y llevaba una vida limpia. Sin embargo, se sentía desesperado. ¿Por qué?

No es que pensara que era una mala persona. Jesús no lo desafió cuando dijo que debía guardar los mandamientos de Dios (Marcos 10:18-21). Parecía que este joven tenía todo a su favor. Entonces, ¿por qué se sentía tan desesperado? Si hubiéramos estado allí, apuesto a que habríamos preguntado: "Si eres joven, rico, con buena posición social; si eres atractivo, sincero, valiente; si has guardado los mandamientos y conoces la jerga religiosa, entonces, *¿cuál es tu problema?*".

Su problema era que sentía un hambre desesperada por la vida. Estaba buscando satisfacción, algo más que un imperio. Estaba buscando vida con V mayúscula.

En ese momento decisivo, Jesús "lo miró con amor y añadió: 'Una sola cosa te falta: anda, vende todo lo que tienes y dáselo a los pobres, y tendrás tesoro en el cielo. Luego ven y sígueme'" (10:21).

Jesús le dijo al joven que sólo le faltaba una cosa. ¡Pero qué clase de carencia! Si a usted le falta eso, le falta todo.

Suponga que usted o yo fuéramos al aeropuerto mañana en la mañana y tomáramos un vuelo a Madrid. Imaginemos que es un nuevo Airbus A 340-600, un avión grande y bello. Acaba de pintársele un logo brillante. Las aeromozas llevan uniformes nuevos y llamativos. El piloto luce "de primera", y difícilmente puede contener su emoción. Usted aborda el avión que luce y huele a nuevo. Escucha música de orquesta en los altavoces y alguien le entrega una revista. Usted se sienta y asegura el cinturón, luego le ofrecen un trago suave complementario o un vaso de vino. Escucha el discurso de seguridad, los motores rugir y el avión despegar.

Cuando están navegando a casi mil metros, el piloto dice por el intercomunicador: "Señoras y señores, queremos que sepan que han abordado el viaje inaugural de este bello A 340-600. ¡Escuche esos motores de Rolls Royce! Funcionan perfectamente. Mire el interior exquisitamente decorado, sienta los cómodos asientos. Todo está perfecto. Sin embargo, tenemos un problemita. El trabajo de pintura luce grandioso, los motores funcionan bien, la música suena tremenda, tenemos abundante comida, pero con la emoción de despegar este avión, el personal de tierra olvidó cargarlo de combustible. ¡Pero no se preocupen! Eso es lo único malo. Todo lo demás está perfecto".

¿Qué le va a sucederle a su avión? Sin combustible, se estrellará, y usted estará acabado. El avión necesitaba sólo una cosa, pero era lo más importante.

¿Podría ser así con usted? Todo parece estar bien. Su cuenta bancaria está llena. Sus carros funcionan. Los chicos parecen estar bien. Todo parece bien, excepto una cosa. Usted no tiene a Dios en su vida. No tiene a Jesucristo viviendo con usted. Escuche, sin su combustible divino, usted está muerto, acabado. Puede construir un imperio, pero no dejará ningún legado.

Jesús le dijo al joven rico que sólo una cosa obstaculizaba el camino para recibir la vida eterna. Un ídolo bloqueaba su acceso a Dios: el dinero. Así que Jesús le dijo: Arroja el ídolo y únete a mí.

Mientras viajo por el mundo, las personas que consecuentemente responden con más ansiedad al evangelio parecen ser aquellas con los estómagos vacíos. La gente de los países pobres reconoce su necesidad de Dios mucho más rápido que aquellos de los prósperos.

¿Sabe por qué muchos hombres y mujeres carecen de seguridad de vida eterna? No es porque son inmorales o impíos. Es porque nunca han llevado a cabo la acción que Dios exige. La Biblia llama a la acción. Usted debe hacer algo. Jesús le dio a ese joven cinco órdenes sencillas: anda, vende, da, ven y sígueme (10:21). Jesús dice, en efecto: "Te daré vida eterna y puedes construir un verdadero legado, si sólo haces lo que te digo".

La vida significa tomar decisiones básicas. ¿Sabe usted lo que sucedió con este hombre joven, poderoso como era, bien parecido, humilde, rico, moral y religioso? La Biblia dice que se levantó de sus rodillas, se sacudió sus ropas, y se alejó, cabizbajo. Se rehusó a hacer lo que Jesús le pidió, y se alejó despacio, triste. Y Jesús le dejó ir.

Él aún permite que hombres y mujeres se alejen. Durante nuestros festivales, en medio de miles de finales felices en los que muchos individuos arreglan sus asuntos con Dios, he visto cientos de "ricos, jóvenes y poderosos agentes comerciales" alejarse tristes. Muchos escuchan la voz de Dios, escuchan las órdenes de Jesucristo, pero responden: "Lo siento, pero no puedo llevar esto a cabo. Es mejor que construya mi imperio en vez de dejar un legado para Dios. Me interesa más lo que piensan mis vecinos y familiares que lo que Dios piensa. Lo siento". Y se van con sus cabezas inclinadas y sus rostros tristes.

¡No se aleje como el joven rico! No se vaya con una expresión de pena, perdido y triste. Entréguese a Jesucristo. Diga, por fe: "Oh, Señor Dios, soy tal como el joven rico. Siento un gran vacío dentro. Quiero recibir a Jesucristo. Seguiré a Jesucristo. Confío en él. Creo en Él".

Cuando uno acepta el ofrecimiento de Jesús, la Biblia dice que se convierte en rey y sacerdote (Apocalipsis 1:6; 5:10). A través de Jesús, usted puede comenzar a reinar en la vida (Romanos 5:17; 2 Timoteo 2:12; Apocalipsis 20:6).

Cuando los reyes y presidentes entran a un cuarto, dan sus pasos con una sensación de confianza. Sea el presidente de los Estados Unidos o el gobernador de la República Palau, el reino más pequeño del mundo, usted siente cierta confianza. Cuando la Escritura dice que somos reyes y sacerdotes, Dios tiene la intención de darnos un sentido de dignidad, autoridad y confianza. Y eso es cierto, sin importar la posición socioeconómica del creyente.

Cuando usted visita a los cristianos más pobres del mundo, como esos en las villas más remotas de Guatemala o Bolivia, hasta los creyentes iletrados pueden entrar en el salón con dignidad y confianza. Jesucristo toma hasta aquellos sin zapatos y hace que caminen con el porte de reyes y reinas.

Ese es parte del legado de Jesucristo, y sobrepasa por mucho cualquier imperio humano jamás construido.

Sea un ganador

Una tarde, hace años, alguien me dio unas entradas para el campeonato de tenis de Wimbledon. Tuve el placer de ver a Chris Evert Lloyd ganar uno de sus títulos. Y me llevó a pensar: *En la vida, como en el tenis, en realidad no hay empate. Usted gana o pierde.*

Cada uno de nosotros, que juega el juego de la vida, terminará ya sea como ganador o perdedor, dependiendo de lo que hacemos con Jesucristo. ¡¿Va usted a ser un ganador? O cuando todo esté dicho y hecho, ¿será usted un perdedor?

Dios hizo el juego de la vida y sus reglas, y una de ellas es esta: "Ama al Señor tu Dios con todo tu corazón, con todo tu ser, con todas tus fuerzas y con toda tu mente" (Lucas 10:27). Todos nosotros jugamos en este juego de la vida. Ninguno puede decir: "No voy a firmar". Estamos en la alineación de un equipo o del otro. No podemos pararnos a los lados y decir: "Yo jugaré de árbitro y veré jugar a todos los demás". No, Dios es el árbitro, y jugamos en un equipo o en el otro. Podemos ganar o perder. La elección es nuestra.

Dios quiere que todos seamos ganadores. Él nos hizo a cada uno de nosotros para que disfrutáramos la vida aquí y termináramos en el Salón de la Fama Divino en el cielo. Así que no se conforme con el simple logro cuando puede disfrutar del verdadero éxito. Jesús nos preguntó: "¿De qué le sirve a uno ganar el mundo entero si se pierde o se destruye a sí mismo?" (Lucas 9:25). No renuncie a su lugar en el Salón de la Fama Divino. ¡Elija el éxito!

Cómo ser exitoso según la Biblia

1. *Nunca se oponga a Dios.*
   "De nada sirven ante el Señor la sabiduría, la inteligencia y el consejo" (Proverbios 21:30).
2. *Asegúrese que usted y Dios están caminando la misma senda.*
   "David tuvo éxito en todas sus expediciones, porque el Señor estaba con él" (1 Samuel 18:14).
3. *Observe que tanto sus métodos como sus metas honren a Dios.*
   "Y, mientras vivió Zacarías, quien lo instruyó en el temor de Dios, se empeñó en buscar al Señor. Mientras Uzías buscó a Dios, Dios le dio prosperidad" (2 Crónicas 26:5).
4. *Consiga un dominio completo de la Palabra de Dios, la Biblia.*
   "Recita siempre el libro de la ley y medita en él de día y de noche; cumple con cuidado todo lo que en él está escrito. Así prosperarás y tendrás éxito" (Josué 1:8).
5. *Ore por el éxito.*
   "Señor, ¡concédenos la victoria!"(Salmo 118:25).
6. *Pase el tiempo que sea necesario para obtener cualquier destreza que pueda requerir.*
   "Si el hacha pierde su filo, y no se vuelve a afilar, hay que golpear con más fuerza. El éxito radica en la acción sabia y bien ejecutada" (Eclesiastés 10:10).
7. *Busque un consejero sabio y pida consejo.*
   "Cuando falta el consejo, fracasan los planes; cuando abunda el consejo, prosperan" (Proverbios 15:22).
8. *No deambule, diseñe un plan.*
   "Los planes bien pensados: ¡pura ganancia! Los planes apresurados: ¡puro fracaso!" (Proverbios 21:5).
9. *Entregue sus planes al Señor.*
   "Pon en manos del Señor todas tus obras, y tus proyectos se cumplirán" (Proverbios 16:3).
10. *Percátese de que Dios puede tener una idea diferente a la suya acerca de su éxito.*
    "El corazón humano genera muchos proyectos, pero al final prevalecen los designios del Señor" (Proverbios 19:21).

7

Una fuente de emociones para toda la vida

¿Emoción o aventura?

> Una cosa hago: olvidando lo que queda atrás y esforzándome por alcanzar lo que está delante, sigo avanzando hacia la meta para ganar el premio que Dios ofrece mediante su llamamiento celestial en Cristo Jesús.
>
> El apóstol Pablo, en Filipenses 3:13-14

No hay nada más emocionante que añadirle algo de vigor a su vida.

Usted conoce el sentimiento glorioso: ese impresionante torrente de adrenalina mientras usted se prepara para...

- Besar el lejano objeto de su afecto
- Reclamar una victoria de último minuto
- Cobrar su primer cheque
- Conocer a su héroe de toda la vida
- Abordar el avión para sus vacaciones soñadas

Jason Hale y Dixie-Marie Prickett ciertamente conocen ese dulce sentimiento. Jason, enfermero de traumas neurológicas, y Dixie-Marie, instructora de kayak, vivieron su verano de ensueño en 2001.

La pareja de veintitantos años de Asheville, Carolina del Norte, pasó cuatro meses practicando kayak, enamorándose y "revisando montones de cascadas y lugares excitantes" por todo Estados Unidos.

Entrevistado por Susan Stamberg, de la Radio Pública Nacional, Jason dijo: "Me encanta montar una ola y 'caer' desde una cascada de ocho a diez metros temprano en la mañana... la luz es mejor... y siempre tienes más tiempo para regresar y hacerlo dos o tres veces nuevamente en la tarde". Relacionó la caída del borde de una cascada hacia la piscina de abajo con un paseo rápido en un elevador.

Dixie-Marie describió la "cascada perfecta" cerca de Hood River, Oregon: unas hermosísimas rocas cubiertas de musgo, un arco iris perenne sobre aguas glaciares intensamente azules y una caída de once metros. Cuando ella se da cuenta de cuán lejos es la caída en realidad, se entrena a través del miedo: "Va a durar dos segundo, como mucho, y se acaba".

Ambos admiten que practicar kayak en cascadas implica riesgos similares a conducir en NASCAR. Jason hasta se rompió su espalda una vez y todavía está embrujado con los "sueños malignos" de su accidente. Ahora recobrado, prosigue para perfeccionar su aterrizaje, y se regocija cada vez que hace una cascada de manera correcta. "Salgo y ¡muy bieeen! ¡No me rompí la espalda esta vez! Es simplemente increíble."[38]

A pesar de los riesgos, la emoción de hacer kayak en aguas blancas define la vida de Dixie-Marie y Jason. Este puede haber sido su verano favorito hasta ahora, pero ambos creen que los años venideros serán aun mejores.

Las muchas caras de la emoción

Afortunadamente, la emoción no sólo proviene de cuando evitamos rompernos la espalda, sino también de una variedad salvaje de formas y sabores.

Busque "torrente de adrenalina" en una enciclopedia electrónica popular, y aparece una imagen de un par de paracaidistas que se deslizan a tierra en lo que se llama una "pila de dos personas." La leyenda dice: "Dada la sensación de saltar al aire en caída libre cierta distancia antes de abrir sus paracaídas, los paracaidistas usualmente experimentan un torrente de adrenalina y luego una pacífica sensación de bienestar".[39]

Cambie a la red más amplia de la Internet, World Wide Web, y puede encontrar no sólo paracaidismo, sino también salto en "bunjee", persecución de tornados y encierros de toros en Pamplona, España.

El canal de televisión de viajes Travel Channel recientemente puso al aire un programa llamado "101 cosas que usted debería hacer para tener una vida completa". Además de sugerir un salto en paracaídas (un favorito universal), el programa aconsejaba a los buscadores de emoción asistir al campamento espacial o hacer un viaje a lo profundo del mar al *Titanic*, donde el trasatlántico Cunard descansa desintegrándose a unos gélidos cuatro kilómetros sobre el fondo del Océano Atlántico. "Treinta y cinco mil dólares es mucho dinero", admitía el presentador, "pero usted sólo lo hará una vez y nunca lo olvidará".

Apuesto que su libreta bancaria tampoco.

La fisiología de la emoción

¿Por qué anhelamos la emoción? ¿Qué nos urge al gasto de extravagantes sumas de dinero y tiempo en su frenética búsqueda? Mayormente, es por la forma en que eso nos hace sentir.

El cuerpo humano responde a la emoción tanto como a la tensión. Cuando nos emocionamos, el sistema nervioso autónomo dirige a las glándulas suprarrenales a segregar epinefrina (también llamada adrenalina) y norepinefrina al torrente sanguíneo, lo cual causa que el corazón lata más rápidamente, la presión sanguínea se eleve, la respiración se acelere, las pupilas se dilaten, la transpiración aumente y que la sangre fluya al cerebro y los músculos desde los órganos internos y la piel. Entonces, el hipotálamo incita al cerebro a quemar más calorías y carbohidratos, alimentando más la respuesta "pelea o escapa".

Nuestros cuerpos también producen niveles anormalmente altos de endorfinas durante períodos de tensión o emoción intensa. Las endorfinas desempeñan un enorme rol en producir los sentimientos de éxtasis o placer que experimentamos cuando estamos excitados, sea que la excitación provenga del despertar sexual, un triunfo en los negocios o una competencia atlética.

Puesto que anhelamos los intensos sentimientos generados por la emoción, un número creciente de nosotros persigue el tipo de emociones que siempre nos intensifica y que proveen los "deportes extremos". El salto en "bunjee" es probablemente el más popular, mientras otros deportes extremos como el paracaidismo y el salto BASE (por sus siglas en inglés: lanzando el cuerpo desde edificios, antenas, puentes y tierra, e ilegal en la mayoría de las jurisdicciones) están ganando popularidad. Y un montón de tipos están optando estos días por "vacaciones de aventura".

Algunos psicólogos ven esta fascinación con los deportes extremos como un sustituto moderno para las conquistas visionarias y los ritos tradicionales que se encuentran en otras culturas. Otros expertos creen que tales deportes indican una reacción a la relativa seguridad de la vida moderna. Como anotó el escritor Hope Winsborough: "Al carecer de un sentimiento de peligro en sus actividades cotidianas, la gente pudo haberse sentido obligada a buscar peligro o riesgo".[40]

Quizás. Pero creo que los más entusiastas de los deportes extremos se involucran simplemente por la emoción, por el latido del corazón, por el bombeo de la sangre, el torrente de adrenalina que enrojece la cara, que los deja con un "una pacífica sensación de bienestar".

¿A quién no le encanta la carne de gallina en que se convierte nuestra piel cuando golpea una ola de emoción? Estamos diseñados para disfrutar eso que agita nuestras emociones o sentimientos. La emoción nos hace sentir bien, ilumina nuestra apariencia y pone una sonrisa en nuestro rostro. Estamos naturalmente atraídos a cualquier cosa que pueda animarnos, encienda nuestros afectos dormidos, nos mueva a la acción e inflame nuestro creciente deseo de aventura.

¡Ah, aventura! La misma palabra sugiere emoción, pero también algo más, algo más allá, algo extra. Mi diccionario declara que la aventura es "una empresa que implica riesgo, peligro impredecible o emoción inesperada".[41] Cuando pienso en aventura, mi mente se llena con imágenes de conquistas peligrosas en tierras exóticas emprendidas por un propósito valioso que electrifican. La emoción puede elevar mi pulso por un momento, pero la verdadera aventura me suple con una fuente de emociones para toda la vida, generadas por el compromiso con una noble misión.

En otras palabras, la emoción es buena, pero la aventura es mejor.

¿Cómo es eso mejor?

De todas las aventuras posibles, la vida cristiana es la más grande. Una aventura más emocionante simplemente no puede encontrarse. Califica en todo punto: Es emocionante; dura para toda la vida; está enraizada en una noble causa; y peligros inesperados la acompañan adondequiera. Aunque las aventuras terrenales pueden tentar a la muerte, la vida cristiana en realidad afecta la vida *después* de la muerte.

Ahora, entienda que no estoy hablando acerca de la vida cristiana insípida y apática de demasiados creyentes echados en sus sillones de descanso. Estoy hablando de la rama robusta del cristianismo que inspiró a los paganos del primer siglo a decirles a sus vecinos cristianos: "¡Estos que han trastornado el mundo entero han venido también acá!" (Hechos 17:6). Estoy hablando acerca del tipo de fe que asume riesgos, que ha impulsado a los creyentes a lo largo de los siglos a navegar aguas inexploradas, cruzar límites peligrosos, confrontar reyes poderosos, donar fortunas, ministrar al enfermo y ofrecer ávidamente sus vidas en peligroso servicio al Rey de reyes.

La vida cristiana verdaderamente es la aventura más grandiosa de todas, a pesar de lo que dicen algunos comentaristas. Muchos de ellos tratan de templar el entusiasmo natural de un creyente con advertencias severas. "¿Aventura?", preguntan. "Seguramente, pero nunca olvides lo que Jesús nos dijo: 'En el mundo tendréis aflicciones'", "No pienses que va a ser fácil" o "¡Satanás está en la esquina!", como si no lo supiéramos. Por supuesto, lo sabemos perfectamente bien. ¿Quién ha escuchado alguna vez acerca de una aventura fácil? Superar obstáculos y enfrentar peligros hacen maravillosa la aventura.

No tenemos miedo de que el diablo se esté escondiendo en la próxima curva. Él siempre ha estado ahí. Él merodea alrededor de las vidas cómodas y de bajo riesgo también. Digo que tratemos con Satanás golpeándolo contra el poder de Dios, eso también es parte de la aventura.

La aventura real, del tipo que ofrece una vida cristiana a fondo, toca la parte más profunda de nuestra alma y abre un mundo de maravillas, mientras que la simple emoción acelera nuestro pulso por pocos momentos y luego deja un vacío interno que demanda un torrente más grande la próxima vez. La aventura "obra" en el trayecto largo, mientras que la emoción ofrece el período de vida de un insecto. Me gusta emocionarme, pero amo la aventura. La emoción, tan buena como es, llega de segunda con respecto a la aventura en al menos cinco formas importantes:

Emoción	Aventura
• Apetitosa	• Satisfactoria
• Fisiológica	• Espiritual
• Enfoque interno	• Enfoque externo
• Orientada al evento	• Orientada a la persona
• Momentánea	• Para toda la vida

"Apetitosa" en oposición a "Satisfactoria"

Compare la emoción con un aperitivo, pero la aventura con una comida completa. Las alitas de pollo al estilo búfalo o los palitos de mozzarella fritos pueden saber deliciosos, pero usted no querrá tratar de llenarse con ellos; usted necesita fettucine Alfredo con pollo o carne para eso. La emoción le provee a la vida el sabor, pero ¿quién puede vivir sin sabor? Piense en la aventura como el plato principal, condimentado con emoción.

Desgraciadamente, mucha gente confunde el aderezo con el filete. Tom Landry, antiguo entrenador de la Liga Nacional de Fútbol de los Dallas Cowboys, cometió exactamente ese error antes de que descubriera la verdadera aventura a mitad de su celebrada vida.

Landry ganó todos los honores para los profesionales como defensa trasera con los New York Giants en la década del cincuenta, luego dirigió a los Cowboys durante veintinueve años desde 1960 hasta 1988. Guió a su equipo a apariciones en el Supertazón, y ganó en 1972 y 1978. Cuando murió en febrero 12 de 2000, todavía estaba posicionado tercero en la lista ganadora de todos los tiempos de la Liga Nacional con 270 victorias.

El entrenador habló brevemente en uno de nuestros eventos misioneros hace unos años. Le dijo a la audiencia cómo durante muchos años confundió un aperitivo con el plato principal, y que no podía entender por qué todavía tenía hambre.

Él describió que obtuvo una beca de fútbol para la Universidad de Texas, y la dejó luego para volar en misiones B-17 sobre Alemania en la Segunda Guerra Mundial. Al finalizar la guerra, se reinscribió en la Universidad de Texas. "Yo quería subir esa escalera del éxito que ha hecho tan grande a Estados Unidos", dijo. "Tuve un gran éxito en el fútbol en la Universidad de Texas. Ganamos el Sugar Bowl; ganamos el Orange Bowl en mi año profesional. Pero cada vez que teníamos la emoción de ganar estos juegos, faltaba algo. Yo estaba vacío e inquieto, y no entendía por qué. Pensaba que cuando tienes éxito de esa manera, deberías estar emocionado todo el tiempo. Pero eso no era verdad. Pensaba: *Bueno, simplemente no he alcanzado la cima*".

Después de la graduación, Landry se unió a los New York Giants en la Liga Nacional de Fútbol, donde consiguió aún mayor éxito. Su equipo ganó el campeonato mundial en 1956 contra los Chicago Bears, y jugó en uno de los más grandiosos juegos profesionales de siempre en 1958 contra los Colts de Baltimore. Pero, de nuevo, el vacío lo roía.

"Fui donde un amigo mío en Dallas y le conté acerca de mi problema", dijo Landry. "Yo estaba vacío e inquieto; no entendía por qué no estaba consiguiendo la satisfacción que pensaba que tendría."

Su amigo inmediatamente identificó el problema. Le pidió a Landry que asistiera a un estudio bíblico que se reunía en un hotel de Dallas, pero el entrenador se rehusó. "Caramba", explicó, "he estado en la iglesia cada domingo desde que me conozco. Sé la historia de la Navidad y la de la Pascua, y no creía que necesitara nada más".

Pero su amigo finalmente le persuadió a ir, y cuando Landry entró a su primera reunión, escuchó al grupo discutiendo acerca de las palabras de Jesucristo en Mateo 6:25, 33: "No se preocupen por su vida, qué comerán o beberán; ni por su cuerpo, cómo se vestirán. ¿No tiene la vida más valor que la comida, y el cuerpo más que la ropa? Más bien, busquen primeramente el reino de Dios y su justicia, y todas estas cosas les serán añadidas".

Y él se preguntaba: *¿Podría ser esta la aventura que me he perdido?*

No mucho tiempo después, a la edad de treinta y cinco años, entregó su vida a Jesucristo. El año siguiente, se encargó como entrenador de los Cowboys e inmediatamente les aclaró a los jugadores y los entrenadores por igual que él había adoptado un nuevo conjunto de prioridades: Dios primero, la familia segundo, el fútbol americano tercero.

Cuando los novatos entraban al campo para su primera reunión de equipo, el entrenador Landry comenzaba estableciendo su filosofía. A Bob Lilly, un futuro "delantero" profesional, le resultó difícil creer las prioridades de su nuevo entrenador; simplemente no creía que podían dar resultados. Después de jubilarse, le admitió a Landry: "¿Sabe, entrenador?, cuando usted me dijo eso, yo no creía ni siquiera que ganaríamos un juego". Landry sonrió, es fácil hacerlo cuando ha estado en cinco Supertazones, ganado dos de ellos, y "tenía veinte años ganando", en palabras del entrenador.

Toda una aventura y mucho más satisfactoria que la simple emoción.

Dios nos ofrece a todos la aventura de una vida a través de un viaje dinámico, emocionante, impredecible y satisfactorio con Jesucristo. Desde los mismísimos primeros días de la Iglesia, eso ha sido verdad. Por ejemplo, cuando considero la vida del apóstol Pablo, veo uno de los más grandes aventureros de la historia humana.

Pablo vivió una existencia emocionante, aventurera y peligrosa, pero también calificó como la vida más satisfactoria posible. Esa es la razón por la que todavía sentimos el impacto de su vida unos dos mil años más tarde. Él prueba que seguir a Jesucristo es la aventura más grande en el mundo.

Pablo nunca conoció un día aburrido. Puesto que proseguía a presentar tantas personas como fuera posible a Jesucristo, nunca se halló aburrido o luchando con una sensación de carencia de propósito. El significado llenaba su vida, casi la desbordaba. En palabras del salmista, su copa rebosaba. Pero Pablo también enfrentó el peligro. Escuche su propio recuento de sus hazañas:

> He trabajado más arduamente, he sido encarcelado más veces, he recibido los azotes más severos, he estado en peligro de muerte repetidas veces. Cinco veces recibí de los judíos los treinta y nueve azotes. Tres veces me golpearon con varas, una vez me apedrearon, tres veces naufragué, y pasé un día y una noche como náufrago en alta mar. Mi vida ha sido un continuo ir y venir de un sitio a otro; en peligros de ríos, peligros de bandidos, peligros de parte de mis compatriotas, peligros a manos de los gentiles, peligros en la ciudad, peligros en el campo, peligros en el mar y peligros de parte de falsos hermanos. He pasado

muchos trabajos y fatigas, y muchas veces me he quedado sin dormir; he sufrido hambre y sed, y muchas veces me he quedado en ayunas; he sufrido frío y desnudez... En Damasco, el gobernador bajo el rey Aretas mandó que se vigilara la ciudad de los damascenos con el fin de arrestarme; pero me bajaron en un canasto por una ventana de la muralla, y así escapé de las manos del gobernador.

2 Corintios 11:23-27, 32-33

¡Habla de aventura! La vida de Pablo hace lucir las hazañas de Indiana Jones como un parque de diversiones (lo cual supongo que es). Durante una época de avivadas tensiones religiosas en el Oriente Medio, Pablo dejó claro que planeaba visitar Jerusalén. Sus amigos le imploraron que no fuera, pero él insistió en que otra aventura le esperaba allí. "¿Por qué lloran? ¡Me parten el alma!", les preguntó y dijo. "Por el nombre del Señor Jesús estoy dispuesto no sólo a ser atado, sino también a morir en Jerusalén" (Hechos 21:13). Y no piense que sus palabras reflejaban un precipitado e insano deseo de morir. Anteriormente, había dicho a otro grupo de amigos: "Y ahora tengan en cuenta que voy a Jerusalén obligado por el Espíritu, sin saber lo que allí me espera. Lo único que sé es que en todas las ciudades el Espíritu Santo me asegura que me esperan prisiones y sufrimientos. Sin embargo, considero que mi vida carece de valor para mí mismo, con tal de que termine mi carrera y lleve a cabo el servicio que me ha encomendado el Señor Jesús, que es el de dar testimonio del evangelio de la gracia de Dios" (Hechos 20:22-24).

¿Cómo podría un hombre como ese aburrirse? ¿Cómo podría un creyente con una misión así de grande, una pasión así de intensa y un Dios así de grandioso conformarse alguna vez con la simple emoción? No podría.

Ni tampoco debería.

"Fisiológica" en oposición a "Espiritual"

Aun cuando la emoción surge principalmente como una reacción fisiológica a un estímulo externo, un asunto de endorfinas multiplicadas, adrenalina que fluye, ojos bien abiertos y rango de pulso incrementado, la aventura salta mucho más allá de lo físico para abarcar lo espiritual. La emoción es una locomotora con un vagón, mientras que la aventura hala un tren completo acelerando a lo largo de un kilómetro de pista desde el motor hasta el último furgón.

Las mejores aventuras siempre surgen de una noble causa o misión. Las más grandes entrecruzan el mundo e interactúan con pueblos exóticos no sólo por las emociones, sino también para lograr un propósito valioso. Dado que la emoción que sienten se conecta con un objetivo más grande, ellos disfrutan de un placer más profundo, más rico y más duradero que aquellos que buscan sólo un torrente de adrenalina.

Esa es otra razón por la que la vida cristiana presenta las mejores oportunidades para la aventura. Aquellos que se invierten a sí mismos sin reserva en asociarse con Dios para extender su reino, ya sea que lo hagan en el salón de clases, el de juntas, el comedor o el de ejercicios, conocen una emoción continua no disponible para otros. Una cosa es arriesgar su vida para establecer un récord (próximo a romperse) en trineo de calle; otra bastante distinta es arriesgarla al tratar de traer vida eterna a aquellos que la necesitan con desesperación.

Cuando mis cuatro hijos eran más jóvenes y vivían en casa, y me estaba preparando para viajar a una parte peligrosa del mundo, solía explicarles que podría no regresar nunca de ese viaje en particular. Sentía que era mi deber prepararlos para cualquier cosa que pudiera ocurrir. Por supuesto que no quería morir, y oraba en privado que si eso sucedía, el final fuera rápido y sin dolor. Soy cobarde como cualquier otra persona; espero vivir hasta los noventa y dos años. Pero el peligro debía enfrentarse, y en el poder del Señor Jesucristo, puede enfrentarse. El antecedente: si nuestro Maestro murió por nosotros, ¡qué honor sería morir por Él!

Casi me confieren el honor varias veces.

En 1984, durante una misión en la ciudad de Arequipa, Perú, nos sentimos altos como cometas, porque miles de hombres y mujeres se habían comprometido con Jesucristo. En Sudamérica es tradicional que la gente le dé al orador cartas o notas mientras sale del estadio, y yo usualmente coloco los papeles en mi bolsillo. Cuando mi equipo y yo volvíamos al hotel el día que le se3guía al último de la cruzada, cantábamos a coro: "Gloria a Dios de quien fluyen todas las bendiciones".

Mientras mis hombres seguían hablando y cantando, saqué un sobre y leí despacio una nota del Sendero Luminoso, el infame grupo terrorista del Perú. Mi canto se detuvo:

> Abandone el país en veinticuatro horas, criminal, o va a morir como un perro. Merece lo peor, ladrón, asesino, sucio capitalista.

No pudieron utilizar suficientes calificativos que consideraran ofensivos. La nota me amenazaba repetidamente: "Vamos a matarte, cerdo, marrano, ladrón".

De inmediato, entregamos la carta a la policía secreta de Perú. Sus rostros palidecieron a medida que verificaban el estilo y sello de la nota como el del ala más asesina de Sendero Luminoso. "Sí, es real", nos dijeron. "Tendremos que protegerlo."

Yo no pude dormir esa noche. A uno no le preocupa ir al cielo cuando sea su hora, pero si alguien está planeando enviarle allí antes de tiempo, usted espera que su meta sea impecable para morir instantáneamente.

El grupo nos había ordenado abandonar Perú, pero teníamos una misión programada para Lima después de todo, sin ninguna salida segura de Arequipa. Por auto, tendríamos que conducir justo a través de territorio controlado por Sendero Luminoso. Por aire, teníamos la opción de un vuelo en la mañana o uno en la noche. Así que si querían atraparnos, podían hacerlo.

Después de mucha oración, decidimos que si nos íbamos sería cobarde. ¿Qué clase de líder cristiano sería yo si renunciaba sólo porque me habían amenazado? Entonces, todo el mundo diría: "Palau se fue porque tuvo miedo, qué líder tan grande y piadoso tenemos". Así que nos quedamos.

Nos mudamos a un hotel con dos salidas subterráneas, lo abandonábamos por el sótano, y varias veces cambiamos los autos camino al estadio. Cambiamos de carro en medio de la calle, la policía detuvo todo el tráfico, y anduvimos rápidamente por un camino diferente. Y cuando llegamos al estadio, nadie podía hablar conmigo.

La última noche de la campaña, la policía pululaba por todo el lugar, y usaba perros para inspeccionar el estadio. Por supuesto, sabíamos que los terroristas comprometidos aún podían atraparme. Si algunos pistoleros lograron asesinar a tres presidentes diferentes de los Estados Unidos, podrían fácilmente atrapar a un evangelista como yo. No haría falta tanta inteligencia.

Después que nuestras reuniones terminaron, salimos a último minuto; la policía hizo todos los arreglos. Aun así, sabíamos que Sendero Luminoso tenía gente en todas partes. Aun cuando finalmente abordamos el avión a Lima, yo no pude evitar mirar a cada cara y preguntarme: *¿Hay un asesino aquí?*

Durante una aventura así, usted se da cuenta de que sólo el Señor puede protegerlo. Y agradece que pueda mantenerle a salvo no sólo del Sendero Luminoso del Perú, sino también de enemigos desconocidos de todo tipo.

¿Servir a Jesucristo puede poner en riesgo su vida? Sí que podría. Pero, ¿qué podría ser mejor que intercambiar unos momentos de peligro por dividendos eternos?

"Enfoque interno" en oposición a "Enfoque externo"

Cuando algo nos emociona, no podemos evitar quedar atrapados en las burbujeantes emociones que nos rodean completamente. Nuestro enfoque naturalmente se vuelve hacia adentro, a cómo nos sentimos, cómo respondemos a esta nueva emoción. Somos felices si otros comparten nuestra emoción y la sienten junto con nosotros, pero mayormente porque su animada respuesta intensifica nuestro propio sentido de regocijo.

La aventura real vuelve el foco hacia fuera, sin disminuir en lo más mínimo la habilidad de un individuo de disfrutar los eventos. Expande nuestro campo visual, amplía nuestros horizontes y alarga nuestra capacidad de gozo. Y nuestras emociones se duplican cuando vemos cómo nuestros esfuerzos traen deleite a otros.

No sé si alguna vez me he sentido más emocionado que cuando he visto a Dios utilizar mis esfuerzos para ayudar a "abrir" una nación previamente cerrada al evangelio de Jesucristo. Ser testigo del gozo desenfrenado en los rostros de hombres y mujeres, niños y niñas, cuando escuchan acerca de las riquezas espirituales que se les ofrece en Jesucristo, hace que mi corazón se infle de gratitud a Dios.

He orado por la República Popular China desde 1949, cuando los comunistas tomaron el poder y las historias de los cristianos perseguidos comenzaron a colarse a occidente. Había leído las notables historias de Hudson Taylor, un misionero pionero en China en 1800, así que tenía una fascinación con esa tierra. Hasta cuando era un pequeño, pensaba: *Algún día, iré a China y predicaré. Y cuando vaya, no quiero entrar por ninguna otra puerta sino Shanghai.* ¿Por qué Shanghai? Porque allí fue donde Hudson Taylor cruzó la frontera. Lo sé, lo sé, un deseo loco y sentimental. ¿Qué importa por cuál puerto se entra? Pero para mí, lo sentía como algo significativo.

Durante cincuenta años, continué orando: "¡Señor, déjame predicar en Shanghai!". Durante ese tiempo, prediqué en Singapur, Hong Kong, Taiwan y cerca, pero no exactamente allí. Adondequiera que iba, en el Lejano Oriente, seguía plantando la semilla: "Quiero ir a China continental".

No hace mucho tiempo, vi un vídeo de mi último mensaje en Hong Kong durante nuestra misión "Hope for Eternity" [Esperanza para la eternidad], en 1997. Después de hacer la invitación, dije: "Bien, mis queridos chinos, los veré en el cielo o los veré en Shanghai". Me sorprendí de que, en realidad, dijera tal cosa en público, porque sabía que varios oficiales del continente estaban sentados en el público. Pero lo dije. Y tres años después, me encontré entrando a China a predicar, ¡en Shanghai!

Cuando usted vuela a Shanghai desde los Estados Unidos, se remonta sobre pistas verdes de arroz que lucen mucho como en los días de Hudson Taylor. Pero cuando conduce a la ciudad desde el aeropuerto (a casi treinta kilómetros), ve una moderna metrópolis como Chicago, Dallas o New York. En los últimos diez años, más de ciento cincuenta edificios de muchos pisos se han erigido, todos con vidrios reflectores y moderna arquitectura, brillantes monumentos y globos relucientes. Me asombró.

Sin embargo, nada podría prepararme para las iglesias. Prediqué en tres congregaciones por invitación del Shanghai Christian Council [Concilio Cristiano de Shangai]. Cada iglesia estaba abarrotada con hordas de personas felices sentadas juntos en formaciones apretadas, cantando con todas sus voces a Jesucristo. Le digo: ¡No hay nada como eso!

Es cierto que la persecución todavía existe y que a China le falta mucho camino. Pero parece inevitable que grandes cambios vienen a la República Popular China. Baso mi conclusión no sólo en lo que vi, sino en conversaciones particulares con personas clave. Mis oraciones respecto de que Dios abriera completamente esa nación cerrada por tanto tiempo han venido a ser más fervientes.

¿Anhela usted una aventura? Le animo a buscar oportunidades para ayudar a abrir un país a las asombrosas bendiciones de Dios. Investigue sobre un país cerrado, luego ore cada día por sus gobernantes y ciudadanos. Apoye financieramente a los misioneros foráneos o vaya usted mismo en viajes de misiones breves. Dios sabe lo que le emociona a usted y lo que es útil para su reino. No tenga miedo de preguntarle a Dios qué aventuras ha planeado para su vida.

Cualquiera puede "agarrarle el gusto" si simplemente decide seguir al Señor. Sus experiencias pueden no reflejar las mías, pero ellos también pueden ver vidas salvadas y bendiciones concedidas en ciudades, naciones y generaciones completas.

"Orientada al evento" en oposición a "Orientada a la persona"

Cuando buscamos la emoción por sí misma, los eventos ocupan el escenario principal. Nos planificamos y equipamos para una actividad específica en un momento predeterminado. En gran parte, no importa si otra alma existe en cualquier lugar sobre el planeta: es sólo usted y el evento; nada más cuenta.

Por otra parte, la aventura presenta una sucesión interminable de acontecimientos que saltan a la vista en los cuales dominan las personas. Esa es la razón por la que la vida cristiana ofrece la aventura más grande imaginable. ¿Qué puede ser mejor que trabajar con Dios a través de misiones de alto rango en las cuales las vidas eternas cuelgan en la balanza?

Corrie ten Boom, la fallecida evangelista danesa, solía recitar un poema que amo:

> Cuando entre en esa bella ciudad
> Y los santos aparezcan por todas partes,
> Espero que alguien me diga:
> "Fue usted quien me invitó aquí".

Me emociona cuando alguien sale y dice: "¡Luis, algo grandioso ha sucedido! Por primera vez en mi vida, fui capaz de guiar a alguien a una relación personal con Jesucristo".

Hace unos años, una estudiante universitaria de veinte años de Glasgow University se me acercó.

—Luis —dijo—, he sido cristiana por dos años; mi familia no conoce a Cristo todavía. He recibido entrenamiento de su personal, me convertí en consejera para esta misión, ¡y tuve el privilegio de llevar a algunas personas a Cristo!

—¿A cuántas personas aconsejaste? —pregunté.

—Diez —respondió.

—¿Y cuántas de las diez eran decisiones por primera vez, que abrían sus corazones a Cristo?

—Seis.

—¿Te emociona? —pregunté.

—¡Estoy emocionada! —exclamó—. Mi pregunta es, ¿qué voy a hacer ahora? Me gradúo en junio, y sólo hay una cosa que quiero hacer en la vida, y es ganar personas para Cristo.

¡Si sólo más hijos de Dios descubrieran esa clase de emoción!

Algo igual de hermoso ocurrió en la misión a Lanarkshire, Escocia, en una noche de viernes hace años. Un anciano de una congregación de la Iglesia de Escocia aceptó la invitación de un amigo a ser voluntario en la misión. "Muy bien", aceptó, "y traeré a mis hijos para que me ayuden".

En la misión al día siguiente, después de escuchar mi mensaje, este hombre se abrió camino hasta el frente y confesó: "Señor, soy anciano en nuestra iglesia, y nunca he guiado un alma a Cristo. Por favor, úsame. Dedico mi vida a ti. Estoy haciendo mi decisión de servirte y seguirte sólo a ti. Hazme un pescador de hombres".

Después de unas palabras de consejo, oré con todos los que habían venido al frente a hacer una decisión. Entonces, dirigí a todo el grupo a la carpa de consejería. Después de pasar unos momentos con un consejero entrenado, este caballero regresó a la carpa principal para ayudar a limpiar. Cuando todos habían partido, una mujer mayor se le acercó y le dijo:

—Señor, me gustaría obtener una cinta grabada de la reunión de hoy.

—Bueno, no creo que pueda conseguirla esta noche, pero le mostraré dónde están los formatos para ordenarla—contestó el anciano—. Usted puede llenarlo, y ellos se lo enviarán por correo o puede recogerlo más tarde en la caseta de libros.

Mientras ella llenaba el formato, él la notó terriblemente triste. Entonces este voluntario, que no había recibido entrenamiento todavía para ser consejero, dijo:

—Señora, no luce muy feliz. ¿Puedo hacer algo por usted?

—Sí —dijo compungida—, ¿puede decirme cómo convertirme en cristiana?

Y justo en ese momento y en ese lugar, este anciano se sentó con esa dama quebrantada y la guió a Jesús. ¡Todo eso sucedió menos de media hora después que él tomó su propia decisión de ser pescador de hombres!

Por supuesto, usted no tiene que asistir a una misión para emocionarse y plantar semillas que puedan ayudar a otros a cruzar de muerte a vida eterna. Los individuos cristianos sacan fielmente el mayor provecho a sus oportunidades todo el tiempo.

Una vez, en Colombia, Sudamérica, fuimos anfitriones de una recepción evangelística para dos mil personas. El presidente, López Michaelson, asistió, pero su esposa no, ya que estaba viajando por Europa. Dos días después del evento, uno de mis amigos británicos me llamó con un informe emocionante. Durante un vuelo de Roma a Londres, le había hablado del evangelio a una mujer sentada junto a él en primera clase. ¡Resultó ser la esposa del presidente de Colombia!

Aunque cada uno de esos eventos trajo una cantidad tremenda de emoción a aquellos involucrados, ninguno (excepto Dios) los orquestó. En cada caso, los sucesos pasaron a un segundo plano con respecto a las personas. Eso es aventura genuina, y esta florece en cualquier momento y lugar en que los seguidores de Jesús alardeen de su Salvador.

"Momentánea" en oposición a "Para toda la vida"

Puesto que la emoción es principalmente una respuesta fisiológica a un estímulo externo, sólo dura mientras los altos niveles de endorfinas y adrenalina fluyen a través del cuerpo. Cuando se asientan, también lo hace la emoción. Sólo queda un recuerdo placentero que se desvanece rápidamente.

La aventura hace alarde de mucha más resistencia. Dado que sigue la pista de una misión más grande que la vida, esta no falla momentos después que mueren los fuegos artificiales. No tiene que ir buscando el próximo zumbido, porque este es parte de su misma esencia. La aventura baila mucho después que la emoción se ha ido a la cama.

Pero usted no tiene que viajar a Shanghai o Roma o a cualquier otro puerto exótico para encontrar aventura. Dios ha provisto más que suficiente aventura para usted justo allí donde vive, si es capaz de aceptar la misión que Él quiere darle. La Biblia dice que a Él le gustaría designarle a usted para un puesto de por vida en los cuerpos diplomáticos del cielo. Él le ofrece un título impresionante, el de embajador (2 Corintios 5:20), promete proveerle de todos los recursos que necesite para completar su asignación (Filipenses 4:19), y le da acceso ilimitado al Jefe de Estado para instrucciones personales, ánimo o comprensión de emergencia (Filipenses 4:6).

A Dios le encanta asociarse con sus valiosos embajadores para traer a hombres y mujeres, niños y niñas, a salvo a su reino de amor. Cuando no estamos actuando tontamente, sino estrictamente serios con Dios, el Señor siempre da un paso, algunas veces de maneras asombrosas, más allá de cualquier cosa que imaginemos.

Un día, dos estudiantes universitarios, ambos cristianos, notaron a dos compañeros chinos que siempre parecían andar juntos. Los extranjeros lucían solitarios y parecían hablar sólo entre ellos. Los dos cristianos se hicieron amigos de los estudiantes chinos. Finalmente, comenzaron a hablar acerca de Jesucristo, y ambos amigos chinos se enamoraron del Salvador. Sólo tiempo después surgió que estos dos expatriados eran hijos de un poderoso oficial del gobierno de la República Popular China.

El verano siguiente, los nuevos convertidos anunciaron: "Vamos a casa en vacaciones en vez de quedarnos en los Estados Unidos. Queremos compartir las Buenas Nuevas con nuestro padre y el resto de la familia".

¿Qué tal eso como aventura inesperada? Los estadounidenses no conocían la conexión entre estos dos estudiantes chinos y uno de los hombres más poderosos sobre la tierra. Sólo sirvieron fielmente y Dios los usó.

Me emociono particularmente con relatos de personas poderosas o influyentes que vienen a la fe en Jesucristo. No porque esto indique una "atrapada" más grande ni haga la historia más glamorosa, sino porque la estrategia de Dios implica beneficiar a "tipos comunes" a través de ellos. Dios cuida de toda la humanidad, no sólo del alto y poderoso. Él quiere que todas las personas vengan al arrepentimiento y la salvación. Cuando los líderes de la comunidad o el gobierno vienen a la fe, un efecto de difusión suele traer salvación a multitudes de ciudadanos comunes, especialmente en países cerrados. No tengo duda de que las actitudes de China hacia occidente, hacia la libertad y la Iglesia de Jesucristo comenzó a cambiar porque dos jóvenes en una universidad en los Estados Unidos representaron fielmente a Jesucristo.

Pero, ¿qué sucede si usted no es un estudiante universitario? ¿Qué si usted nunca conoció a los hijos de poderosos líderes mundiales? Si acepta la embajada que Dios quiere darle, no hay que decir la clase de aventuras que le esperan.

Quizás necesite decir: "Dios, he estado sentado durante treinta años quejándome por el predicador, los diáconos y los hipócritas de la iglesia. Dios, haz algo a través de mí". Deje de concentrarse en las fallas de otros miembros de la iglesia y saque su propia luz de Cristo al mundo. Comience a buscar oportunidades fuera de los muros de la iglesia para servir y evangelizar. Si acepta la embajada que Dios quiere darle, ¿quién sabe lo que Él pueda hacer con su vida? Esto no es vapor. No es poesía bonita. Estas no son sólo lindas historias para sentirse bien. Esto es un negocio serio para hombres y mujeres comunes.

Cuente con esto: Venga a Dios en sus términos, y Él comenzará a abrir puertas de aventuras que usted nunca visionó.

Mejor que el golf

Muchos de nosotros nos conformamos con la emoción cuando podríamos asir la aventura. Nos satisfacemos nosotros mismos con un torrente de adrenalina cuando lo que en realidad anhelamos es toda una vida de maravillas.

Tengo sesenta y nueve años. Conozco muchos individuos de mi edad que sueñan con pasar sus "años dorados" jugando golf, viajando de un campo a otro, tratando de superarse a sí mismos y a sus amigos. Personalmente, el golf no es lo mío. Una jubilación enfocada en el golf suena como a castigo.

Sin embargo, hay dos campos que me causaría curiosidad ver. El campo de un hoyo en Camp Bonifas, en la zona desmilitarizada de Corea del Sur, conocida como la más mortal del mundo, ya que está rodeada por tres lados por minas terrestres; y el Elephant Hills Country Club en Zimbabwe, donde los cocodrilos nadan en aguas peligrosas y las reglas locales hacen provisión para los jugadores perseguidos por elefantes: "Se le permitirá regresar a su bola, la cual se jugará mientras descanse ahí sea o no que el animal la haya pisado".

Ahora, aun yo podría conseguir un torrente de adrenalina en esos campos. El golf puede ser un gran pasatiempo, pero perseguir conocer cada filo de grama sobre cada campo sobre la faz de la tierra, ¿es el mejor uso de su vida? ¿Por qué pasar sus días golpeando una pelotita blanca cuando puede estar ganando almas para la eternidad? Lo que yo realmente anhelo es una vida de aventuras continuas al ganar hombres y mujeres para Jesucristo. Saber que ellos, al aceptar a Cristo, aseguran su felicidad eterna en el cielo. Eso es aventura real. Eso es emoción genuina. Y usted puede compartirla completamente en el momento que acepte el ofrecimiento de Dios.

Cómo hallar aventura según la Biblia

1. *Elija lo invaluable sobre lo caro.*
"¡Vengan a las aguas todos los que tengan sed! ¡Vengan a comprar y a comer los que no tengan dinero! Vengan, compren vino y leche sin pago alguno. ¿Por qué gastan dinero en lo que no es pan, y su salario en lo que no satisface? Escúchenme bien, y comerán lo que es bueno, y se deleitarán con manjares deliciosos. Presten atención y vengan a mí, escúchenme y vivirán" (Isaías 55:1-3).
2. *Asegúrese de que está procurando una meta valiosa.*
"Los hemos animado, consolado y exhortado a llevar una vida digna de Dios, que los llama a su reino y a su gloria" (1 Tesalonicenses 2:12).
3. *Mantenga un enfoque agudo y sencillo.*
"Más bien, una cosa hago: olvidando lo que queda atrás y esforzándome por alcanzar lo que está delante, sigo avanzando hacia la meta para ganar el premio que Dios ofrece mediante su llamamiento celestial en Cristo Jesús" (Filipenses 3:13-14).
4. *Esté dispuesto a privarse de comodidades materiales.*
"Es más, todo lo considero pérdida por razón del incomparable valor de conocer a Cristo Jesús, mi Señor. Por él lo he perdido todo, y lo tengo por estiércol, a fin de ganar a Cristo" (Filipenses 3:8).
5. *Abrace una vida de riesgo considerable.*
"Sin embargo, considero que mi vida carece de valor para mí mismo, con tal de que termine mi carrera y lleve a cabo el servicio que me ha encomendado el Señor Jesús, que es el de dar testimonio del evangelio de la gracia de Dios" (Hechos 20:24).
6. *Asegúrese de que las recompensas valen sus sacrificios.*
"Por la fe Moisés, ya adulto, renunció a ser llamado hijo de la hija del faraón. Prefirió ser maltratado con el pueblo de Dios a disfrutar de los efímeros placeres del pecado. Consideró que el oprobio por causa del Mesías era una mayor riqueza que los tesoros de Egipto, porque tenía la mirada puesta en la recompensa" (Hebreos 11:24-26).

7. *Admita su incomodidad, pero piense en su futuro.*
"Pues los sufrimientos ligeros y efímeros que ahora padecemos producen una gloria eterna que vale muchísimo más que todo sufrimiento" (2 Corintios 4:17).
8. *Mantenga el miedo bajo control.*
"El Señor es mi luz y mi salvación; ¿a quién temeré? El Señor es el baluarte de mi vida; ¿quién podrá amedrentarme? Cuando los malvados avanzan contra mí para devorar mis carnes, cuando mis enemigos y adversarios me atacan son ellos los que tropiezan y caen. Aun cuando un ejército me asedie, no temerá mi corazón; aun cuando una guerra estalle contra mí yo mantendré la confianza" (Salmo 27:1-3).
9. *Encuentre una manera de reponer sus recursos internos.*
"Por tanto, no nos desanimamos. Al contrario, aunque por fuera nos vamos desgastando, por dentro nos vamos renovando día tras día" (2 Corintios 4:16).
10. *Recuerde que a Dios le encanta ir contra las circunstancias.*
"No se salva el rey por sus muchos soldados, ni por su mucha fuerza se libra el valiente. Vana esperanza de victoria es el caballo; a pesar de su mucha fuerza no puede salvar. Pero el Señor cuida de los que le temen, de los que esperan en su gran amor; él los libra de la muerte, y en épocas de hambre los mantiene con vida" (Salmo 33:16-19).

8

Un escudo permanente

¿Invulnerabilidad o seguridad?

> Que el amado del Señor repose seguro en él,
> porque lo protege todo el día
> y descansa tranquilo entre sus hombros.
>
> Moisés en Deuteronomio 33:12

Todos necesitamos sentirnos a salvo y seguros. Sin embargo, pocos llegan a los extremos de Hamilcar Wilts, el infortunado sujeto de un viejo cuento infantil de Robert Poder.[42]

"Nunca hubo un hombre más cuidadoso que Hamilcar Wilts", escribió Yoder. "Aunque el único río en sus inmediaciones era de menos de un metro de ancho y parecía urgido de agua, Hamilcar mantenía un bote de remos sobre su tejado en caso de inundación. En el bote de remos, había una balsa, por si se anegaba, y el equipo de la balsa incluía tanto agujas para coser pieles nn caso de que Hamilcar fuera llevado al lejano norte, como un abridor de cocos, por si acaso lo llevaban al trópico. No había mucho contra lo que no estuviera preparado."

Hamilcar desterró todos los materiales venenosos e inflamables de su casa, y surtió su gabinete de medicinas con cada poción conocida por el hombre, incluyendo un ungüento para tratar el "estrabismo causado por seguir con la vista el curso de una máquina rebanadora de mantequilla, que es una afección de la visión cansada que sufren los pigmeos que cortan porciones de mantequilla en los restaurantes". Llenó su casa con unos extintores de fuego, unas barras luminosas y un arma de elefantes. Algunas veces, se relajaba sorbiendo de un vaso esterilizado de cerveza hervida. Dentro de su fortaleza, Hamilcar se sentía seguro.

Sin embargo, a doce kilómetros, vivía un idiota llamado Boggle. Este voló su casa un día tratando de abrir una lata de gasolina con un soplete. La explosión lo arrojó a veinticinco metros dentro de un almacén de almohadas, donde aterrizó "tan suavemente que casi ni golpeó las cenizas de su cigarrillo". Cuando Hamilcar escuchó la explosión, pensó que algo había dañado uno de sus árboles, así que rápidamente se puso un par de guantes de obrero (en caso de cables de corriente) y un velo para abejas, se apresuró al patio… y fue inmediatamente aplastado por la estufa de Boggle que caía en picada.

La moraleja: "Las posibilidades de ser devorado por un leopardo en la calle principal son una en un millón, pero es suficiente".

Aunque pocos llegamos al extremo de Hamilcar Wilts, todos necesitamos sentirnos seguros. Todos buscamos seguridad. Si usted fuese a preguntarle a un grupo de transeúntes al azar: "¿Qué es lo que más quiere en la vida?", posiblemente escucharía cosas como: "Quiero que me amen", "Quiero ser rico" o "Quiero estar saludable". ¿Qué hay detrás y debajo de todos estos deseos? Un poderoso deseo de seguridad. Sin importar las palabras que utilicemos, estamos diciendo básicamente: "Quiero sentirme seguro".

¿A prueba de balas o seguro?

Estamos construidos de una manera que necesitamos sentirnos a salvo y seguros. Cuando no nos sentimos seguros, barajamos toda clase de técnicas para encontrar seguridad, algunas de ellas profundamente insanas. En un esfuerzo por sentirnos seguros, tratamos algunas veces de aislarnos con una pared de todas las posibles amenazas. No permitimos que nadie se acerque demasiado. Nos obsesionamos con construir un portafolio financiero invulnerable. Pasamos excesivas cantidades de tiempo perfeccionando la dieta "correcta", la rutina de ejercicios "correcta", el régimen médico "correcto", el ambiente hogareño "correcto". Nos esforzamos para sentirnos a prueba de balas, invulnerables.

Aunque tales tácticas pueden, en efecto, protegernos de algunos peligros, también nos excluyen de la vida real. Al final, no pueden brindar seguridad real de todas maneras. (¿Recuerda a Hamilcar Wilts?) La seguridad real no puede encontrarse en una armadura, sino en un guardián que nos rodee fielmente con su protección.

Un pasaje de la Escritura resalta dos maneras alternas para tratar de sentirnos seguros. Proverbios 18:10 dice: "Torre inexpugnable es el nombre del Señor; a ella corren los justos y se ponen a salvo". Otra opción popular sigue en el versículo 11: "Ciudad amurallada es la riqueza para el rico, y éste cree que sus muros son inexpugnables". La primera manera en realidad da resultados; la segunda no.

¿Cómo difiera la seguridad que disfrutamos en Dios de la invulnerabilidad que algunos tratan de crear para sí mismos? ¿Y por qué el programa de seguridad de Dios supera a cualquier otra cosa? Permítame sugerir cinco áreas de superioridad:

Invulnerabilidad	Seguridad
• Huye del miedo	• Libera del miedo
• Evita el riesgo	• Abarca el riesgo
• Retrocede	• Avanza
• Visión restrictiva	• Visión expansiva
• Se enfoca en el peligro	• Se enfoca en la oportunidad

"Huye del miedo" en oposición a "Libera del miedo"

Nadie quiere vivir con miedo. Podemos ir al cine o alquilar un vídeo para espantarnos por un par de horas con una película popular de terror, pero nadie quiere realmente vivir cada día de su vida en compañía del Conde Drácula o del Dr. Aníbal Lecter.

Algunos tipos odian tanto el sentimiento de temor que hacen cualquier cosa para mantenerlo a raya. Se encierran sea física o emocionalmente. Huyen de cualquier situación u oportunidad que rehúse garantizar su seguridad. Corren de todos los peligros percibidos, pero al huir del temor, se convierten en sus prisioneros.

La verdadera seguridad no proviene de huirle al miedo, sino de enfrentarlo y quedar libre de su terrible garra. ¿Y cómo podemos hacer esto de la mejor manera? La única que conozco es ponernos en las manos protectoras de Dios. Como oraba el salmista: "Cuídame, oh Dios porque en ti busco refugio" (Salmo 16:1).

Durante la Guerra del Golfo en 1991, hablé con un buen amigo en California cuyo nieto había sido enviado al frente. "Tiemblo todas las noches", admitió. "Casi no puedo dormir, pensando en mi nieto."

"Eso es perfectamente comprensible", respondí, "y oraremos por su seguridad". Pero yo también quería animar a mi amigo con las palabras de un viejo predicador británico llamado George Whitefield. Antes de la Guerra Revolucionaria, Whitefield hizo algunos viajes misioneros a las colonias americanas y frecuentemente recibía amenazas de muerte por sus esfuerzos. Cuando los amigos preguntaban: "¿No le da miedo que pueda ser asesinado en Estados Unidos?", Whitefield respondía: "Soy inmortal hasta que me llegue la hora".

Eso es cierto para cada cristiano. En efecto, durante mi carrera he contado con eso. Nadie va a asesinarme hasta que el Señor diga: "Es tu hora, hijo". Aunque mil enemigos se alineen a mi derecha y diez mil esperen a mi izquierda, sé que viviré hasta el momento que Dios diga: "Luis, sube", y entonces nadie va a impedir que me vaya. Soy inmortal hasta que llegue mi hora. La Escritura lo dice así: "Todo estaba escrito en tu libro; todos mis días se estaban diseñando, aunque no existía uno solo de ellos" (Salmo 139:16).

Una de mis porciones bíblicas favoritas es Hebreos 13:5-6: "Dios ha dicho: 'Nunca te dejaré; jamás te abandonaré'. Así que podemos decir con toda confianza: 'El Señor es quien me ayuda; no temeré. ¿Qué me puede hacer un simple mortal?'". Ese fue el versículo que mi madre me dio cuando me fui de Argentina, y me sirvió mucho. Muchas veces, durante las campañas evangelísticas, los enemigos del evangelio han amenazado con asesinarme, y expresan sus planes con espantoso detalle. Y cada vez yo respondí: "Señor, no temeré; ¿Qué puede hacerme un simple mortal?".

Un versículo como este se siente como una roca sólida y maciza bajo sus pies. Le dice a usted que la presencia inquebrantable de Dios nunca lo dejará. Le dice que Él está constantemente disponible y nunca le abandonará. Él siempre estará allí. Nunca se irá. Él está con su nieto en el frente de combate o en cualquier otra situación crítica alrededor del mundo. Él está continuamente con todos aquellos que pertenecen a Jesucristo. Jesús dijo: "Y les aseguro que estaré con ustedes siempre, hasta el fin del mundo" (Mateo 28:10).

La presencia de Dios no significa que usted se perderá de las tormentas, sino que Él le protegerá a través de las tormentas hasta que llegue a su destino señalado. Hace muchos años, cuando vivíamos en Colombia, con frecuencia teníamos que volar sobre las montañas de los Andes, donde los vientos feroces hacen saltar el avión de arriba abajo siempre. En esos días, tropecé de nuevo con Deuteronomio 33:27, que promete: "El Dios sempiterno es tu refugio; por siempre te sostiene entre sus brazos".

Te sostiene entre sus brazos, ¡hay gran seguridad en eso! Dios permanece en control total. Es bueno en un viaje lleno de baches echarse hacia atrás, estirarse y rehusarse a que su cuerpo se ponga tenso. En esos vuelos turbulentos, yo solía relajar mi cuerpo conscientemente, comenzaba con mis pies y subía a mi cabeza. "Me estoy relajando", decía. "Mis pies están relajados, mis piernas, mi cuello. Estoy descansando en el Señor."

El temor nos acecha a todos en un mundo lleno con incertidumbre y maldad, y a usted no le hace nada bien tratar de encerrarse apartado de eso. Cuando mis hijos estaban pequeños, solía orar por ellos en la noche. Con frecuencia, después que se dormían, les ponía mis manos encima y oraba por ellos, que se convirtieran en instrumentos de bendición para las naciones. Pero debido a que viajaba mucho, también oraba por su seguridad.

Aun en esos días, Colombia era un lugar violento, donde los asesinatos y la criminalidad brotaban por dondequiera. Al ser los únicos chicos con cabello rubio en toda la ciudad de Cali, mis hijos se destacaban entre la multitud. No teníamos guardias como el gobernador general. Cuando yo viajaba, frecuentemente Pat se quedaba en casa sola con ellos. Y yo pensaba: ¿*Por qué estoy haciendo esto? ¿Para qué traer mis hijos al mundo y luego dejarlos?*

El día que ocurrieron unos secuestros cerca de nuestro vecindario, clamé al Señor desesperado: "Necesito una promesa de tu parte. Me voy de vuelta a los Estados Unidos. Simplemente no puedo dejar a Pat sola sin que me des la seguridad de que vas a protegerla a ella y los niños. Me siento como un criminal, dejándolos así".

Y el Señor me dio Isaías 54:13: "El Señor mismo instruirá a todos tus hijos, y grande será su bienestar".

Subrayé ese versículo en todas mis Biblias, tanto en español como en inglés, y coloqué la fecha: 1966. Andrew nació ese año en febrero. Me dio una paz tremenda saber eso porque nuestra familia fue a vivir a Colombia, debido al propósito de Dios, y había prometido: "El Señor mismo instruirá a todos tus hijos, y grande será su bienestar".

No conozco una mejor manera de encontrar la libertad del miedo. Supongo que podríamos haber huido a una comunidad más segura, pero Dios nos había llamado a Colombia para ese período de nuestras vidas. Y no existe un lugar más seguro que el punto al que Dios le llama.

"Huye del miedo" en oposición a "Libera del miedo"

¿Qué clase de palabra de seis letras considera usted que es la palabra "riesgo"?

En un frenético deseo de protegerse del dolor, algunos hombres y mujeres tratan de evitar todo riesgo. Sólo buscan "cosas seguras". Declinan si sienten el más mínimo riesgo de fracaso. Se imaginan que al hacerlo podrán evitar el dolor, pero terminan, de hecho, perdiéndose la mayor parte de sus vidas, lo bueno junto con lo malo.

Soy un firme creyente de perseguir el riesgo. ¿Cómo podemos lograr algo valioso sin arriesgarnos? Dado que no conocemos el futuro, no podemos saber con certeza cómo puede resultar esta o aquella aventura, ¡pero esa es la mitad de la diversión! Bernabé y Pablo, Priscilla y Aquila, son algunos héroes honrados en la Escritura que "arriesgaron sus vidas por el nombre de nuestro Señor Jesucristo" (Hechos 15:26; ver también Romanos 16:4).

Aprendí mucho acerca del riesgo por mi madre, que me inició en la jornada que he estado disfrutando por más de cuarenta años. Excepto por un riesgo que ella me animó a asumir, me podría haber conformado con una carrera en la banca internacional.

Yo trabajaba como cajero en una sucursal de un banco extranjero que operaba en Argentina. Un día, un oficial de la ciudad vino a mi caja, y preguntó acerca de obtener fondos para comprar seis barredoras de calles a una compañía en Estados Unidos.

"Tengo que transferir el pago a Detroit", me dijo el oficial. "Así que, ¿cuánto me va a costar en pesos?"

Le dije que revisaría y regresaría con la respuesta. Fui a un cuarto trasero y llamé a la oficina central en Buenos Aires. Ellos me mantuvieron esperando, simulando que revisaban la disponibilidad y las tasas de cambio. En unos minutos, el representante del banco regresó a la línea y dijo: "Son treinta y ocho pesos por dólar, pero digamos que son cuarenta".

Fui donde mi gerente y le dije: "Buenos Aires nos está vendiendo la transferencia de fondos a cuarenta pesos el dólar, aunque en realidad son treinta y ocho".

"Bien", dijo, "dile al hombre que son cuarenta y dos".

En diez minutos, hicimos diez por ciento por el negocio, además de cargarle un tres por ciento por la tarifa de servicios. Pero yo sentía que no estábamos diciendo la verdad. *Esta es mi ciudad*, pensé. *Ellos en realidad me están sacando dinero, porque yo pago impuestos. Y simplemente nos estamos cargando nosotros mismos para enviar dinero a estos extranjeros que ordeñan a los argentinos inocentes.* El incidente siguió en mi conciencia.

Poco después de eso, en una reunión pública, prediqué acerca del Evangelio de Juan. Recuerdo intensamente el texto, porque encendió un momento dramático en mi vida. A medida que repetía las palabras de Jesús, de tu interior "brotarán ríos de agua viva. Con esto se refería al Espíritu" (Juan 7:38-39), sentía al Señor diciéndome, tan claramente como si estuviera sentado en mi hombro: "¡Hipócrita!". Yo había estado diciéndole a la multitud: "Si ustedes reciben al Espíritu Santo, superarán la tentación, hablarán la verdad", consciente de que mañana en el banco yo le mentiría a la gente en el mostrador.

Así que hablé con mi mamá. Yo era soltero, y tenía cerca de veinticinco años de edad. Mi madre siempre quiso que yo dejara el banco por un ministerio de predicación y enseñanza de la Biblia, pero, ¿cómo podría? Yo tenía cinco hermanas, un hermano y una madre viuda, yo era el sostén principal de nuestra familia. Eso no le importó a ella.

"Deja el banco", dijo. "No puedes seguir así".

Aunque el banco me había dado mucha libertad y un buen salario, me acerqué al gerente y le dije: "Sabe, simplemente no puedo hacer lo que hago en el mostrador. Siento que estoy mintiendo".

El hombre casi ni vaciló. Ya ellos me llamaban "el pastor"; probablemente esperaba algo como esto. Cada vez que mis compañeros de trabajo contaban chistes sucios y me veían venir, decían: "Aquí viene el pastor. ¡Cuidado!".

"Bueno", dijo, "no tienes que preocuparte por eso. Tú no tomas esas decisiones; sólo sigues órdenes de la oficina central. No es tu responsabilidad. No tienes que sentirte culpable".

Hasta mientras él hablaba, yo recordaba a los soldados alemanes en la Segunda Guerra Mundial diciendo lo mismo: "Sólo estaba siguiendo órdenes. Voy a matar a estas personas, pero ¿qué tengo que ver yo con esto? Sólo estoy haciendo lo que se me dice".

Salí de la oficina del gerente sin decir nada más. Pero al día siguiente todavía me sentía intranquilo, así que regresé y le dije:

—Simplemente no puedo hacer esto.

—¿Sabes?, estás en camino a ser gerente —respondió—. Te convertirás en internacional, te enviarán por todo el mundo. ¿Y te vas a preocupar por eso? ¿Vas a perder todo lo que has construido aquí por eso? ¿Por qué poner en juego todo?

Dado que yo era joven, poco sabio y no había planificado qué decir, respondí: —Bueno, si para ser gerente tengo que mentir y estafar, no puedo hacerlo.

El hombre enrojeció de la rabia.

—¿Me estás llamando mentiroso y estafador? —preguntó.

—No —dije—, quise decir que si tengo que hacerlo...

Pero ya no tenía salida. Sabía que se había terminado. Me asombra que no me despidiera en el acto.

Unos días después, un estadounidense se acercó a mi caja. Aunque el hombre hablaba un poco de español, comenzamos a hablar en inglés. Finalmente, descubrí que trabajaba con una agencia misionera cristiana que planificaba comenzar a trabajar en Argentina.

—Si usted conoce a alguien que sea bilingüe —dijo—, vamos a publicar una revista evangelística, y traduciremos muchos de los artículos del inglés. Si usted conoce a alguien, infórmeme.

—Yo soy el hombre —dije de inmediato.

Así que a los cuatro días de hablar por primera vez al gerente acerca de mi inquietud, renuncié al banco. Mi mamá celebró mi decisión, aunque me fui por la mitad del salario. ¿Arriesgado? Seguro. Pero no me arrepiento.

Mi familia atravesó algunos momentos financieros difíciles después que dejé el banco. Sin embargo, mi madre no podía haber estado más feliz. Imagínese si me hubiese quedado en esa institución, haciendo dinero para los inversionistas extranjeros. Me habría perdido el privilegio de llevar almas al cielo.

"Retrocede" en oposición a "Avanza"

La defensa podría ganar campeonatos en los deportes, pero dudo que sea la mejor estrategia para la vida. La preocupación constante por defender su territorio, sus recursos, su corazón, su itinerario, no puede ayudar sino dar pérdidas, y probablemente más temprano que tarde.

Todos los días, usted ve tipos que caminan por la calle y parecen perfectamente normales, con buena salud, bien vestidos... pero que rebosan de inseguridades, temores y de los mecanismos de defensa más raros que puedan imaginarse. No pueden avanzar en la vida porque están demasiado ocupados retrocediendo.

Conozco una pareja de mediana edad, ambos profesan ser cristianos, con posesiones en abundancia. Pero siempre ha sido: "Esto es tuyo; esto es mío", nunca: "Esto es nuestro". Carecen hasta de una sombra de intimidad el uno con el otro. No se pueden comunicar con amor y ternura, y difícilmente pueden ser corteses entre sí. Cada uno trata de proteger su "parcela".

El uno ve al otro como poco espiritual; el otro ve al primero como un total independiente. Ninguno confía en el corazón del otro, uno piensa que el otro no conoce a Dios lo suficientemente bien; el otro piensa que el primero no es un buen jugador en equipo. Su matrimonio es casi una confrontación armada.

¿El resultado? Sus hijos adultos se han puesto del lado de uno de los padres, dejando al otro aislado, desesperado y paranoico: "Todo el mundo contra mí". Desde mi perspectiva, mucho de esta trágica situación puede rastrearse a asuntos de seguridad, autoprotección, y su intento de encontrar seguridad a través del control absoluto de las posesiones materiales. Ambos se temen entre sí, quieren proteger lo suyo, y, por lo tanto, no pueden avanzar. Sus mecanismos de autodefensa han llevado a grandes tensiones y a una alienación de la familia que parte el corazón. Encuentro a ambos cónyuges encantadores independientemente. Pero, ¿juntos? Esa es otra historia.

No tienen contentamiento, ni felicidad, ni gozo, ni placer. Puesto que ninguno dejará que Dios provea su seguridad, se protegen cada vez el uno del otro, y terminan miserables. Ellos nunca se entregaron a Dios, ni se entregaron al otro en sus acciones o en sus palabras. Optaron por la invulnerabilidad en vez de la seguridad, terminaron con algo mucho peor que si ambos hubieran perdido todo. Es difícil ver cómo pudiera empeorar esto.

Su matrimonio me convence de que caer en una posición defensiva simplemente no puede hacerle avanzar hacia el futuro que usted quiere.

Me encanta una canción de Michael W. Smith. La letra de su canción rinde tributo a Cassie Bernall, la estudiante de la secundaria Columbine High School que afirmó su fe en Dios un instante antes de que una bala cegara su vida. La letra nos recuerda que seguir a Jesús sí tiene sus momentos difíciles. No, los cristianos no están protegidos de los infortunios. Sí, podríamos tener que pagar un cierto precio, ¿no pagó el Maestro con la cruz? ¿No pagó el apóstol Pablo con golpes y cárcel antes de que los romanos finalmente lo ejecutaran? La vida cristiana no es un día de campo. Pero seguir a Cristo siempre ofrece una vida maravillosa.

Me pregunto: ¿Está usted bailando por el Señor? ¿Vive para Jesucristo? ¿Está avanzando hacia la tierra prometida? ¿O está atascado en el desierto?

Poco antes de morir en un accidente aéreo, el golfista profesional Payne Stewart dio su testimonio en la Primera Iglesia Bautista, en Orlando, Florida. "Cuando muera", decía Stewart, "voy a un lugar especial, pero quiero vivir una vida especial aquí y ahora".

Eso fue lo hizo exactamente. Vivió sólo unos meses después de dar su testimonio, y entonces el Señor se lo llevó al cielo, ni un segundo antes ni un segundo después. Stewart vivió con confianza y entusiasmo hasta el mismísimo final, porque sabía que la verdadera seguridad puede encontrarse sólo en Jesucristo. Él se rehusó a caer en una postura nerviosa y defensiva, pero, en vez de eso, avanzó hasta el día en que el Señor se lo llevó a casa.

Si hay otra clase de seguridad, no la quiero.

"Visión restrictiva" en oposición a "Visión expansiva"

Cuando tratamos de proveer nuestra propia seguridad, no podemos evitar estrechar nuestra visión. Comenzamos a ver nuestro interior y arriesgamos lo mejor. No notamos la miseria de otros, ni nos importa, porque estamos demasiado ocupados tratando de manejar nuestro pequeño mundo propio.

Sin embargo, cuando miramos a Dios para proveer la seguridad que necesitamos, nuestros ojos permanecen libres para comenzar a escudriñar el horizonte por nuevas oportunidades. Cuando rehusamos a preocuparnos por nuestra seguridad, sino que confiamos ese aspecto de nuestras vidas al Señor, liberamos incontable energía para causas más constructivas.

Después que mi papá murió, nuestra familia saltó rápidamente de la riqueza relativa a la pobreza desesperada. Lo perdimos todo: propiedad, granjas, vehículos y servidumbre. En tres años, todo desapareció, y nos quedamos en máxima privación.

De alguna manera, alquilamos una casa con un dormitorio y una sala que convertimos en dormitorio. Convertimos también el garaje en un dormitorio (aunque no podía evitar el polvo). En cierto momento, teníamos ocho meses de alquiler atrasados. Sólo la misericordia de nuestro casero nos guardó de ser echados a la calle.

Sin embargo, aunque no teníamos nada, no recuerdo un sentido de pesimismo en la casa. Algunos días, todo lo que teníamos para comer era una gran rebanada de pan francés, sazonada con ajo, sobre el fuego. O tomábamos un tomate y lo picábamos en ocho pedazos. En días realmente buenos, teníamos un filete para dividirlo entre los ocho. Sin embargo, en cada comida, nos arrodillábamos y orábamos al Señor, para darle las gracias por su provisión.

Usted podría decir que tal pobreza cerró el corazón de mi madre, pero no lo hizo. Ni siquiera la sequía podía secar el espíritu generoso de mamá. Su visión expansiva la incitaba a continuar ayudando a otros. Cuando un pordiosero llegaba a la puerta, ella le daba lo que podía. Continuó con este patrón hasta el día en que murió. Después que crecimos, aprendimos que era inútil enviarle dinero; ella no se compraba nada. Le dimos un piano una vez, dio la vuelta y se lo dio a mi hermano.

"Es para ti, para que cantes", protestamos.

"No lo necesito", respondió ella. "Puedo cantar sin un piano."

Mamá encarnaba el mensaje del Salmo 112:5-8:

> Bien le va al que presta con generosidad, y maneja sus negocios con justicia. El justo será siempre recordado; ciertamente nunca fracasará. No temerá recibir malas noticias; su corazón estará firme, confiado en el Señor. Su corazón estará seguro, no tendrá temor, y al final verá derrotados a todos sus adversarios.

Todo el tiempo que vivimos en la pobreza, mamá nos dio un fuerte sentido de seguridad. A través de la oración, el canto y la afirmación en las promesas de Dios, nos guardó del miedo y la desesperación. No disfrutábamos de seguridad humana. Sin embargo, nunca nos sentimos excesivamente desheredados. Mamá nos desafió a creer que nos proveería en el momento oportuno. Continuamente nos citaba promesas, especialmente unas cuantas elementales:

- Deuteronomio 31:6: "El Señor su Dios siempre los acompañará; nunca los dejará ni los abandonará".
- Isaías 41:10: "Así que no temas, porque yo estoy contigo; no te angusties, porque yo soy tu Dios. Te fortaleceré y te ayudaré; te sostendré con mi diestra victoriosa".
- Mateo 6:25,33: "Por eso les digo: No se preocupen por su vida, qué comerán o beberán; ni por su cuerpo, cómo se vestirán. ¿No tiene la vida más valor que la comida, y el cuerpo más que la ropa?... Más bien, busquen primeramente el reino de Dios y su justicia, y todas estas cosas les serán añadidas".
- Juan 14:27: "La paz les dejo; mi paz les doy. Yo no se la doy a ustedes como la da el mundo. No se angustien ni se acobarden".

- Juan 16:33: "Yo les he dicho estas cosas para que en mí hallen paz. En este mundo afrontarán aflicciones, pero ¡anímense! Yo he vencido al mundo".

- Romanos 8:28: "Ahora bien, sabemos que Dios dispone todas las cosas para el bien de quienes lo aman, los que han sido llamados de acuerdo con su propósito".

- Filipenses 4:19: "Así que mi Dios les proveerá de todo lo que necesiten, conforme a las gloriosas riquezas que tiene en Cristo Jesús".

Mamá nos recitaba estos versículos una y otra vez durante los tiempos más difíciles. Nos decía repetidamente: "Dios conoce hasta el mínimo detalle de tu vida; todos están bajo su control". También nos volvía a contar las historias de George Muller (un evangelista del siglo XIX que dirigía orfanatos), cuentos en los cuales Dios proveía leche o pan en el último momento. Ella nos animaba a que esperáramos que Dios proveyera, y Él lo hizo, de formas inusuales e inesperadas. Las verdades que ella se mantuvo repitiendo se convirtieron finalmente en realidad para nosotros, y yo las creí totalmente. Y todavía las creo.

Estoy absolutamente convencido de que la seguridad genuina se reduce a conocer y creer las promesas de Dios. Así que déjeme preguntarle: ¿Confía usted en que cuando Dios promete algo, nunca se echa para atrás?

Ahora, mamá no era perfecta. Ciertamente no era una mujer de negocios. Nunca sospechó lo peor de nadie, y solía creer cualquier cosa que le dijeran. Fue principalmente por su credulidad que perdimos todo. Esto nos enfurecía cuando niños.

Sin embargo, nada de eso redujo nuestro respeto por ella o su fe.

Algunos años después de que mi padre muriera, llegó una carta a nuestra casa de un hombre que había estafado a mi mamá. "Señora Palau", escribió el hombre, "le mentí después que su esposo murió. Yo le compre un tractor a usted. Le dije que el motor no estaba bueno, el bloque estaba roto, que no funcionaba. Usted me creyó, y yo le di unos pocos dólares por el tractor. Mi conciencia no me dejará estar en paz. Yo la estafé a usted y a sus hijos. Tengo que enviarle este cheque, porque simplemente no puedo continuar viviendo así".

Ese cheque llegó cuando se nos había acabado el efectivo, y no había nadie que nos ayudara. Esa carta nos parecía un maravilloso milagro. Y esto sucedió porque mamá nos enseñó a confiar en el Señor y en las promesas de Dios, aunque no tuviéramos nada más para continuar.

¿Qué sucedería, me pregunto, si hoy día tomáramos la Palabra de Dios tan en serio como tomamos la palabra de nuestro doctor? Entramos a su oficina, nos reportamos en la recepción, y sumisamente seguimos las instrucciones de una persona vestida de blanco que dice: "Llene este formato y espere hasta que lo llamen". Nos sentamos hasta que nos llaman a la sala de revisión, donde esperamos un poco más. Finalmente, el doctor entra y dice: "Siéntese en la cama". Así que nos sentamos en la cama. Él mira, hurga, escucha y observa, y, mientras tanto, nosotros nos sentamos allí como buenos niños y buenas niñas. Después de un rato dice: "Ya sé cuál es el problema". Saca una libreta, garabatea con un bolígrafo unas pocas líneas ilegibles, y dice: "Vaya a la farmacia y siga esta prescripción".

Así que vamos al farmaceuta. Probablemente nunca hemos conocido a esta persona. Pero él desaparece detrás de una pared y, pocos minutos más tarde, regresa con un montón de píldoras rojas, amarillas y una botella de líquido verde. "Cuando se levante en la mañana", nos dice, "tome una cucharada de esto. Y antes de cada comida, tome dos de estas píldoras". Y obedecemos al pie de la letra. No le pedimos la licencia al farmaceuta. No nos preguntamos si esas píldoras contienen tiza. Sólo nos levantamos en la mañana, nos tragamos la cucharada y nos bajamos dos píldoras antes de nuestra avena, tostada y café.

Entonces, ¿por qué cuando el Señor nos da una prescripción o nos hace una promesa en su Palabra, con frecuencia decimos: "Espera un momento. Tenemos que interpretar esto"? Si tratáramos al doctor y al farmaceuta como tratamos las promesas de Dios, estaríamos muertos en semanas.

La única seguridad verdadera descansa en Jesucristo. Sólo cuando creemos que Él es todo, nuestro todo y en todo, sólo entonces descubriremos y disfrutaremos de seguridad genuina. Jesús es la Roca, nuestro protector fuerte e inamovible, y aquellos que miran a él por ayuda están radiantes con gozo (Salmo 34:5). La Biblia declara que todas las promesas de Dios se declaran "sí" en Jesucristo (2 Corintios 1:20), en otras palabras, son todas suyas. ¡Así que ancle su fe en las promesas de Dios y disfrute de verdadera seguridad!

"Se enfoca en el peligro" en oposición a "Se enfoca en la oportunidad"

Aquellos que buscan invulnerabilidad emocional o económica, los hombres y las mujeres que desean de alguna manera convertirse en seres a prueba de balas, inevitablemente terminan enfocándose en los peligros de la vida más que en sus oportunidades. Y, por esa razón, usualmente terminan con un montón de arrepentimiento.

Un hombre mayor se acercó a uno de nuestros consejeros durante una misión a Australia. "Temo que vaya a morir y mi vida sea insignificante", confesó. ¿Qué le dice usted a un hombre así? En la misma misión, un reportero me dijo: "Usted parece tenerlo todo resuelto. Yo no tengo todo resuelto ni creo que lo tendré alguna vez".

No puedo decir con seguridad si alguno de estos dos hombres sufría de una falta de fuente de seguridad, pero mi suposición es que ambos carecían de ella. Cuando la gente busca encontrar su verdadera seguridad en el poder y el amor de Jesucristo, descubren una nueva habilidad para enfocarse en las oportunidades más que en los peligros. De esta manera, evitan llegar al final de sus días y decir: "Temo que vaya a morir y mi vida sea insignificante".

Mi vida estaba destinada a la insignificancia hasta que llegué a los diecisiete años de edad. Me rehusaba a enseriarme con las cosas espirituales. Pero eso comenzó a cambiar a medida que se acercaba el carnaval ese año.

El carnaval ocurre cuarenta días antes de la Semana Santa. Todos hacen grandes fiestas y bailan, beben y entran en toda clase de cosas. Como Mardi Gras, pero con ritmo latino. Después de carnaval, todos se hacen "santos". Pero durante carnaval, cualquier cosa vale.

Algunos amigos me habían invitado a una fiesta salvaje. Pero Dios estaba obrando en mi joven y rebelde vida. *Si continúo de esta forma*, pensaba, *voy a destrozar mi vida*.

Durante la semana de carnaval, me encontraba solo en casa de mi abuela. Y por primera vez en casi cuatro años, comencé a leer la Biblia. La puse cerca de mi mesita de dormir y oré: "Señor, sácame de estos bailes. Si me sacas, te serviré para siempre. Si voy a los bailes, destrozaré mi vida. Quien sabe lo que haré, Señor. Yo podría cometer algún pecado feo, pero soy cobarde. No sé cómo decirles a mis amigos: 'No voy'. Haz algo, Señor. Sácame de esto".

Me preguntaba qué haría el Señor. Me desperté la mañana siguiente, el primer día de carnaval, y sentí algo extraño en mi cara. No tenía dolor, pero cuando fui a ver en el espejo, vi mi rostro inflamado como un globo inflado. Era como si tuviera pelotas de tenis dentro de mi boca. ¿Qué sucedía? Todavía no sé. Quizás algún insecto me picó durante la noche. Quizás en mis sueños me golpeé a mí mismo. No sé lo que sucedió, ¡pero me veía feo!

Y me dije: "El Señor ha contestado mi oración".

¿Cómo podría un joven ir a un baile luciendo así? No podría. Así que llamé a mis amigos.

—No voy al baile —dije.

—¿Por qué? —preguntaron.

—Estoy enfermo —respondí—. Deberías ver mi cara.

Todos vinieron a casa, y cuando me vieron dijeron:

—Ah, sí, no puedes venir esta noche.

Pero como el carnaval dura una semana dijeron:

—Quizás puedas ir mañana o el fin de semana.

Pero como creía que Dios había contestado mi oración, dije:

—No, se acabó.

Oh, todavía era un cobarde; no les dije por qué no iría. Pero cuando entré de nuevo a la casa, dije: "Señor Jesús, soy tuyo para siempre. No quiero tener nada que ver con el mundo. Voy a servirte".

Me compré una Biblia nueva. Decidí mudarme a otra ciudad donde mi madre había tratado de comenzar una nueva vida. Empecé de nuevo, como si me hubiera convertido por segunda vez. Comencé a estudiar la Biblia. Me involucré en una iglesia local. En pocos meses, comencé a hablar a audiencias de niños pequeños. La iglesia solía celebrar reuniones evangelísticas en la calle, y los ancianos me dejaban decir algunas palabras, luego unas más. Y, de repente, fue muy divertido servir a Jesucristo. La emoción de aquellos primeros días me parecía el cielo. Yo había dejado atrás el mundo y había comenzado un nuevo y fresco período en mi vida. Había descubierto que la única seguridad que vale la pena tener es en Jesucristo.

Nadie consigue seguridad definitiva enfocándose en los peligros potenciales. La encuentran sólo cuando, por el poder de Jesucristo, se concentran en las oportunidades que Dios coloca frente a ellos. Escogen la seguridad que sólo Jesús puede dar y disfrutan una aventura salvaje por añadidura.

No hay razón alguna para que usted no pueda hacer lo mismo.

¿Dónde encuentra seguridad?

La invulnerabilidad es una ilusión. Nadie puede hacerse a prueba de balas, sin importar cuánto lo intente. Vivir en este mundo acarrea dolor, sin excepción.

Aun así, todos necesitamos sentirnos seguros. Cada uno de nosotros anhela un fuerte sentido de seguridad. ¿Cómo hallarlo?

Algunos lo buscan en una cuenta bancaria, en posesiones multiplicadas y estabilidad financiera. ¿Ha escuchado acerca del hombre de negocios estadounidense que pensaba que podría proveerle seguridad a un pescador mejicano? Mientras el estadounidense contemplaba el océano desde un malecón, en una pequeña villa costera de México, un pequeño bote con un sólo pescador entró y atracó en el muelle. El estadounidense vio varios atunes cola amarilla abordo y felicitó al mejicano por la calidad de su pesca.

—¿Cuánto tiempo le tomó atraparlos? —preguntó.

—Sólo un rato —respondió el pescador.

—Entonces, ¿por qué no se quedó más tiempo y atrapó más? —preguntó el estadounidense.

—Tengo lo suficiente para satisfacer las necesidades inmediatas de mi familia —respondió el mejicano.

—Pero, ¿qué hace usted con el resto de su tiempo? —preguntó él.

—Duermo hasta tarde, pesco un poco, juego con mis niños, tomo una siesta con mi esposa, María, y paseo por el pueblo cada noche, donde tomo vino y toco guitarra con mis amigos. Tengo una vida completa y ocupada, señor.

—Yo soy graduado de Harvard y podría ayudarle —insistió el estadounidense—. Usted debería pasar más tiempo pescando, y con las ganancias comprar un bote más grande. Con las ganancias del bote más grande usted podría comprar más botes, y finalmente podría poseer toda una flota. En vez de vender su pesca a un intermediario, podría venderla directamente al procesador, y abrir finalmente su propia empacadora. Usted controlaría el producto, el procesamiento y la distribución. Por supuesto, tendría que dejar este pequeño pueblo y mudarse a Ciudad de México, luego a Los Ángeles, y finalmente a la ciudad de Nueva York. Desde allí, podría dirigir su creciente negocio.

—Pero señor —preguntó el pescador—, ¿cuánto tiempo tomaría eso?

—Ah, aproximadamente quince o veinte años —respondió el de Harvard.

—Pero, ¿y entonces qué?

—Esa es la mejor parte —rió el estadounidense—. En el momento apropiado, usted anunciaría una oferta pública inicial y vendería su compañía al público, y llegaría a ser muy rico. No tendría que preocuparse por nada más. Su futuro financiero estaría seguro.

—¿Y entonces qué?

—Usted se jubilaría y se mudaría a un pequeño pueblo costero, donde pueda dormir hasta tarde, pescar un poco, jugar con sus nietos, tomar una siesta con su esposa, y pasear por el pueblo en las noches, donde podría beber vino y tocar guitarra con sus amigos.

No tiene mucho sentido, ¿no? No malgaste su tiempo tratando de proveerse a sí mismo la seguridad que sólo el Señor Jesús puede dar. Permita que Dios haga lo que hace mejor: "Que el amado del Señor repose seguro en él, porque lo protege todo el día y descansa tranquilo entre sus hombros" (Deuteronomio 33:12).

Cómo estar seguro según la Biblia

1. Reconozca que la seguridad máxima está disponible sólo en Dios.
   "En paz me acuesto y me duermo, porque sólo tú, Señor, me haces vivir confiado" (Salmo 4:8).
2. *Cada vez que se sienta amenazado, corra a Dios, no a las riquezas.*
   "Torre inexpugnable es el nombre del Señor; a ella corren los justos y se ponen a salvo. Ciudad amurallada es la riqueza para el rico, y éste cree que sus muros son inexpugnables" (Proverbios 18:10-11).
3. *Confíe en Dios más de lo que teme a los hombres.*
   "Temer a los hombres resulta una trampa, pero el que confía en el Señor sale bien librado" (Proverbios 29:25).
4. *Pida seguridad a Dios.*
   "Luego, estando cerca del río Ahava, proclamé un ayuno para que nos humilláramos ante nuestro Dios y le pidiéramos que nos acompañara durante el camino, a nosotros, a nuestros hijos y nuestras posesiones" (Esdras 8:21).
5. *Percátese de que el pecado habitual aparta la mano protectora de Dios.*
   "Sabemos que el que ha nacido de Dios no está en pecado: Jesucristo, que nació de Dios, lo protege, y el maligno no llega a tocarlo" (1 Juan 5:18).
6. *Entienda que Dios mismo lo colocó justo donde usted está.*
   "Tú, Señor, eres mi porción y mi copa; eres tú quien ha afirmado mi suerte" (Salmo 16:5).
7. *Sea generoso con los recursos que Dios le ha dado.*
   "Bien le va al que presta con generosidad, y maneja sus negocios con justicia. El justo será siempre recordado; ciertamente nunca fracasará. No temerá recibir malas noticias; su corazón estará firme, confiado en el Señor. Su corazón estará seguro, no tendrá temor, y al final verá derrotados a todos sus adversarios" (Salmo 112:5-8).

8. *Cuide de su familia, proveyéndoles de un lugar seguro para sus hijos.*
"El temor del Señor es un baluarte seguro que sirve de refugio a los hijos" (Proverbios 14:26).
9. *Cuando vengan los problemas, ponga su esperanza en las promesas de Dios.*
"Porque en el día de la aflicción él me resguardará en su morada; al amparo de su tabernáculo me protegerá, y me pondrá en alto, sobre una roca" (Salmo 27:5).
10. *No importa lo que suceda, refúgiese en Dios.*
"Cuídame, oh Dios, porque en ti busco refugio" (Salmo 16:1).

9

Un sentido de destino

¿Actividad o significado?

> ¿No saben que en una carrera todos los corredores compiten, pero sólo uno obtiene el premio? Corran, pues, de tal modo que lo obtengan. Todos los deportistas se entrenan con mucha disciplina. Ellos lo hacen para obtener un premio que se echa a perder; nosotros, en cambio, por uno que dura para siempre.
>
> El apóstol Pablo, en 1 Corintios 9:24-25

Tiene que calificar como uno de los programas más tristes que he visto.

Dos hombres habían desarrollado una amistad inusual. Uno había subido la escalera corporativa para convertirse en un ejecutivo extraordinariamente adinerado y poderoso. El otro nunca había logrado mucho de nada, a pesar de su agudo intelecto y un fuerte sentido de sí mismo. Terminó como un vagabundo. Sin embargo, los dos podían hablar acerca de asuntos sensibles y confrontarse el uno al otro con duras verdades como nadie más. Mantenían su raro nexo aunque se gritaban el uno al otro.

Un día, los doctores interrumpieron la vida rutinaria del ejecutivo al decirle que no iba a vivir mucho tiempo; su corazón enfermo podía fallar en cualquier momento. El hombre necesitaba un transplante de corazón con urgencia, pero no era elegible para uno. Cuando el vagabundo se enteró de las terribles noticias, rápidamente ofreció donar su propio corazón a su amigo, y se sentenció efectivamente a sí mismo a muerte. Un estado horrorizado se rehusó a permitir el procedimiento, así que el vagabundo demandó a los oficiales para que permitieran la operación. Su propio abogado trató de convencerlo que abandonara el caso, pero él no sería disuadido.

"No quiero llegar al final de mi vida y no haber logrado nada", explicaba airadamente. "¡No he hecho nada valioso! Ahora tengo la oportunidad de realmente lograr algo con mi vida. Así que, ¿qué sucedería si vivo cuarenta años más y todavía no hago nada? Pero si le doy mi corazón a este hombre, no habré vivido en vano."

Al final del programa, el vagabundo había perdido el caso, y dejó a la audiencia con un sentimiento de profunda tristeza, tanto para el hombre que moría como para el que vivía y quería morir.

¿Se identifica usted aunque sea un poco con el hombre que quería renunciar a su corazón? ¿Se siente como si se estuviera desplegando en vano? Si es así, anímese. Usted puede dar pasos para corregir el problema.

¿Cuento yo?

Todos necesitamos sentir que nuestra vida cuentan para algo, que existimos para algún propósito, que nuestra vida tienen significado. Todos queremos disfrutar un sentido de destino. Y necesitamos sentirnos significativos. Esa es la razón por la que tantos nos planteamos las preguntas cruciales:

¿Quién soy?
¿Por qué estoy aquí?
¿A dónde voy?
¿Por qué he disfrutado privilegios negados a otros?
¿Quién me puso sobre la tierra y qué quiere de mí?
¿Cuál es el propósito de mi vida?

Creo firmemente que sí existe un propósito para su vida. Hay un plan divino. Y puede encontrar las respuestas a sus preguntas más significativas cuando se encuentre con Jesucristo.

"Pero, ¿no todas las religiones dan esas respuestas?", preguntan algunos.

No, en absoluto. Y cualquiera que proclame tal cosa simplemente no ha estado prestando atención. Con frecuencia, he estado en India entre hindúes, en China entre budistas y en Japón entre sintoístas. Ninguno de ellos pretende decirle a usted quién es usted, de dónde vino o su propósito en la vida. Ninguna religión mundial, diferente al cristianismo, trata de decirle a usted lo que sucede cuando muere o proclama darle la seguridad de la vida eterna. Cuando los hombres bien entendidos me dicen: "Todas las religiones conducen a Dios", usualmente apunto que algunas creencias, como el budismo, ni siquiera creen en un Dios. Cuando la gente dice: "Todos los caminos conducen a Dios", están siendo sinceros, amables, buenos y muy estadounidenses, pero no han estado hablando a budistas, sintoístas o hindúes reales.

Sólo Jesucristo proclama que le dice a usted quien es en realidad, por qué está aquí y adónde va. Cada uno de nosotros quiere más que sólo una fe bonita, una buena familia, unas finanzas saludables, una jubilación segura y una salud robusta. En el fondo, todos nosotros buscamos propósito espiritual. Dado que Dios "puso en la mente humana el sentido del tiempo" (Eclesiastés 3:11), todos lucharemos con insatisfacción y un espíritu perturbado hasta que encontremos y actuemos en cuanto a nuestro propósito dado por Dios.

¿Actividad o significado?

A pesar de todo el ruido publicitario acerca de los asuntos espirituales, nuestra era no parece particularmente buena para adivinar propósito y significado. Parece mucho mejor para la actividad, y mientras más furiosa y continua, mejor.

Aunque todos nosotros necesitamos conocer que importamos, algunas veces nos conformamos con una ráfaga de ocupaciones. Nos decimos que si estamos siempre ocupados, eso debe significar que estamos en demanda y que contamos para algo. Aunque internamente anhelamos un sentido de propósito y destino, nos conformamos con la simple productividad y la ocupación.

Por supuesto, no veo nada malo en mantener un itinerario lleno. El apóstol Pablo dijo a los corintios: "Con estas manos nos matamos trabajando" (1 Corintios 4:12), y los animó a permanecer "progresando siempre en la obra del Señor, conscientes de que su trabajo en el Señor no es en vano" (1 Corintios 15:58).

Dios mismo encomienda la actividad fructífera, en la medida en que sirva a un propósito valioso (Éxodo 20:9). Cuando el apóstol Pablo entendió que algunos de sus amigos no estaban ocupados, sino llevados por la ociosidad, les ordenó que recuperaran el paso y se ganaran el pan que comían (2 Tesalonicenses 3:11).

El problema no radica en la actividad, sino en confundirla con el significado. Sólo porque estamos ocupados no quiere decir que estamos logrando algún gran propósito. El truco es ocuparse de las cosas correctas.

Ayudaría si consideráramos algunas maneras en las que el significado difiere de la simple actividad. ¿Por qué es provechoso buscar significado antes que ocupación? Permítame sugerir cinco áreas de comparación.

Actividad	Significado
• Eficiente	• Eficaz
• Mantiene ocupado	• Persigue el significado
• Busca el valor	• Disfruta el valor
• Tiranía de lo urgente	• Triunfo de lo importante
• Gana admiradores	• Atrae colegas

Dios quiere que estemos ocupados en las cosas correctas.

"Eficiente" en oposición a "Eficaz"

Algunos ejecutivos de negocios tratan la eficiencia como si fuera el santo grial de la industria. No escatiman esfuerzos en refinar sus operaciones en la empresa más eficiente posible. Sin embargo, algunos todavía fracasan. ¿Por qué?

Porque "eficiente" no necesariamente significa "eficaz". Uno puede producir eficientemente un artículo que con el tiempo pierda su eficacia. Sin duda, con la tecnología de hoy, alguien puede fabricar eficientemente cintas de ocho pistas exquisitamente confeccionadas. Pero, ¿por qué?

Bill Murray representó a un loco hombre del tiempo en la película cómica *Groundhog Day*. La gente saltaba cuando él hablaba y hacía terminar las cosas con intensa economía. Su talento y eficiencia le hizo influyente y ocupado, pero produjo una vida sin significado. En la película, algún poder invisible le obliga a revivir un día específico incontables veces hasta que finalmente "lo haga bien". Sólo entonces se conecta con la gente, encuentra significado y continúa con su vida.

Unos años atrás, conocí a alguien que optó inadvertidamente por eficiencia en vez de eficacia. Alguien me invitó a dar un breve estudio bíblico para un pequeño grupo de hombres de negocios que se reunía todos los martes para almorzar. De los seis asiduos, tres seguían a Jesucristo y tres estaban explorando.

Conté una historia acerca de una princesa inglesa que me dijo: "Señor Palau, siempre he querido hablar con un evangelista como usted. Tengo que hacerle algunas preguntas. La primera es esta: ¿Tiene usted la seguridad de la vida eterna? Y de ser así, ¿cómo lo logró? Si uno quiere tener la seguridad de la vida eterna, ¿qué tendría que hacer? ¿Me podría ayudar?".

"Oh, Su Alteza Real", le dije, "¡eso es todo lo que hago! Yo puedo ayudarle a encontrar la vida eterna". Así que le expliqué cómo podía invitar a Jesús a su vida.

Mientras contaba la historia, vi lágrimas rodando por las mejillas de un hombre de negocios especialmente acaudalado. Trató de encubrirlas, pero yo lo noté. Y pensé: *Ahh... este tipo tiene un punto débil. Algo sucede en su interior.* Cuando el almuerzo terminó, caminé hacia él y le dije:

—Jimmy, noté que estabas llorando cuando conté la historia de la princesa.

—Sí —admitió, un poco sobresaltado—, me atrapaste.

—¿Por qué estabas llorando? —pregunté.

Con gran frustración me dijo bruscamente:

—¿Por qué es que voy a la iglesia de una de las principales denominaciones, he asistido desde que era niño, pero todavía siento como si mi vida careciera de propósito? Nunca he tenido la seguridad de la vida eterna, y aquí estoy, ¡sesenta y cinco años! ¿Qué me estoy perdiendo?

Le di unas respuestas breves, pero él tenía que irse a su oficina en la firma de seguros que poseía. Mientras nos separábamos, Jimmy se volteó hacia mí y me dijo:

—Seguros, Luis, seguros... pero no seguridad.

¿Qué clase de invitación es esa para un evangelista?

—Jimmy —dije—, reunámonos para almorzar.

Así que unos días después, nos reunimos en un club del centro. Tan pronto como nos sentamos, enjambres de personas con buenos deseos se acercaron a la mesa para decirle: "¡Hola, Jimmy!", "¿Cómo te va, Jimmy?", "¿Cómo está tu esposa, Jimmy?". El dinero puede hacerle ganar un montón de amigos, pero no necesariamente un propósito en la vida.

Cuando su nube de admiradores finalmente nos dejó solos, Jimmy preguntó:

—¿Por qué me invitaste a almorzar?

Él no lo sabía, pero yo me había enterado que le dijo a uno de los otros tipos: "Apuesto a que Luis quiere pedirme dinero. Por eso es que quiere ir a almorzar". Pero yo tenía cosas más grandes en mente.

—Jimmy —respondí—, el otro día me dijiste que no tenías la seguridad de la vida eterna. Antes que el almuerzo termine, quiero que vayas a casa con esa seguridad.

Mientras sus ojos se enrojecían, me dijo:

—Tengo que decirte por qué dije eso, Luis. Yo tenía un hermano, éramos socios de negocios, y él se suicidó hace apenas año y medio. No dejó una nota; no dejó una carta. Él no había cometido inmoralidad, era un buen esposo, tenía éxito en los negocios, no tenía deudas. No puedo explicar por qué mi hermano cegó su vida.

Hizo una pausa, luego continuó.

—Yo tengo cinco hijos, y ninguno de ellos es creyente, básicamente, dicen que son ateos. Y yo no puedo entenderlo. He ido a la iglesia toda mi vida. Voy a la comunión. Los llevaba conmigo cuando eran niños. Pero después de que fueron confirmados, se rehusaron a ir a la iglesia y ninguno sigue a Jesucristo hoy.

Me confesó que les había fallado a sus hijos, a su esposa y fallado como ser espiritual. Y entonces comenzó a llorar ahogadamente en la mesa.

—Jimmy —dije—, no sigas culpándote. No hablemos de tus hijos. Pensemos en eso después.

—Pero mira, soy un hombre bueno —insistía—. No sigas diciéndome que soy un pecador. ¡Conozco a los evangelistas! Siempre están diciendo que somos pecadores.

—Yo no dije eso —respondí—. ¡Tú lo dijiste!

Inclinó la cabeza y a través de las lágrimas admitió:

—Estoy llorando por dentro. Todo el tiempo estoy llorando.

—Mira, no llores más —respondí—. Lo más importante en este momento es que personalmente abras tu corazón a Jesucristo.

—Mi iglesia está apenas a cuatro cuadras de aquí —respondió—. ¿Por qué no vamos allá a orar?

—Jimmy —respondí—, quiero que ores aquí mismo, durante el almuerzo.

—¿Aquí mismo?, ¿en la mesa del almuerzo?—preguntó nerviosamente—.Pero todo el mundo en el club está mirándome.

—Entonces no cierres tus ojos —dije—. Ellos nunca sabrán que estamos orando. Mantén tus ojos abiertos.

Y justo allí en ese restaurante, ese poderoso hombre de negocios con una operación de seguros eficiente invitó a Jesucristo a su vida. Durante sesenta y cinco años, había vivido sin un sentido de propósito. Se sentía culpable porque sus hijos se habían rebelado, estaba confundido porque su hermano se quitó la vida. Todo eso comenzó a cambiar cuando le pidió al Señor que viniera a su corazón.

Jimmy sigue reuniéndose con otros hombres de negocios que son cristianos, que oran y estudian la Biblia juntos. Una carta breve que le envié y que cita un versículo bíblico que afirma la seguridad de la vida eterna cuelga en un marco sobre la pared de su oficina. "De esta manera", explicó, "la gente me preguntará acerca de eso y puedo contarles mi experiencia".

Después de una vida de éxito en los negocios, pero decepción personal, Jimmy ha cambiado la eficiencia corporativa por la eficacia en la vida.

"Mantiene ocupado" en oposición a "Persigue el significado"

Una escena de la película de ciencia-ficción *Starman* me ilustra mucho de la cultura moderna. En ella, un extraterrestre varado sobre el planeta Tierra toma la apariencia de un hombre muerto recientemente. La viuda del hombre se hace amiga del extraterrestre y le ayuda a alcanzar un punto de encuentro donde sus amigos pueden recogerlo. A lo largo del camino, la pareja soporta una serie de encuentros desgarradores. En una escena, el hombre de las estrellas tiene que conducir un auto, aunque nunca antes había tomado un volante. Él había visto conducir a su amiga, y piensa que sabe qué hacer. A medida que se acercan a una intersección peligrosa, la luz cambia a amarilla. Él dispara el carro a través del cruce, y casi causa un catastrófico accidente. Su aterrada compañera lo reprende, porque casi la mata y le pregunta si realmente entiende las reglas del camino. Starman dice que sí: "Rojo significa detenerse. Verde significa seguir. Amarillo significa seguir muy rápido".

¡Qué imagen de nuestra sociedad! Vamos "muy rápido" porque no entendemos el propósito ni el significado de la vida. Confundimos actividad con significado y, por consiguiente, ponemos en peligro nuestras propias vidas.

Hace unos años, visité la British Broadcasting Corporation en Londres para hacer una entrevista. Mientras caminaba, alguien me dijo: "Por cierto, hay un hombre que quiere verlo. Peter France. ¿Lo recuerda?".

Sí, lo recordaba. Peter hizo un programa sobre nuestra misión a Londres en 1983. Para ese momento, él no creía en Jesucristo, pero estaba buscando. Él realizó el programa principalmente porque quería atraparnos en cualquier comentario o incidente embarazoso.

Durante una entrevista, me dijo que mientras estudiaba en Oxford había servido como presidente de la Sociedad Humanista. Después de la graduación, se mudó a Hong Kong para trabajar para el gobierno de Su Majestad.

"Un día, conseguí la revista de la Sociedad Humanista de Oxford, y vi una foto del comité ejecutivo estudiantil de esta generación", dijo. "Me estaba sintiendo muy inquieto con mi vida espiritual, sin creer en Dios, sin tener un propósito en la vida. Miré las caras uno por uno, y todos ellos parecían tan vacíos y solitarios. Y me dije: 'Así exactamente me he sentido los últimos veinte años'. Desde entonces, comencé a decir: 'Somos un montón de personas vacías fingiendo que sabemos de lo que hablamos'".

Me dijo que había comenzado a leer a los teólogos católicos. Hasta había agarrado la Biblia. En medio de nuestra entrevista, me preguntó:

—¿Qué sucedería si muero sin Jesucristo, Luis? Siempre he dicho que soy un ateo. ¿Y entonces?

—Bueno, está el infierno para que pagues, Peter —respondí.

Así que esa fue la razón por la que llamó el programa, "Hell to Pay" [Para que la pagues en el infierno]. La BBC lo puso al aire la noche de año nuevo durante varios años seguidos.

Nuestra última entrevista para el programa se efectuó en un taxi de Londres. Mientras nos despedíamos, me dijo:

—Luis, déjame preguntarte esto. ¿Qué sucedería si cuando mueras resulta que todo lo que creíste no era así?

—Te daré la respuesta de Billy Graham y luego te daré la de una viejita —dije.

—No, no —respondió—, dame la de la viejita.

—Un comunista en la Plaza Roja estaba predicando contra el cristianismo —expliqué—. Una viejita estaba parada entre la multitud, escuchando. De repente, desafió al comunista y comenzaron a discutir. El comunista finalmente le preguntó a la mujer: "¿Qué sucedería si cuando usted muera yo tengo razón y usted está equivocada?". "Bueno", respondió la viejita, "cuando yo muera, si usted tiene razón y yo estoy equivocada, estaremos ambos en el mismo bote. Pero si yo tengo razón y usted está equivocado, estás en graves problemas".

Suena como una respuesta simplista, pero Peter France respondió:

—Oh Dios mío, nunca pensé eso.

La historia lo puso a pensar seriamente en Jesucristo. No le vi de nuevo hasta quince años después cuando entré en las oficinas de la BBC. Para entonces, llevaba barba y casi no lo reconocí.

—¿Me recuerda? —preguntó.

—Sí —dije—, tú eres Peter France.

—¿Sabe lo que hice para usted?

—Sí, hiciste una película hace unos años. He estado orando por ti.

—No me recuerdas, ¿no?

—Sí, también. Te he citado por todo el mundo, acerca de tu vacío y las caras solitarias del club en Oxford.

—¡Lo recordaste!

—¿Has venido al Señor?

—He venido al Señor. Ahora estoy haciendo una serie para que salga en la BBC esta Semana Santa.

Después de buscar durante años, Peter France al fin vio la enorme diferencia entre mantenerse ocupado y encontrar propósito. Se había mantenido extremadamente activo como presidente del Oxford Humanist Club, como representante del gobierno británico, como un talentoso productor de televisión para la BBC. Tenía actividad en abundancia; lo que no tenía era significado. Encontró significado cuando halló a Jesucristo.

Jesús da significado a la vida de muchas maneras. Pienso que uno de los pensamientos más asombrosos en toda la Biblia es un versículo en el libro de Jeremías. Dios le dice al profeta: "Antes de formarte en el vientre, ya te había elegido; antes de que nacieras, ya te había apartado; te había nombrado profeta para las naciones" (Jeremías 1:5).

Debo haber tenido dieciocho o diecinueve años de edad la primera vez que leí ese versículo. Recuerdo maravillarme. *¡Es maravilloso!*

Antes que mi padre y mi madre se unieran para hacer lo que los padres y las madres hacen cuando quieren un bebé, Dios conocía todo acerca de Luis Palau. Y conocía todo acerca de usted también. Hasta si usted es producto de un encuentro sexual fortuito de una noche. Aun si su madre lo regaló. Aun si creció en un orfanato. Aun si nunca conoció a su madre o su padre. No permita que nada de eso le persiga. Aun así usted puede decir: "Señor, aunque desearía haber conocido a mi papá y a mi mamá, tú me hiciste. Estoy vivo y estoy aquí porque tú quisiste que yo naciera. Dios, tú dices en la Biblia que tienes un propósito para cada uno de nosotros, incluyéndome a mí".

Antes que huevo y esperma se unieran en el útero de su madre, Dios ya sabía el color de sus ojos. Él sabía el nombre que sus padres le darían a usted (le guste o no). Dios sabía la clase de orejas que usted iba a tener, qué clase de nariz tendría, dónde iba a nacer (Salmo 139:14-16). ¡Es asombroso darse cuenta de que Dios conoce cada cosa acerca de uno!

Dios tiene un propósito para su vida, sea que naciera en una familia que asistía a la iglesia o no. Sea usted católico o protestante, judío o mormón, musulmán o adventista del séptimo día, ateo o agnóstico. Nada de eso hace ninguna diferencia. Jesús da significado a la vida porque nos dice: "Te conocía completamente, aun antes de que te convirtieras en un embrión en el útero de tu madre. Y yo tengo un propósito para que lo cumplas, confeccionado según tu personalidad, trasfondo y características únicas".

Jesús también da significado a la vida abriendo nuestros ojos intelectualmente. Por eso es que la Biblia es tan importante. Es a través de ella que Dios nos enseña acerca del propósito y significado de la vida.

> La ley del Señor es perfecta:
> Infunde nuevo aliento.
> El mandato del Señor es digno de confianza:
> Da sabiduría al sencillo.
> Los preceptos del Señor son rectos:
> Traen alegría al corazón.
> El mandamiento del Señor es claro:
> Da luz a los ojos.
> El temor del Señor es puro:
> Permanece para siempre.
> Las sentencias del Señor son verdaderas:
> Todas ellas son justas.
> Son más deseables que el oro,
> Mucho más que oro refinado;
> Son más dulces que la miel,
> La miel que destila del panal.
> Por ellas queda advertido tu siervo;
> Quien las obedece recibe una gran recompensa.
>
> Salmo 19:7-11

Usted puede confiar ciento por ciento en la Biblia, porque es la revelación de Dios a nosotros de todo lo que Él quiere que sepamos acerca de su carácter, su obra en el mundo, y nuestra relación con Él. Sus enseñanzas están bien redondeadas, no torcidas, como lo están hasta los mejores autores humanos. La Escritura ilumina nuestras mentes y nos da entendimiento acerca del significado de la vida. Léala a diario.

Le recomiendo que utilice dos ediciones idénticas para su lectura de la Biblia. Use una sólo para leerla; utilice la otra para escribir sus notas y observaciones al margen del texto que acaba de leer. Si apenas empieza como lector de la Biblia, el libro *Starting Point Study Bible* [Estudio bíblico punto inicial] (Zondervan) será de gran ayuda.

Quizás usted ya pertenezca a una iglesia, sin embargo, dice: "Luis, no tengo sentido de dirección. No tengo significado para mi vida. No entiendo nada de esto".

No es religión lo que usted necesita; es a Jesucristo. Jesús le ofrece significado y propósito, tal como lo ofreció a Peter France. No se conforme con simple actividad, ni siquiera actividad en alguna iglesia o religión. La única manera de disfrutar de significado duradero es asentándose con Jesucristo.

"Busca el valor" en oposición a "Disfruta el valor"

Un joven episcopal laico en Oregon me llamó este año y me dijo: "Sobre mi frente siempre he imaginado una palabra: Perdedor". Parecía inteligente y bien educado. Sin embargo, pensaba que él mismo era una broma. Me sentí tan triste por él; nunca había entendido ni abrazado el tremendo valor que Jesucristo da a sus seguidores.

Pienso que millones de hombres y mujeres luchan con este asunto. Así que ¿cómo responden? Atiborran sus horarios con actividad, esperando ganar un sentimiento de valor amasando una lista asombrosa de logros. Durante todas sus vidas persiguen alguna señal o evidencia elusiva de su valor como personas, y terminan exhaustos y desesperados.

La buena nueva del evangelio declara que no tenemos que crear nuestro valor; sólo necesitamos apreciar, asir y vivir según el valor que Dios ya nos ha dado en Jesucristo.

¿Qué nos hace personas gloriosas? Permítame sugerir varias respuestas bíblicas.

- *Fuimos hechos a imagen de Dios* (Génesis 1:27; Santiago 3:9). A diferencia de los pájaros o los caballos o hasta los ángeles, ¡la Biblia dice que fuimos creados según la propia imagen de Dios!
- *Tenemos la capacidad de crear vida* (Génesis 1:28). Pienso que este es uno de los más asombrosos regalos de Dios. ¡Usted y yo podemos producir una vida! Tal poder da dignidad a su sexualidad.

- *Tenemos la capacidad de regir a otras criaturas* (Génesis 1:28). Dios nos hizo gerentes de su mundo, no emperadores del nuestro. Sin embargo, todavía nos pone a cargo.
- *Tenemos la capacidad de orar y obtener respuestas a la oración* (Filipenses 4:6). En el misterio de Dios, usted puede mover la mano que hizo al mundo.
- *Tenemos la capacidad de amar* (1 Juan 3:11). ¡Asombroso!
- *Tenemos la capacidad de hacer y cumplir promesas* (Salmo 15:4).
- *Tenemos la capacidad de tomar decisiones* (Josué 24:15).
- *Tenemos la capacidad de mantener amistad con Dios* (2 Corintios 13:14).

La Biblia dice que fuimos hechos un poco menor que los ángeles (Salmo 8:5). Dice que Jesucristo nos ha hecho reyes y reinas y sacerdotes (Apocalipsis 1:6). Tenemos la habilidad de pasar tiempo en adoración al Dios Todopoderoso. Usted puede sentarse debajo de un árbol y mirar al cielo y hablar con Dios y decirle: "Señor, te amo". La adoración no requiere una iglesia con un altar y un crucifijo encima, con la virgen María a la derecha y San Pedro a la izquierda. Adoramos en cualquier lugar donde simplemente entremos a la misma presencia de Dios y disfrutamos en su santidad y amor. Esto no es ilusión, sino una revelación bíblica.

La Biblia dice que fuimos creados para ser habitados por el Dios Todopoderoso (1 Corintios 6:19). ¡Qué glorioso concepto! Algunos corren por ahí en estos días, proclamando: "Yo soy Dios". No, no lo son. Pero creo saber lo que tratan de decir. Ellos quieren decir: "Quiero a Dios, fui hecho por Él, necesito conocer a Dios". Y eso es exactamente lo que sucede cuando el Espíritu de Dios, a través de Jesucristo, convierte su cuerpo en un templo para Dios.

La cruz de Jesucristo revela la grandeza, el significado y la significación que Dios proyecta para su vida. Usted es tan valioso para Dios que gustosamente murió por usted en su lugar. Usted es así de valioso. ¡A Dios le gustaría disfrutar de su compañía por toda la eternidad!

"Padre", oró Jesús, "quiero que los que me has dado estén conmigo donde yo estoy. Que vean mi gloria, la gloria que me has dado porque me amaste desde antes de la creación del mundo" (Juan 17:24). ¡Él nos quiere en el cielo! Y nos quiere tanto, que dijo, en efecto: "Aquí está mi cuerpo. Voy a hacer tu voluntad, oh Dios. A través de mi muerte, permite que estas personas vengan al cielo".

Fuimos creados para la gloria. Fuimos creados para la grandeza, el éxito y la magnificencia. Saber que fuimos creados por Dios nos da un sentido de dignidad y propósito. Fuimos creados para ser respetados. Y amados. Y honrados. Y aplaudidos. Nos la comimos, porque para eso fuimos hechos.

Muchos hombres y mujeres pueden carecer de credenciales educativas y refinamiento social así como recursos económicos, pero a través del conocimiento de su valor en Jesucristo, se mueven por la vida con dignidad, postura y autoaceptación. He visto miles de personas a través del mundo sin educación, sin dinero. Viven por una dieta para sobrevivir. Sin embargo, me asombran por su sentido obvio de dignidad, confianza y autoridad.

Si los cristianos sólo entendiéramos y abrazáramos cinco o seis imágenes básicas que Dios utiliza repetidamente para describirlos, nunca más tendrían que sufrir un problema de autoestima. La Escritura declara que cada creyente:

- Es hijo de Dios (Juan 1:12-13)
- Es heredero de Dios y coheredero con Jesucristo (Romanos 8:17)
- Es templo del Espíritu Santo (1 Corintios 6:19)
- Es adoptado en la familia de Dios (Efesios 1:5)
- Es parte del Cuerpo de Cristo, conectado con Jesús, la cabeza (1 Corintios 12:12-27)
- Está sentado en lugares celestiales con Jesucristo (Efesios 2:6)

No necesitamos buscar desesperadamente valor personal, obrando n urgencia para lograrlo de alguna manera. Dios nos llama a recoer y vivir según el valor que Él ya ha hecho abundantemente disible para nosotros.

"Tiranía de lo urgente" en oposición a "Triunfo de lo importante"

¿Qué rige su horario, lo urgente o lo importante? Con frecuencia, los dos no son lo mismo. Lo urgente clama por su atención, demanda su tiempo, insiste en su presencia, reclama en alto su energía. Sin embargo, puede no ocupar un lugar vital en el verdadero esquema de las cosas. Por otra parte, lo importante requiere genuinamente su atención, tiempo, presencia y energía, aun cuando pueda no gritar por ninguna de ellas.

Considere un ejemplo tonto de la vida en el hogar. ¿Qué tipo de cosas urgentes podrían demandar su atención, aunque no puedan reclamar una importancia suprema? Quizás un césped cubierto de maleza... una lavadora ruidosa... una alfombra manchada... un nuevo piso. Cada una de ellas puede requerir de su tiempo. Pero, ¿es alguna de ellas vitalmente importante, comparadas con sus niños... su cónyuge... sus padres... su Dios?

Mientras las ruidosas voces que le rodean pueden bien merecer un lugar en su horario, no necesariamente pertenecen al lugar más alto de la lista, sin importar cuán alto chillen. Para encontrar verdadera satisfacción en la vida, debemos aprender no sólo a distinguir entre lo urgente y lo importante, sino a elegir lo último sobre lo primero.

¿Y cómo determinamos la identidad de las "cosas importantes"? Esas determinaciones casi siempre vienen más fácilmente para un cristiano que para muchos otros, porque estos tienen la guía de la Palabra de Dios y la presencia del Espíritu Santo dentro. En mi opinión, todo lo que un cristiano haga debería estar dirigido a cumplir la Gran Comisión (Mateo 28:18-20). Cuando su meta principal es presentar hombres y mujeres a Jesucristo, usted trae una dimensión eterna a su vida. Se involucra en actividades que soportarán la prueba de la eternidad. Las cosas materiales pueden ser divertidas y deberían ser disfrutadas como regalos de Dios, pero pasarán.

Si usted es cristiano, todo lo que haga, sea abogado, doctor, maestro, obrero, ama de casa, secretaria, asistente administrativo, representante de ventas, todo toma significado si su principal meta es ayudar a cumplir la Gran Comisión. Entonces, todo lo que sucede tiene sentido; todo tiene propósito y significado. ¿Tiene mucho dinero? Bien.

¿No tiene suficiente dinero? No hay problema. ¿Éxito en la política? Fabuloso. ¿Es usted un abogado bien conocido? ¡Grandioso! Use su influencia para extender el reino.

Si extender el reino de Dios es su meta, todo tiene sentido, todo tiene propósito, y no tiene que desesperarse. La vida viene a ser tremendamente emocionante. Cuando recuerdo el pasado a mi edad, pienso que mi mamá y mi papá ejemplificaron este tipo de vida con propósito. La verdadera meta de mi papá era fundar iglesias y llevar gente a Jesucristo. Su negocio de construcción sirvió como medio para un fin.

Dios nos ha llamado no sólo para que vayamos al cielo cuando muramos, no sólo para disfrutar la vida, sino también para asociarnos con Él en un tremendo proyecto de reclamación mundial. Juntos, como un equipo global, alcanzamos a todas las naciones del mundo, proclamando las Buenas Nuevas de Jesucristo. Un esfuerzo masivo tal da propósito y significado a la vida. Da un nuevo significado al éxito financiero. Da un propósito a la educación. Da tremendo significado a las conexiones personales. Nuestros amigos, nuestras habilidades, nuestras finanzas, todos ellos trabajan juntos en pro del logro de un proyecto masivo: alcanzar, si es posible, a cada persona sobre la faz de la tierra, generación tras generación, hasta el regreso de Jesucristo.

El suegro de mi hijo, Robert Levy, es un gran ejemplo de un hombre que es ocupado y fenomenalmente exitoso, pero cuya vida gira alrededor de Jesucristo y la Gran Comisión. He estado con él en su casa, en su oficina, en la carretera y en nuestras campañas. Él vive el mensaje del evangelio. A decir verdad, me recuerda a mi padre; quizás esa es la razón por la que le tengo tanto afecto.

Robert no siente ninguna vergüenza de Jesucristo. No hace ningún esfuerzo para ser piadoso y fiel a Cristo; simplemente lo es sin ni siquiera darse cuenta de ello. Habla acerca de Jesucristo tan rápidamente como de gallinas (su negocio) o computadoras o la banca. No creo que él ni siquiera considere si a alguien podría disgustarle el tema; no parece pensar en esos términos. Está tan enamorado del Señor, tan entregado a Jesucristo, que ni siquiera se le ocurre sentirse prudente.

Sin embargo, Robert ha desarrollado amigos en los lugares más altos por todo el mundo. Está en la lista junto con las autoridades y los líderes en los negocios, la política y las finanzas internacionales. Personalmente, les presenta a hombres y mujeres a Jesucristo, y con frecuencia dirige estudios bíblicos. Pregunta por mi itinerario y ora por mí cada mañana. Apuesto que si tomara el teléfono ahora, él sabría dónde voy a estar el próximo jueves. Es un tremendo ejemplo para mí de alguien que ha escogido lo importante sobre lo urgente, y Dios lo ha bendecido por ello.

"Gana admiradores" en oposición a "Atrae colegas"

Conozco a muchos hombres cuya continua actividad les hace ganar hordas de admiradores. Los observadores ven sus frenéticos itinerarios y su asombrosa producción, y no pueden evitar sentirse impresionados. Sin embargo, hasta ahí llega eso. Los fanáticos pueden aplaudir, animar y quizás hasta darles a estos hombres un premio por los logros, pero estos permanecen bastante solos.

Cuando un propósito divino dirige su actividad, usted descubre rápidamente que los colegas potenciales comienzan a aparecer en su puerta. Dios envía socios y compañeros de trabajo para ayudarle a completar la asignación que le da. Si está sincronizado con el corazón de Dios, usted no ve a esos hombres y mujeres como competidores, sino como colegas.

Conocí a un hombre hace tiempo a quien llevaría conmigo a todas partes. Bob Mortimer me ha acompañado sobre el escenario para decirle al público cómo Dios puede usar a cualquiera. Usualmente capta la atención de todos enseguida. Bob no es su orador promedio. Le faltan las dos piernas y su brazo izquierdo. Sin embargo, bromea sobre las discapacidades.

Lleva una gorra de golf y desde su silla de ruedas dice a cualquiera que escuche: "¿Sabes? En realidad, no hay discapacidades en este mundo". Luego, hala su gorra de golf, se la coloca y continúa. "Las discapacidades están en tu cabeza. Ves, tengo a mano una gorra justo aquí; es una gorra, y está a la mano. Esta es la única discapacidad que conozco. Con Jesucristo, aunque pueda carecer de tres de sus miembros, usted no es realmente discapacitado."

Su esposa, una mujer atractiva y maravillosa, invitó a Bob a la iglesia. Allí fue donde él encontró a Jesucristo. Ahora tienen tres bellos hijos juntos. Bob puede carecer de tres miembros, pero aún es completamente Bob, en cuerpo y espíritu. Sólo dos tercios de su cuerpo parecen haberse ido. Él es un hombre feliz, contento, que se ríe de su discapacidad. Prueba que la plenitud puede ser nuestra a través de Jesucristo. ¡No necesitamos mucho cuerpo para saber y servir a Dios! Admiro a Bob, pero me emociona contarme como uno de sus colegas.

En realidad, me considero inmensamente bendecido por contar con colegas por todo el mundo. Hace unos años, nuestro equipo visitó Bolivia. Había escuchado sobre una mujer poderosa con una gran reputación por la santidad, y le había pedido que viniera a la cruzada de La Paz. Ella aceptó. Cuando le pedí que orara por nosotros, ella dijo: "Arrodíllense". Inmediatamente caímos de rodillas, ella impuso sus manos sobre nosotros y luego oró grandemente. Podría haber estado descalza y ser iletrada, pero eso no la detuvo para ser una poderosa mujer de Dios.

En occidente, muchos individuos tratan de crear su propia dignidad mediante vestidos, apariencia, maquillaje y renombre, pero eso no se puede comparar con la nobleza y autoridad que viene de caminar cerca de Dios. La verdadera dignidad resulta de saber que usted viene de la mano de Dios, que fue rescatado al precio más alto, y que tiene un propósito lleno de significado eterno. Por todo el mundo, encuentro hombres y mujeres admirables que exudan la dignidad más grande. Siendo esto tan gratificante, encuentro que lo es aun más el que llame a estos hombres y mujeres colegas.

Grandioso, pero caído

Usted y yo fuimos hechos para la grandeza, para la gloria, para el amor. Dios nos hizo tremenda y maravillosamente en los úteros de nuestras madres.

Sin embargo, si esto es cierto, y lo es, según al Biblia, entonces, ¿qué salió mal? ¿Por qué no nos sentimos gloriosos o encantadores? Si fuimos creados para ser increíbles, ¿por qué con frecuencia nos comportamos tan poco asombrosamente? Si fuimos hechos para la grandeza,

¿por qué con tanta frecuencia nos revolcamos en el lodo? ¿Por qué enredamos nuestras vidas cuando Dios tuvo la intención de que fueran fantásticas?

En su libro *People of the Lie* [Hijos de la mentira], M. Scout Peck muestra cuánta gente educada, decente y buena hiere a sus propios hijos por la manera en que les hablan, por su comportamiento, por las tontas decisiones que toman. Entonces, cuando sus conductas hirientes salen a la luz, tratan de encubrirlas, y piensan que sus hijos no van a saberlo.

Ellos saben.

Una y otra vez nos preguntamos: "¿Por qué hice esto? ¿Por qué caí? ¿Por qué fallé? ¿Por qué perdí mi encanto?". La respuesta es que sufrimos una enfermedad espiritual. Estamos enfermos. Tenemos una falta fatal que sólo Dios puede corregir. La raza humana es grandiosa, pero está caída. El pecado ha destrozado la bella obra de arte de Dios. Esa es la razón por la que no podemos curarnos nosotros mismos, por más que queramos. Tenemos algo malo en nuestros corazones que requiere un transplante de carácter.

Me pregunto cómo se siente Dios cuando rechazamos estúpidamente todas las asombrosas posibilidades que nos ofrece. Él nos ofrece vida, propósito, significado, importancia, y nosotros decimos: "Fuera de mi camino, Dios. Prefiero revolcarme en el lodo, perder mi autocontrol y hacerme el idiota".

Nadie quiere verse como el perdedor que merece todo el mal que recibe, que se siente miserable y merece ser miserable. "Sí", podemos decir, "me fui a la cama con mi vecino porque mi esposo me golpeaba. Pero, en realidad, no tenía esa intención. No soy una mala persona. Lo hice en un momento de debilidad. Pero no soy una mala persona".

Es verdad que todos hemos pecado y caído de la gloria de Dios (Romanos 3:23), pero eso no significa que estemos tan estropeados como pudiéramos estarlo. La mayoría de las personas que conozco no es malvada, perversa ni categóricamente desgraciada. Pero todos somos débiles; todos somos pecaminosos. Y para disfrutar de la grandeza, la gloria, el amor y el propósito que Dios quiere para nosotros, todos necesitamos a Jesucristo para que haga por nosotros lo que nosotros no podemos hacer solos.

Somos grandiosos, pero caídos. Y Jesucristo nos ofrece la única solución para nuestro terrible problema.

El señor secretario encuentra significado

Creo que muchos en esta generación están buscando propósito. Están diciendo: "Siento que fui hecho para la grandeza y estoy tratando de encontrar mi camino a Dios". Me gusta decirles: "¿Puedo mostrarle la respuesta que yo he encontrado? Pruébela por usted mismo; dele la oportunidad".

¿Por qué no hacer las cosas a la manera de Dios y descubrir que Él tiene razón? He encontrado millones alrededor del mundo en cada cultura a quienes su manera da resultados. Así que, ¿por qué no le da una oportunidad a Dios? Él nos alienta a descubrir por nosotros mismos la verdad de su Palabra. "Pruébenme en esto", dice, "y vean si no abro las compuertas del cielo y derramo sobre ustedes bendición hasta que sobreabunde" (Malaquías 3:10).

James A. Baker III, antiguo secretario de estado de los Estados Unidos, hizo eso exactamente hace casi una década. En los menguantes días de la primera presidencia Bush, les contó a cuatro mil altos oficiales de todo el mundo acerca de su descubrimiento. "Tengo que hablarles acerca de mi peregrinaje espiritual", declaró a la célebre multitud, la cual incluía al presidente George W. Bush, Colin Powell y más de cuarenta jefes de estado.

Él describió cómo su primera esposa murió de cáncer y lo dejó con cuatro hijos. Su muerte le impulsó a comenzar a plantearse preguntas difíciles: ¿Adónde fue mi esposa? ¿La veré otra vez? ¿Nos reconoceremos? ¿Cómo será nuestra relación? ¿Estaremos juntos? ¿Qué va a suceder?

Durante mucho tiempo, los Baker habían asistido a la iglesia, tomado la comunión y hecho todas las cosas que hacen los fieles. Pero Baker nunca pensó seriamente en los asuntos eternos hasta que su esposa murió.

Finalmente, conoció a Susan, la mujer que se convertiría en su segunda esposa. Su antiguo esposo había sido un alcohólico y su matrimonio terminó mal. Después de casarse con Baker, ella comenzó a asistir al grupo de estudio bíblico. Al escudriñar la Palabra de Dios, ella encontró tanto a Jesucristo como las respuestas a muchas de sus preguntas. Trató de presentarle a Cristo a su nuevo esposo, pero él simplemente no podía "entenderlo". Le seguía diciendo a su esposa: "Pero soy indigno. No puedo merecer el amor de Dios". Y Susan seguía repitiendo: "Jim, nadie puede merecer el amor de Dios. ¡Es un regalo!".

Mientras volaba por todo el mundo, yendo de crisis en crisis y de reunión en reunión como secretario de estado, Baker seguía considerando estas grandes preguntas: ¿Y qué acerca de la vida eterna? ¿Adónde iré si este avión se cae?

Finalmente, se reunió con algunos senadores de los Estados Unidos que realmente conocían y amaban a Jesucristo. "Muchachos", dijo, "no puedo seguir. ¿Cómo consiguieron la paz con Dios? ¿Qué han hecho?".

Estos creyentes le explicaron que para conocer a Dios, debemos dar un paso de fe, abrir nuestros corazones a Jesucristo, dejarlo entrar a nuestras vidas, que perdone nuestros pecados y que nos dé vida eterna. "Sí, irás al cielo", dijeron. "Y sí, reconocerás a tu primera esposa". Ellos respondieron sus preguntas de más presión. En ese momento, cayó de rodillas en uno de los cuartos laterales del Senado y rindió su vida a Jesucristo.

Más tarde, en una sala llena de dignatarios de todo el mundo, James Baker declaró: "Quiero decirles a todos ustedes aquí que mi vida tiene significado desde que me convertí en seguidor de Jesucristo".

¿Cómo halló significado para su vida este poderoso hombre? No fue volando en jets alrededor del mundo ni hablando con jefes de estado. Tampoco lo fue resolviendo conflictos mundiales ni representando a los Estados Unidos de América en los más altos niveles de la diplomacia internacional. En otras palabras, no desgastándose en actividad frenética, sin importar cuan significativa fuera políticamente.

James A. Baker III encontró propósito en su vida y significado en sus actividades a través de su relación personal con Jesucristo. Aceptó el ofrecimiento de Dios de "Pruébame", y descubrió la verdad de la más grande proclama publicitaria de la historia.

Y usted puede encontrar lo mismo.

Cómo hallar significado según la Biblia

1. *Recuerde que fue creado con un valor asombroso.*
"¿Qué es el hombre para que en él pienses? ¿Qué es el ser humano para que lo tomes en cuenta? Pues lo hiciste poco menor que un dios, y lo coronaste de gloria y de honra" (Salmo 8:4-5).
2. *Percátese de que Dios elige habitar no en templos de piedra, sino dentro de sus mismos hijos.*
"¿Acaso no saben que su cuerpo es templo del Espíritu Santo, quien está en ustedes y al que han recibido de parte de Dios?" (1 Corintios 6:19).
3. *Recuerde que Dios elige especialmente a cada uno de sus hijos.*
"Hermanos amados de Dios, sabemos que él los ha escogido, porque nuestro evangelio les llegó no sólo con palabras, sino también con poder, es decir, con el Espíritu Santo y con profunda convicción" (1 Tesalonicenses 1:4-5).
4. *Considere cada alma redimida como un presente del Padre al Hijo.*
[Jesús dijo:] "Y ésta es la voluntad del que me envió: que yo no pierda nada de lo que él me ha dado, sino que lo resucite en el día final" (Juan 6:39).
5. *Nunca olvide que a todos los creyentes se les ha dado una maravillosa identidad.*
"Pero ustedes son linaje escogido, real sacerdocio, nación santa, pueblo que pertenece a Dios, para que proclamen las obras maravillosas de aquel que los llamó de las tinieblas a su luz admirable" (1 Pedro 2:9).
6. *Asegúrese de involucrarse en un trabajo significativo y duradero.*
"Trabajen, pero no por la comida que es perecedera, sino por la que permanece para vida eterna, la cual les dará el Hijo del hombre. Sobre éste ha puesto Dios el Padre su sello de aprobación. ¿Qué tenemos que hacer para realizar las obras que Dios exige?, le preguntaron. Ésta es la obra de Dios: que crean en aquel a quien él envió, les respondió Jesús" (Juan 6:27-29).

7. *Reconozca que Dios le invita a asociarse con Él para hacer grandes cosas alrededor del mundo.*
   "Dios estaba reconciliando al mundo consigo mismo, no tomándole en cuenta sus pecados y encargándonos a nosotros el mensaje de la reconciliación. Así que somos embajadores de Cristo, como si Dios los exhortara a ustedes por medio de nosotros" (2 Corintios 5:19-20).
8. *Elija recompensas eternas en vez de devoluciones a corto plazo que se desvanecen rápidamente.*
   "¿No saben que en una carrera todos los corredores compiten, pero sólo uno obtiene el premio? Corran, pues, de tal modo que lo obtengan. Todos los deportistas se entrenan con mucha disciplina. Ellos lo hacen para obtener un premio que se echa a perder; nosotros, en cambio, por uno que dura para siempre" (1 Corintios 9:24-25).
9. *Maximice su eficacia evaluando continuamente su horario.*
   "Así que tengan cuidado de su manera de vivir. No vivan como necios, sino como sabios, aprovechando al máximo cada momento oportuno, porque los días son malos" (Efesios 5:15-16).
10. *No permita que los errores de su pasado paralicen su futuro.*
    "Hermanos, no pienso que yo mismo lo haya logrado ya. Más bien, una cosa hago: olvidando lo que queda atrás y esforzándome por alcanzar lo que está delante, sigo avanzando hacia la meta para ganar el premio que Dios ofrece mediante su llamamiento celestial en Cristo Jesús" (Filipenses 3:13-14).

10

Un ancla para el alma

¿Pensamiento positivo o esperanza?

> Los que confían en el Señor
> renovarán sus fuerzas;
> volarán como las águilas:
> correrán y no se fatigarán,
> caminarán y no cansarán.
>
> El profeta, en Isaías 40:31

Norman Cousins, el fallecido autor de *Head First: The Biology of Hope and the Healing Power of the Human Spirit* [De cabeza: La biología de la esperanza y el poder curativo del espíritu humano], solía decir que los seres humanos pueden vivir durante algunas semanas sin comida, algunos días sin agua, algunos minutos sin aire, pero ni un segundo sin esperanza. Creo que tenía razón.

Cuando la esperanza nos esquiva, pronto perdemos nuestro camino y renunciamos, nos hundimos o nos retiramos. Un hombre que conocí hace unos años, un exitoso negociante de Hong Kong llamado Wilson, conoce bien no sólo la miseria de vivir sin esperanza, sino el regocijo de encontrarla.

Wilson nació en Vietnam de padres chinos, el mayor de nueve hijos. Cuando comenzó la guerra, su padre lo envió a Hong Kong con instrucciones de obtener una buena educación universitaria. "No te quiero peleando en la guerra", le dijo. "Cásate con una buena muchacha china y cuida de la familia. Si nos matan, cuida de tus hermanos y hermanas."

Wilson se mudó a Hong Kong, y se graduó en ingeniería. Luego, se convirtió en arquitecto. Después de hacer algo de dinero, se casó con una mujer china, una budista no practicante como él. En unos años, tuvo dos hijas y un romance colateral.

Un día, descubrió que un socio de negocios le había estafado con diez millones de dólares americanos. Furioso y airado, Wilson determinó matar al hombre. *El asunto es cómo, eso es todo,* pensó. *Si me va a robar una fortuna, entonces yo voy a acabar con él. Está acabado.*

Mientras Wilson trataba de resolver la mejor manera de eliminar a su socio, su esposa descubrió lo de su compañera sexual. Las cosas repentinamente se pusieron mucho más difíciles. ¿Qué hacer ahora? Wilson deseaba a su amante, no a su esposa. "Si mato a ese tipo", razonaba, "quizás me atrapen e iré a la cárcel. ¿Qué sucederá entonces con mis hijas? Tampoco puedo matar a mi esposa para estar con mi amante. ¿Matar a mi amante? No puedo".

Desesperado y sin esperanza, Wilson concluyó finalmente: "Me mataré. Eso terminará con todo. Las niñas tendrán mucho dinero, y todo habrá terminado".

Mientras consideraba como darse un tiro, un bus de la ciudad rodaba ruidosamente. Wilson leyó distraídamente el anuncio colocado a un lado del vehículo: "La esperanza del hombre". Le prestó atención de golpe, leyó el anuncio de nuevo, y pensó: ¡Hombre, yo sí necesito esperanza! Momentos más tarde, pasó otro bus adornado con el mismo anuncio que promocionaba nuestra primera cruzada en Hong Kong: "La esperanza del hombre".

Eso fue todo lo que hizo falta. Wilson decidió asistir.

Una húmeda noche sabatina, Wilson caminó hasta el estadio solo, se sentó solo, y escuchó por primera vez el evangelio. Al final de la noche, le pidió a Jesucristo que entrara en su corazón, pero decidió no hablar con un consejero. Mientras salía del estadio, alguien le dio lo que nosotros llamamos "el libro verde", un delgado volumen que contiene algunos materiales de seguimiento. Unos momentos de lectura le hicieron pensar: ¡Qué clase de decisión he tomado! ¡Estoy realmente perdonado! Quizás voy a cambiar.

Pero todavía no conocía nada acerca de la vida cristiana.

El lunes siguiente, Wilson y otro ingeniero estaban negociando un trato. Cuando terminaron, su colega se volteó hacia él y le dijo:

—¿Sabes Wilson?, me gustaría tomar café contigo para hablar acerca de otro asunto.

—Bien —respondió Wilson.

En su reunión para el café, el hombre dijo:

—He hecho negocios contigo antes, pero esta vez quiero hablarte acerca de alguien llamado Jesús.

Wilson miraba fijamente a su amigo, perplejo.

—Eres la primera persona que me habla de Jesús —exclamó—. El sábado pasado en la noche fui al estadio y decidí seguir a Jesús. Ahora tú quieres hablarme acerca de Él. Realmente no sé nada sobre Él; yo sólo decidí seguirle. Dime cómo es él.

Durante la siguiente hora, este cristiano aguerrido le explicó el evangelio detalladamente. El siguiente domingo llevó a Wilson a una buena iglesia en Hong Kong. Sin embargo, Wilson no le contó ni a su esposa ni a su amante nada de esto; no quería que ninguna de ellas supiera. Disfrutó el servicio y regresó la siguiente semana, haciéndolo pronto un hábito. Pero cuando un domingo el pastor predicó un sermón acerca del adulterio, Wilson palideció. *Una cosa es seguir a Jesús e ir al cielo,* pensó, *pero otra muy distinta es dejar a mi amante.* Así que después de unas pocas semanas de asistir a la iglesia, Wilson dejó de ir.

Entonces fue su esposa la que lo golpeó con una gran sorpresa.

—¿Por qué ya no vas a la iglesia los domingos? —le preguntó.

—¿Cómo... cómo lo sabes? —tartamudeó Wilson.

—Oh, yo lo sé —respondió ella—. Es más, me gustaría ir contigo.

Después de una larga pausa, y varias dudas, Wilson estuvo de acuerdo con su petición. Todavía, dudaba de cuán sabia era su decisión. ¿Por qué querría ir a la iglesia con su esposa, la mujer de la que quería liberarse? Sin embargo, cumplió su palabra.

Descubrió que el pastor había comenzado a predicar una serie sobre los Diez Mandamientos, y, en tres semanas, el foco caería sobre el séptimo: "No cometerás adulterio".

Wilson comenzó a sudar.

Sin saber qué hacer, pidió una entrevista con el pastor. En una avalancha de palabras, derramó su atormentado corazón. "Decidí seguir a Jesús", confesó, "y soy serio con respecto a esto, pero tengo esta amante. ¿Qué hago?"

El pastor vio el corazón genuino de Wilson y le respondió directamente. "Si realmente quieres seguir a Jesús", dijo, "esto es lo que debes hacer: deja a tu amante. Mira, tienes mucho dinero, así que dale algo. Dale un gran cheque y dile: 'Lo siento, cariño, esto se acabó'".

Wilson detestó el consejo del pastor. Él amaba a su novia, ¡no a su esposa!

Las semanas pasaron, luego los meses. Wilson luchó con lo que debía hacer y con lo que quería hacer. Algunas conversiones son así; toma años limpiar el desorden creado por una vida separada de Jesucristo.

Después de una larga batalla, Wilson finalmente se decidió. Le entregó a su amante un enorme cheque y le dijo: "Se acabó. Adiós". Y eso fue todo.

Unos días después, su esposa escuchó al pastor predicar sobre el bautismo. "Quiero que me bauticen", declaró ella.

"Bien", respondió Wilson, "yo quiero que me bauticen también". Pero él todavía no sentía amor por la madre de sus hijos.

Lo que sucedió después, me lo contó él entre lágrimas.

"Yo estaba sentado en la primera fila de la iglesia mientras las mujeres eran bautizadas", recordó. "Mi esposa bajó, el pastor la sumergió, y luego ella salió del agua... yo la miré y dije en voz alta: '¿Sabes?, en realidad es mucho más bonita de lo que yo recordaba'. Y me enamoré de ella otra vez".

Ahora, muchas cosas comenzaron a arreglarse para Wilson y su familia en proceso de sanidad. Él llamó a su papá en Vietnam y lo llevó al Señor, allí mismo, por teléfono. Pronto, después de eso, visitó su país nativo y guió a su madre a Jesucristo (ella y el padre de Wilson se habían separado). Todos excepto dos de sus hermanos y hermanas finalmente pusieron su fe en Jesucristo. ¿Qué faltaba sino dar una fiesta familiar?

"Mi papá y mi mamá se unieron de nuevo", me dijo, otra vez entre lágrimas, "y estaban allí, agarrados de la mano, ¡frente a todos nosotros!".

Entienda que muchas parejas tradicionales chinas simplemente no muestran su afecto físico en público. Nunca. Pero aquí estaban sentados su papá y su mamá, tomados de la mano frente a toda la familia. La esperanza había invadido sus corazones también.

Escuché esta historia por primera vez en 1997. Nos reunimos porque él sirvió como tesorero en nuestra segunda campaña en Hong Kong, apenas una década después que él encontrara esperanza a través de un anuncio en un bus que pasaba. ¡Qué cambio! De homicida suicida adúltero, a un rey que vive con autoridad espiritual, gloria, honor y dignidad.

Ese es el tipo de esperanza robusta que Jesucristo puede dar a cualquiera. Incluido usted.

¿Con poca esperanza?

Todos necesitamos esperanza, aun más de lo que necesitamos comida, agua o aire. Una existencia sin esperanza simplemente no parece valer la pena. Todos sabemos esto instintivamente, así que pasamos nuestros días corriendo en busca de ella.

Algunas veces, nos conformamos con algo poco menos que esperanza. En un deseo legítimo de sentirnos bien con el lugar adonde nos dirigimos, confundimos el pensamiento positivo con la esperanza genuina.

El pensamiento positivo es bueno, pero no lo suficiente. Aunque saca el pensamiento negativo, nadie puede confiarle el futuro. Usted puede repetir máximas radiantes, buscar el lado bueno, revestimientos especiales y elevarse todo lo que quiera, pero si a eso suma sus planes de batalla, usted estará contemplando el olvido en el momento en que las nubes negras aparezcan y se rehúsen a irse. Y el pensamiento positivo no puede hacer mucho por usted cuando sea tiempo de enfrentar la negra nube final, la muerte. La muerte siniestra no sonríe, no importa cuántas veces repita la frase: "Soy suficientemente bueno. Soy suficientemente inteligente. ¡Y le gusto a la gente!".

El problema con el pensamiento positivo es que pensar positivamente ejerce muy poco poder sobre las más grandes fuerzas que enfrentamos. Aunque el pensamiento positivo puede colocarnos en el marco mental apropiado para abordar nuestros problemas, no puede finalmente hacer mucho por los problemas mismos. Si estoy sentado en la cabina de un camión desbocado precipitándose al abismo de una montaña, pensar positivamente puede permitirme evitar el pánico y divisar un escape de último momento, pero si tomo la curva y encuentro el camino derrumbado, el pensamiento positivo no me impedirá clavarme de cabeza en el fondo de la montaña.

Es bueno pensar positivamente, pero tal pensamiento puede llevarnos sólo hasta cierto punto. Para ir el resto del camino, necesitamos esperanza, esperanza sólida, bíblica. Así que, ¿cómo difiere la esperanza del pensamiento positivo? ¿Cómo es mejor? Consideremos cinco maneras en que la esperanza deslumbra al pensamiento positivo, y veamos cómo ir más allá del pensamiento positivo para alcanzar esperanza genuina, tanto ahora como para la eternidad.

Pensamiento positivo
- Mejora la visión
- Bueno para girar
- Aminora la aprehensión
- Busca el cambio inminente

- Cruza los dedos

Esperanza
- Garantiza el resultado
- Bueno para reagrupar
- Forja el coraje
- Cuenta con el cambio permanente
- Inclina su cabeza

"Mejora la visión" en oposición a "Garantiza el resultado"

El pensamiento positivo puede hacer maravillas para la visión de un individuo. Cuando Thomas Edison probó y falló mil veces tratando de encontrar un filamento conveniente para su nuevo bombillo eléctrico, un reportero pensó que él se debía haber sentido terriblemente desanimado por su fracaso. "¿Fracaso?", preguntó Edison. "No hemos fracasado. Al menos ahora sabemos mil cosas que no darán resultado." Y más tarde, cuando el gran inventor pasó cinco años y gastó su fortuna completa de cuatro millones de dólares en un inútil intento por desarrollar un proceso magnético de separación de depósitos ferrosos de baja gradación, él declaró: "Bueno, se acabó toda, ¡pero nos divertimos gastándola!". Henry Ford resumió el poder del pensamiento positivo cuando dijo: "Si usted piensa que puede o que no puede, tiene razón".

Pero aunque prefiero por mucho pasar tiempo con una persona que piense positivamente que con una que se queje todo el tiempo, soy bendecido más que todo por aquellos que irradian una esperanza viva. El pensamiento positivo puede tener el poder de cambiar la visión de uno, pero la esperanza genuina tiene el poder de garantizar mi destino.

La Biblia no ilustra la esperanza cual simple pensamiento deseoso, con frases como: "Hombre, en realidad desearía que esto sucediera, pero ¿quién sabe si se podrá alguna vez?". Más que eso, ve la esperanza como una expectativa de bendiciones futuras que permanecen invisibles.[43] El pensamiento positivo se pone lentes rosados y dice: "Espero que no llueva esta tarde", cuando sabe que los anuncios pronosticados de tormentas y lloviznas ya han comenzado a caer. La esperanza mira expectante a la creciente oscuridad y dice: "Confío en que estaremos bien", aun cuando las siembras se hayan inundado y la bancarrota espera a la vuelta de la esquina.

La verdadera diferencia entre ambos baja hasta la fuente. El pensamiento positivo fluye de la voluntad humana, de la elección de creer que todo resultará bien al final (sea que suceda en realidad o no). La esperanza bíblica se fundamenta en el carácter inmutable de Dios, que quiere decir lo que dice, y que ciertamente cumplirá todas sus promesas (sea que lo parezca o no). En otras palabras, el pensamiento positivo depende de nosotros, mientras que la esperanza depende de Dios.

Esa es la razón por la que el apóstol Pablo podía recordar el peregrinaje personal de sus amigos efesios y recordarles que, antes de que llegaran a Jesucristo, ellos habían estado "sin esperanza y sin Dios en el mundo" (Efesios 2:12). Los amigos de Pablo podrían haber sido capaces de pensar positivamente aun sin Dios, pero nunca pudieron disfrutar de verdadera esperanza. La fórmula bíblica es simple: No Dios, no esperanza.

Los cristianos serán sostenidos, aun en tiempos difíciles, por la esperanza más enérgica sobre el planeta. Dado que los propósitos de Dios se centran en Jesucristo, aquellos que están "en Cristo" pueden permanecer confiados de que cualquier cosa que les suceda ocurre sólo bajo los vigilantes y cuidadosos ojos del Todopoderoso. Puesto que Dios ha prometido cuidarlos y llevarlos con seguridad a su celestial hogar, y que ya ha demostrado su fidelidad levantando a Jesucristo de los muertos, los cristianos pueden vivir en la esperanza cierta de que todos estarán realmente bien. Y eso es cierto aun cuando algunos nos enfermemos con cáncer, muramos en desastres de trenes o perezcamos en incendios.

Aun ahora la historia se apresura a su punto final. El clímax de la historia se centra en el Hijo de Dios, Jesucristo, no sólo en su muerte sobre la cruz por nuestros pecados; no sólo en su papel actual como nuestro Señor viviente, sino especialmente en su regreso en carne a la tierra. Por buenas razones, Dios llama a la Segunda Venida de Jesucristo el evento más frecuentemente profetizado en toda la Biblia, "la bendita esperanza" (Tito 2:13).

A pesar de lo que pueda escuchar, los creyentes no esperan por el Armagedón, aunque este sucederá. No estamos esperando la Gran Tribulación, aunque vendrá. No estamos buscando al anticristo, aunque "la bestia" hará su aparición. Estamos expectantes por el regreso del Hijo de Dios desde el cielo. Sí, habrá guerras y rumores de guerras, hambruna, terremotos, contaminación, conferencias de paz predestinadas, todo eso es verdad. Pero no nos concentramos en nada de ello. Esperamos por "la bendita esperanza", cuando Jesús regrese a regir al mundo en paz y justicia.

¡Esto es una Esperanza con "E" mayúscula! El capítulo 4 de 1 Tesalonicenses describe cómo el Hijo de Dios llegará con el sonar de la trompeta de Dios, el arcángel gritará, y los espíritus resucitados de aquellos que han muerto en Jesús regresarán con Él, y sus cuerpos, almas y espíritus se reunirán. Los creyentes vivos para ese momento serán transformados "en un abrir y cerrar de ojos" (1 Corintios 15:52), convertidos instantáneamente en hombres y mujeres aptos para el cielo. La Biblia dice que todos nos reuniremos con el Señor en el aire: "Y así estaremos con el Señor para siempre" (v. 17).

¿Por qué Dios nos da esta inusual información? ¿Para qué hacer una promesa tan de otro mundo? La Biblia nos dice estas cosas para que cuando nuestros seres queridos mueran, "no se entristezcan como esos otros que no tienen esperanza". Con un futuro tan maravilloso, podemos vivir con esperanza, venga el cáncer o la catástrofe. Así que la Biblia afirma: "anímense unos a otros con estas palabras" (v. 18).

Mi padre murió de neumonía bronquial cuando tenía treinta y cuatro años de edad. Mi madre murió de cáncer a la edad de ochenta y tres. Mi abuela murió cuando tenía sesenta y tres. Uno de mis amigos más cercanos murió en un accidente de motocicleta cuando tenía diecinueve. Todos ellos murieron y conocieron a Jesucristo, así cuando Jesús regrese en las nubes, todos ellos vendrán con él.

Y cuando llegue mi turno, los enterradores sepultarán mi cadáver en Oregon si muero allí, pero yo no estaré allí. Mi cuerpo esperará por la Segunda Venida de Jesucristo cuando todos seremos levantados de la muerte, y Jesús regrese con los incontables millones que han muerto creyendo en él, multitudes inimaginables. Entre ellos, vendrán todos los bebés que nacieron como recién nacidos, así como los pequeños que murieron en mesas de aborto. Aun ahora todos ellos se están gozando en el cielo, esperando la orden de regresar a la tierra con Jesús. Esa es mi firme esperanza, basada no en la fuerza de voluntad humana, sino en la promesa y el carácter de Dios.

¿Recuerda usted cuando la nave espacial *Challenger* explotó el 28 de enero de 1986, apenas setenta y tres segundos después del despegue? Nunca olvidaré los rostros perplejos de aquellos en tierra en Cabo Cañaveral, incluyendo los padres de la maestra astronauta Christa McAuliffe. Al día siguiente, el diario *USA Today* imprimió una fotografía de una Nancy Reagan horrorizada mientras veía el desastre en desarrollo. "¡Oh, Dios mío, no!", gritaba el titular, repitiendo las propias palabras de la primera dama.

En medio de aquella tragedia, los familiares de un astronauta predestinado recibieron un consuelo especial. El especialista de la misión Ron McNair creía en el Señor Jesucristo, y justo antes de que abordara la nave le dijo a su familia: "Jesús y yo subiremos juntos". Él no tenía idea que pronto estaría más allá del espacio exterior. Mientras una nación impactada observaba, Ron seguía subiendo al cielo.

En un panegírico para los astronautas fallecidos, el presidente Ronald Reagan dijo: "Sabemos en nuestros corazones que ahora ustedes hacen su casa más allá de las estrellas, a salvo, en la promesa del Dios de la vida eterna". Para Ron McNair, al menos, el antiguo presidente tuvo razón en absoluto. En este mismo momento, Ron vive más allá de las estrellas, en un lugar que llamamos cielo. Y un día estaremos con él otra vez.

Espero con ansias el momento cuando, como dice el libro de Apocalipsis, nosotros, los siervos de Jesucristo, "lo verán cara a cara" (22:4). ¡Qué cara tan bella debe ser! Me siento ansioso por verlo tal cual es, experimentar lo que Isaías el profeta quiso decir cuando dijo que "tus ojos verán al rey en su esplendor" (Isaías 33:17). Qué emoción ver a Jesús cuando regrese, para caer a sus pies en adoración. Entonces, seremos capaces de decir: "Así que así es cómo luces Jesús". ¡Qué día tan emocionante!

Mientras tanto, el Señor quiere mantenernos en suspenso. Quiere que le amemos con sobreabundante felicidad potenciada por una esperanza inacabable. Como dijo Pedro, aunque no le veamos, creemos en Él, y "se alegran con un gozo indescriptible y glorioso" (1 Pedro 1:8).

El pensamiento positivo puede ser grandioso para mejorar la visión de uno, pero para garantizar lo que ha de venir, usted necesita esperanza bíblica sólida. Y en un sentido muy real, para aquellos que eligen esa esperanza, el cielo comienza ahora mismo. En su maravilloso libro, *The Great Divorce* [El gran divorcio], C. S. Lewis sugiere que el momento en que dejamos este mundo, descubriremos que nuestra experiencia en el cielo o el infierno realmente comenzó mientras vivíamos en la tierra. Lo que viene de ahora en adelante ascenderá sólo a una afirmación, una continuación, y una intensificación de lo que elegimos aquí. ¡Así que elija bien!

"Bueno para girar" en oposición a "Bueno para reagrupar"

Todos están hablando acerca de "girar" en la actualidad, con respecto a cómo dar una interpretación o un "giro" a las cosas y tergiversarlas para luego poner la mejor cara posible en vez de (lo que son con frecuencia) algunas muecas bastante feas. Por lo general, los pensadores positivos se vuelven excelentes doctores en "girar" los hechos. Donde usted ve una casa dilapidada, éstos tienen la visión de una increíble oportunidad de inversión. Donde usted observa una mancha, ellos detectan la oportunidad de probar un nuevo quita manchas. Donde usted huele un zorrillo, ellos huelen un fabuloso ejemplo de adaptación natural.

Ahora, estoy totalmente a favor de poner la mejor cara posible. ¿Por qué develar la momia cuando usted puede conocer al Príncipe Azul? El "girar" o tergiversar puede ayudarnos a ver lo bueno en algo, y decir: No le veo nada malo a eso.

La principal debilidad del hecho de "girar" es que funciona bien sólo hasta cierto punto. Las caras felices y las máscaras sonrientes simplemente no pueden esconder la devastación grabada profundamente en los rasgos de algunos viajeros cansados. Ellos no necesitan "girar", necesitan reagruparse, y es allí donde la esperanza hace un trabajo fantástico.

La firme esperanza bíblica no sólo nos prepara para la eternidad, sino que también nos ayuda a actuar en el aquí y el ahora. Cuando la esperanza viva que se derrama del corazón de Dios energiza su alma, ningún problema o dificultad puede "agotar" sus recursos internos. Aunque "girar" resulta bien para cubrir defectos embarazosos, no es demasiado bueno para brindar socorro médico de emergencia. Si "girar" es un artista del maquillaje, entonces la esperanza es un cirujano reconstructivo. "Girar" da una nueva mano de pintura, mientras que la esperanza remodela la casa. La esperanza mira de frente a la cara de la adversidad y sigue avanzando, mientras que el "giro" o pone pies en polvorosa y corre o simplemente se rehúsa a reconocer la dificultad.

La esperanza no promete una vida libre de dificultades; simplemente brinda una manera segura a través de la dificultad. "No queremos que desconozcan las aflicciones que sufrimos en la provincia de Asia", escribió el apóstol Pablo a algunos amigos. "Estábamos tan agobiados bajo tanta presión, que hasta perdimos la esperanza de salir con vida" (2 Corintios 1:8). Pablo libremente admitió que sus dificultades no sólo excedían sus habilidades para hacerles frente, sino que las abrumadoras presiones casi lo asfixiaban. Sin embargo, perseveró. ¿Cómo? Pablo responde:

> Nos sentíamos como sentenciados a muerte. Pero eso sucedió para que no confiáramos en nosotros mismos, sino en Dios, que resucita a los muertos. Él nos libró y nos librará de tal peligro de muerte. En él tenemos puesta nuestra esperanza, y él seguirá librándonos.
>
> 2 Corintios 1:9-10

Ninguna fuerza en el universo se acerca a compararse con la habilidad de la esperanza piadosa para ayudarnos a reagruparnos de cara a los desafíos severos. Hace algunos años, mi esposa, Pat, me probó el asombroso poder de la esperanza cuando enfrentó un atemorizante desafío médico.

Había estado en Escocia durante cinco semanas. Los últimos días de nuestras reuniones, Pat voló y se reunió conmigo. Habíamos planificado tomar tiempo libre para relajarnos y disfrutar de la compañía mutua.

Con casi tres días que faltaban de la campaña, ella reunió fuerzas y dijo: "Ahora, detesto decirte esto, pero toca aquí; creo que tengo un bulto". Con seguridad, sentí un bulto casi del diámetro de mi dedo meñique. La sangre se me fue a la cara.

"Cariño", dije, "mejor regresamos a casa y vamos directo al doctor".

Eso fue exactamente lo que hicimos. Oré para que el bulto resultara benigno; se reveló como maligno. Los especialistas programaron a Pat para cirugía el mismo domingo siguiente, luego le dijeron que esperara dos años de quimioterapia después de eso. El horrible reporte nos sacudió hasta el alma. Especialmente a mí.

Cuando regresamos a casa, corrí al sótano y comencé a llorar, no de desesperación, sino al pensar en todas las cosas que había hecho con Pat, todos los lugares adonde la había llevado, de todas los formas en que había fallado como esposo. Mientras huía escaleras abajo, llorando y lamentándome, escuché sonar el piano desde arriba. Oí cómo mi esposa, con una voz clara y suave, comenzó a cantar algunos de sus himnos favoritos: "Bajo sus alas" y "La única base de la iglesia es Jesucristo nuestro Señor".

Pensé: *¡Señor, qué momento para ponerse a cantar!* Parecía totalmente inapropiado.

Pero a medida que la letra de aquellas viejas canciones continuaban deslizándose hacia el sótano, llevadas por la voz confiada y suave de Pat, comencé a pensar diferente. Su canto no parecía tan fuera de lugar.

¡Qué maravilloso, pensé, que un cristiano pueda escuchar noticias terribles y aún ir al piano y cantar los viejos y afirmantes himnos que ha conocido desde la universidad. Declarar su amor por el Señor, que su esperanza descansa sólo en Él, ¡qué increíble!

La esperanza real no es ciega. La esperanza real se permite ser objetiva, mirar la realidad a la cara. Considere la historia de Abraham en el Antiguo Testamento. Para el momento en que Dios le prometió a este hombre y a su esposa, Sara, que tendrían un hijo, la anciana pareja desde hacía tiempo no calificaban para el Medicare. Ahora, Abraham no era tonto. Él sabía que, humanamente hablando, tal cosa no podría pasar. La Biblia dice: "aunque reconocía que su cuerpo estaba como muerto, pues ya tenía unos cien años, y que también estaba muerta la matriz de Sara" (Romanos 4:19). Sin embargo, "contra toda esperanza, Abraham creyó y esperó, y de este modo llegó a ser padre de muchas naciones" (v. 18).

¿Por qué la Biblia dice contra toda esperanza? Porque, desde una perspectiva puramente humana, Abraham y Sara no tenían esperanza de concebir un niño. Habían pasado la edad de los años reproductivos. Sin embargo, a pesar de ese enorme obstáculo, la Biblia dice: "Abraham creyó y esperó". Abraham conocía el carácter de Dios y que puede confiarse absolutamente en la Palabra del Señor. Este viejo no era un loco que decía: "¡Creo!, ¡Creo!, ¡Voy a saltar al espacio exterior!". No, él puso su esperanza firmemente en el carácter y el poder de Dios, "plenamente convencido de que Dios tenía poder para cumplir lo que había prometido" (v. 21).

Durante el café del desayuno, Abraham puede haber mirado a su esposa y dicho: "Sara, no hay esperanza para ti. Y mírame, soy un viejo arrugado. No hay forma en que podamos tener un bebé. Pero Dios ha dicho que vamos a tener uno, y vamos a tener uno". ¡Hábleme de fe extraordinaria!

Si Abraham hubiera escrito su historia para una revista semanal, o hubiera aparecido en *Oprah* para contarlo, habría sido sacado a carcajadas del estudio. ¿Cómo podría un hombre tan viejo y una mujer anciana tener un niño? Abraham habría explicado: "La única razón en que puedo esperar una cosa así es porque le creo al Dios vivo".

Pienso que mi esposa aprendió a ejercitar esta clase de esperanza extraordinaria de su madre. Una tarde le pregunté a Pat: "Cuando piensas en el cielo, ¿cuál es la primera cosa que te viene a la mente?".

"Que mi madre caminará", dijo.

A los cuarenta y ocho años de edad, mi suegra se vacunó contra el polio y rápidamente contrajo la enfermedad. Ella ha estado confinada a una silla de ruedas desde entonces. Sin embargo, durante casi cuarenta años, la esperanza en Dios ha puesto pasos en su espíritu, aunque su cuerpo no pueda seguirla. La esperanza le permitió recuperarse después de un revés masivo, y continúa rodando.

Yo vi una dinámica similar en acción en mi propia madre. Hace casi diez años, los doctores descubrieron un tumor masivo que crecía en su hígado. Observaron los rayos x, movieron sus cabezas, y dijeron: "Ninguna cirugía, ni quimioterapia. Ni otra medicina, sólo analgésicos".

Sin embargo, mamá permaneció en paz con el Señor bien animada con todos los demás. Ella sabía que un glorioso futuro le esperaba en el cielo. Mientras se acercaba al final, recuerdo que yo pensaba: Uno de estos días, voy a tener que volar al condado Orange en California. Un cofre descansará frente a nosotros, y lo enterraremos en una cripta al sur de California. Todo está listo; todo está preparado. Pero no vamos a enterrar a mi mamá. Vamos a enterrar su cuerpo, su hogar temporal. Para el momento en que lleguemos allí, mi madre estará con Jesús.

En su funeral, el 27 de diciembre de 1993, alguien leyó Juan 14, el mismo pasaje que me había confortado a los diez años de edad cuando mi padre murió: "No se angustien", dijo Jesús. "Confíen en Dios, y confíen también en mí. En el hogar de mi Padre hay muchas viviendas; si no fuera así, ya se lo habría dicho a ustedes. Voy a prepararles un lugar. Y si me voy y se lo preparo, vendré para llevármelos conmigo. Así ustedes estarán donde yo esté" (vv. 1-3).

Esa tarde dije a los deudos que yo había hablado con mamá dos días antes de que muriera. Difícilmente podía hablar, pero ella se las arregló para sacar cerca de seis frases. ¡Qué maravilloso es escuchar de los labios de tu propia madre que ama al Señor Jesucristo, tiene la seguridad de la vida eterna, y no alberga ninguna duda acerca de la realidad del cielo o de la presencia del Señor Jesucristo! Ella sabía que al momento en que dejara de respirar, recibiría una cálida bienvenida a su hogar celestial. Y expresó la esperanza de que el día de la resurrección, su cuerpo resucitaría de la tumba y se regocijaría en la máxima manifestación de la vida eterna.

La razón por la que tenemos esperanza, la razón por la que evitamos la desesperación, la razón por la que no nos golpeamos el pecho, sin importar lo que venga, es que Dios nos ha dado "como firme y segura ancla del alma una esperanza" (Hebreos 6:19).

Y eso, amigos, está muy lejos del "giro".

"Aminora la aprehensión" en oposición a "Forja el coraje"

El pensamiento positivo puede reducir algunos de nuestros temores. Suponga que está acampando en el parque Umpqua National Forest, cerca del Crater Lake al sur de Oregon. Usted ha disfrutado de un fabuloso día de caminata y paisajes, y ahora es el momento de retirarse para la noche. Una luna llena y millones de estrellas brillantes iluminan el claro cielo occidental, y usted se acurruca dentro de su bolsa de dormir, soñando con la aventura del día siguiente.

De repente, escucha una respiración entre los abetos justo al sur. Una enorme sombra cae a través de las paredes —delgadas como papel— de su tienda, y parece que *algo* avanza despacio hacia usted. Usted busca a tientas una linterna, tratando de permanecer callado. En ese momento, desearía no haber leído la más reciente edición de *Outdoorsman*, que describía de forma sangrienta y detallada el tormentoso escape de un hombre de un voraz oso de cuatrocientos kilos.

En ese momento, el pensamiento positivo puede hacer bastante para aliviar su temor. Usted podría recordar que los osos se alejan de los campamentos humanos, a menos que alguien deje afuera alimentos (y recuerda que usted guardó los suyos en un refrigerador en la maleta del carro). O puede decirse que las especies *ursus* generalmente le temen a las especies *homo sapiens* más que lo contrario. O podría recordar que el guardabosques le dijo más temprano que él podría estar husmeando cerca de su área tarde esa noche. Cualquiera de estas sugerencias del pensamiento positivo podría calmar sus nervios.

Por otra parte, "Bocadillo nocturno" podría estar tatuado en su frente.

En ese caso, usted no necesita el pensamiento positivo; necesita valentía. (Una Remington cargada no haría daño tampoco.) La esperanza tiene una manera de producir valentía que el simple pensamiento positivo no puede imitar. La esperanza forja coraje en los corazones humanos, sin negar la realidad, sino contando con absoluta certeza. Cuando usted pone su confianza en las confiables promesas de Dios, nada puede removerle finalmente, ni siquiera la muerte inminente. Cuando el apóstol Pablo recordó a sus amigos acerca de la certeza del cielo, concluyó sus comentarios diciendo: "¡Pero gracias a Dios, que nos da la victoria por medio de nuestro Señor Jesucristo! Por lo tanto, mis queridos hermanos, manténganse firmes e inconmovibles" (1 Corintios 15:57-58).

Nada puede movernos finalmente cuando recordamos que el cielo, nuestro futuro hogar, es un lugar real, un lugar tan real como Nueva York, Londres, París o Bangkok. La Palabra de Dios dice: "De hecho, sabemos que si esta tienda de campaña en que vivimos se deshace, tenemos de Dios un edificio, una casa eterna en el cielo, no construida por manos humanas" (2 Corintios 5:1).

La Biblia ilustra el cielo como una casa real y estable. Lo pinta como una ciudad, una casa, una mansión, un lugar permanente. En algún lugar allá arriba, la Biblia siempre lo retrata "allá arriba", existe un lugar llamado cielo. Para el cristiano, la muerte significa dejar una casa terrenal y mudarse a una celestial.

Un día, la hija de un hombre se casó y se mudó cruzando la bahía. Con frecuencia, el padre miraba en la dirección del nuevo hogar de ella. Cuando alguien le preguntó: "¿Por qué?", él respondió: "Simplemente quiero mirar y ver donde está viviendo mi hija".

El cielo es el lugar que todos los creyentes llamarán algún día "hogar." Jesús se refirió al cielo como "la casa de mi Padre", y prometió que iba allá a preparar lugar para nosotros. Va a ser hermoso. "Ningún ojo ha visto, ningún oído ha escuchado, ninguna mente humana ha concebido lo que Dios ha preparado para quienes lo aman", declara la Biblia en 1 Corintios 2:9. Aunque no entendemos todos los detalles, desde que Jesucristo dejó esta tierra, ha estado ocupado preparando lugar para usted y para mí.

Sobre la cruz, Jesucristo compró la realidad del cielo. Esa es la razón por la que tomó nuestros pecados y se levantó de los muertos, para darnos la seguridad absoluta de que nos levantaremos de los muertos, que nuestros cuerpo serán levantados de la tumba, y de que estaremos por siempre con el Señor. Los niños pueden entender esto tanto como los adultos. De hecho, pienso que los pequeños algunas veces lo pueden entender mejor.

Mi amigo Joe tiene un hijo llamado Peter. Cuando Peter tenía casi siete años de edad, su familia se mudó de Michigan a Florida. A Peter no le gustó mucho la mudanza, ya que significaba dejar atrás al señor Whittle, un confiable amigo de la familia. Peter odiaba la idea de vivir a tres mil kilómetros de su anciano amigo.

Una mañana en el desayuno, la familia recibió una llamada telefónica para decirles que el señor Whittle estaba muriendo de cáncer. Tan pronto como Peter escuchó las noticias, se levantó de la mesa y corrió a su cuarto. Joe pensaba que su hijo debía estar realmente destrozado y les dijo a los demás: "Déjenlo solo".

Antes que el resto de la familia hubiera terminado de comer, Peter regresó con un pedazo de papel y una petición.

—Papá —preguntó—, ¿le enviarías esta carta al señor Whittle antes de que muera?

Joe se preguntaba qué podría querer decir su joven hijo y respondió:

—Está bien, Peter, lo haré por ti. Pero, ¿puedo leerla antes que la envíes?

—Oh, seguro —respondió.

Momentos después, grandes lágrimas fluyeron de los ojos de mi amigo a medida que leía la nota cuidadosamente garabateada: "Querido señor Whittle, escuché que usted se va al cielo. ¿No es grandioso? Su amigo, Peter".

¿Cuántos habríamos utilizado la palabra "grandioso" para describir las noticias sobre el señor Whittle? Más probablemente habríamos dicho: "¡Qué horrible! Va a morir de cáncer". Pero Peter veía las cosas de manera diferente. Él sabía que el señor Whittle había entregado su vida a Jesucristo, y que su amigo estaba camino al cielo.

Todos podemos disfrutar de la misma clase de seguridad. Nosotros, también, podemos saber que el cielo es nuestro verdadero hogar, y que un día nos mudaremos allá para vivir para siempre con Jesús. F. B. Meyer, un famoso trabajador social y predicador de Inglaterra, mostraba una confianza así. Unas horas antes de morir, le escribió una postal a un amigo en la cual decía: "Querido hermano, te he ganado en la carrera hacia el cielo, y voy a llegar allá antes que tú. Te veré allá. Con amor, F. B. Meyer". Tres horas más tarde, partió para morar con el Señor.

Esa es la manera en que quiero ir, y es la manera en que cada cristiano puede irse: con la absoluta seguridad del cielo. Dios nos ofrece a todos la seguridad de un hogar en el cielo. Él quiere que todos nosotros nos reunamos con Él en su casa, hasta los generales soviéticos de cuatro estrellas.

Justo antes de la caída de la Unión Soviética, un general ruso de cuatro estrellas asistió a una conferencia de paz en occidente. Un hombre de negocios amigo mío y su esposa se sentaron con él, y en la conversación la esposa citó un versículo de la Biblia.

Inmediatamente, el general cayó en una silla, con lágrimas en los ojos. Un agente de la KGB asignado al general se encontró a sí mismo llevado por mi amigo al otro lado de la sala, mientras la esposa de mi amigo continuaba su conversación con el general.

—General, ¿por qué está llorando? —preguntó ella.

—Cuando usted citó ese versículo de la Biblia —explicó—, me recordó a mi madre. Cuando yo era un niño pequeño, ella solía citar ese versículo.

Y entonces esta mujer, con toda la valentía de una cristiana ligada al cielo, se puso a la par del profesional soldado y le preguntó:

—General, ¿conoce usted a Dios?

—No, no lo conozco —confesó el ruso—, pero siempre he querido conocerlo, especialmente desde que mi madre murió.

—General —declaró ella—, puede conocer a Dios dentro de veinte minutos, justo aquí.

Cuando él respondió: "Me gustaría", esta valiente mujer abrió su Biblia y le explicó cómo podía abrir su corazón a Jesucristo. Menos de veinte minutos más tarde, el hombre inclinó su cabeza y le pidió a Jesús que le diera vida eterna. Un año más tarde, encontré a mi amigo en Europa, y le pregunté cómo estaba el general. Me preguntaba si este convertido había continuado su relación con Dios de regreso a Rusia.

Mi amigo no dudó. "Hombre, ¡está creciendo en las cosas de Dios!", exclamó. "No sólo eso, sino que tiene un estudio bíblico con ocho o diez oficiales rusos. Tienen un estudio bíblico y un tiempo de oración cada semana, justo en Moscú."

Los escépticos pueden reírse cuando escuchan historias como estas, pero deje que se rían. Algunos dicen: "Oh, cristianos. Siempre prometen castillos en el cielo". ¿Sabe mi respuesta a eso? "Será mejor que lo creas. Yo mismo tengo uno. Estoy dándole probaditas ahora, y se ve realmente bien."

No se preocupe por esos que se burlan. No me importa lo que digan. Los ciudadanos del cielo son mis amigos, y mientras más de mis amigos van para allá, más quiero ir yo."

"Busca el cambio inminente" en oposición a "Cuenta con el cambio permanente"

El pensamiento positivo trabaja mejor cuando los buenos momentos que imagina esperan justo a la vuelta de la esquina. Casi siempre es mucho más fácil mantener una visión positiva cuando creemos que nuestra fortuna luce listar para subir vertiginosamente. Es mucho más difícil mantener una actitud positiva cuando nuestros prospectos inmediatos lucen oscuros. Cuando hemos caminado sobre una convicción poco enraizada de que el sol saldrá mañana, un año de cielos encapotados pueden apagar efectivamente nuestro entusiasmo.

Por otra parte, aunque la esperanza bíblica nunca abandona la posibilidad de que el mañana realmente traerá un día mejor, esto coloca sus huevos en la cesta de la eternidad. Aunque esta también busca que las cosas buenas sucedan más temprano que tarde, fundamenta su esperanza no en la fuerza de voluntad humana, sino en el amor de Dios. Como dijo el profeta Jeremías a su pueblo después de que una fulminante invasión devastó su nación:

> Bueno es que el hombre aprenda
>   a llevar el yugo desde su juventud.
> ¡Déjenlo estar solo y en silencio,
>   porque así el Señor se lo impuso!
> ¡Que hunda el rostro en el polvo!
>   ¡Tal vez haya esperanza todavía!
> ¡Que dé la otra mejilla a quien lo hiera,

> y quede así cubierto de oprobio!
> El Señor nos ha rechazado,
> pero no será para siempre.
> Nos hace sufrir, pero también nos compadece,
> porque es muy grande su amor.
>
> Lamentaciones 3:27-32

La Biblia resuena con un relato tras otro en cuanto a cómo Dios se deleita en intervenir en la historia por el beneficio de su pueblo. Él ama sacar lo bueno de lo malo y extraer bendiciones de las catástrofes. Él nos instruye: "Invócame en el día de la angustia; yo te libraré y tú me honraras" (Salmo 50:15).

Sin embargo, hasta cuando Dios elige (por razones que sólo Él conoce) mantenernos en alguna dificultad, nunca quita nuestra esperanza máxima. Otro profeta antiguo, Habacuc, mostró en qué cesta había colocado sus huevos:

> Aunque la higuera no dé renuevos,
> ni haya frutos en las vides;
> aunque falle la cosecha del olivo,
> y los campos no produzcan alimentos;
> aunque en el aprisco no haya ovejas,
> ni ganado alguno en los establos;
> aun así, yo me regocijaré en el Señor,
> ¡me alegraré en Dios, mi libertador!
> El Señor omnipotente es mi fuerza;
> da a mis pies la ligereza de una gacela
> y me hace caminar por las alturas.
>
> Habacuc 3:17-19

Usted no puede expresar una fuerte esperanza sin antes adoptar un enfoque eterno, algo que anhelamos instintivamente. Sentimos que Dios "puso en la mente humana el sentido del tiempo" (Eclesiastés 3:11). Sabemos que no estamos hechos sólo para setenta y tantos años sobre la tierra. Correctamente creemos que Él quiere lo mejor para nosotros, tanto ahora sobre la tierra como un día en el cielo.

Durante una campaña en Londres, un inglés se unió a mí sobre la plataforma la noche en que debía hablar acerca del cielo. Charles

Cortell se quebrantó cuando le dije: "Voy a hablar acerca del cielo y la eternidad esta noche". Después de secar sus lágrimas, Charles me dijo que su única hija había muerto en un accidente en el hogar cuando sólo tenía dos años de edad. Un día, su pequeñita metió a la fuerza sus gordos deditos dentro de un enchufe eléctrico, y para el momento en que Charles pudo correr a su lado, ya estaba muerta.

"Luis", dijo Charles, "para mí, el cielo es el lugar más hermoso. No puedo esperar llegar allá. Mi dulce niñita está allá arriba".

Aunque este hombre extraordinariamente talentoso ministra a algunos de los políticos más poderosos en Inglaterra, me dijo: "Lo principal es el cielo. Poco me importa cualquier otra cosa. No me importa el dinero. Simplemente no puedo esperar ver a mi niñita".

La eternidad ha capturado su corazón.

Mi propio padre murió cantando y aplaudiendo, porque sabía que estaba a punto de cambiar su hogar temporal por uno eterno. Mi madre me dijo que papá se sentó en la cama, aplaudió, y a medida que su cabeza caía de nuevo sobre la almohada, apuntaba al cielo y declaraba: "Voy a estar con Jesús, que es mucho mejor". Unos minutos más tarde, se había ido.

Sellamos nuestro destino eterno en el momento que recibimos a Jesucristo en nuestros corazones. La Biblia enseña que el cielo es el hogar feliz y eterno preparado para los hijos de Dios, un lugar donde Él enjugará toda lágrima de nuestros ojos. La muerte no será más, será abolida para siempre, junto con gemidos y llantos y dolor. Sólo piense esto: sin cáncer, sin SIDA, sin accidentes domésticos. No más pecado, no más tentación, no más crítica, no más murmuración, no más chisme, no más abuso familiar. Todo eso, terminado, desvanecido por la eternidad.

La Biblia describe el cielo como un lugar maravilloso, lleno de deliciosas sorpresas. Todo lo que los poetas soñaron alguna vez, todo lo que los políticos prometieron alguna vez, Dios nos lo da gratis y abundantemente en el cielo. El paraíso del que cantan los músicos, el que escriben los poetas, y sobre el que todo el mundo sueña se nos ofrece en el evangelio de Jesucristo. Nadie será nunca capaz de detener el placer puro y sobreabundante de los hijos de Dios. Interminables música, cantos y alabanzas a Dios llenarán el aire del cielo.

Una amiga cristiana que agonizaba, me invitó una vez a reunirme con su hijo y a dos nietecitas para orar. Cuando llegué a su cuarto en el hospital, me dijo: "Oh, Luis, me alegra tanto que vinieras, porque he estado esperándote. Justo antes de irme para estar con el Señor, quería que oraras conmigo una vez más". Yo tomé su mano y oramos. Cuando terminamos, ella se volvió a una de sus nietas y dijo: "Susie, la abuela se va al cielo hoy".

La niñita comenzó a llorar. "¡No quiero que te vayas abuela!", gemía. "Quiero que te quedes." "Pero el Señor me está llamando a casa", respondió esta querida dama, suavemente. "Me iré para allá antes que tú, Susie, y entonces cuando vayas un día, estaré esperando por ti a las puertas del cielo, con mis brazos abiertos, para darte la bienvenida a casa."

Aunque la vida eterna comienza aquí abajo en el momento que recibimos a Jesucristo, la disfrutaremos en todas sus dimensiones cuando lleguemos al cielo. La Biblia declara que el cielo es nuestro fantástico hogar eterno, mejor por mucho que cualquier sueño.

Este es el plan de Dios. Este es el deseo de Dios, y cada uno de nosotros puede estar listo para la eternidad cuando muramos.

"Cruza los dedos" en oposición a "Inclina su cabeza"

¿Ha considerado alguna vez la vasta variedad de maneras en que tratamos de echarle una mano a la vida? Cruzamos nuestros dedos. Tocamos madera. Quebramos huesos del deseo. Arrojamos sal sobre nuestro hombro. Deseamos bajo una estrella fugaz. Arrancamos tréboles de cuatro hojas. Pedimos un deseo cuando soplamos las velas de cumpleaños.

¿Qué es esto sino un intento de pensar positivamente? Sea que le llame superstición o seducir al destino, en el fondo, todas esas prácticas están diseñadas para aumentar nuestra confianza en que las cosas realmente resultarán bien para nosotros.

¡Cuánto mejor sería confiar nuestro futuro al Dios que dirige el curso del mundo y todas las cosas en él! Cuánto más tranquilizador es orar a un Dios personal que nos ama, que nos desea lo mejor, que tiene el poder de hacer "lo que le plazca" (Salmo 115:3). Cruzar los dedos puede dar una pequeña comodidad, pero inclinar la cabeza de uno en oración puede traer gran confianza:

> No se inquieten por nada; más bien, en toda ocasión, con oración y ruego, presenten sus peticiones a Dios y denle gracias. Y la paz de Dios, que sobrepasa todo entendimiento, cuidará sus corazones y sus pensamientos en Cristo Jesús.
>
> Filipenses 4:6-7

Por supuesto, está la oración, y luego está la *oración*. Cuando era joven solía asistir a una reunión semanal de oración "toda la noche" con amigos. Pero normalmente yo oraba con una actitud negativa hacia la vida.

Algunas veces, me preocupaba mi mal hábito, pero no sabía cómo romper el ciclo. Me despertaba en la mañana y pasaba tiempo leyendo la Biblia, pero mis oraciones siempre parecían un gemido y un llanto, más que gozo y exhuberancia en el Espíritu Santo. Comenzaba con algo como esto: "Oh Dios, aquí viene otro día. Señor, líbrame de las tentaciones. Por favor, ayúdame, Señor. No quiero deshonrarte. No me dejes fallarte, Señor. Soy tan débil. Mis pasiones son tan fuertes. Señor, dame poder. No me dejes tambalear. Señor, ¡soy tan incapaz! Cuando llegue la oportunidad, por favor, ayúdame. De otra manera, estoy condenado a fracasar".

Como dije, un gemido y un llanto.

Entonces, cerca de los veintiséis años de edad, mi esposa y yo participamos en un programa de internado misionero de siete meses. Un día, el instructor preguntó: "¿Cómo comienzan su día con el Señor? ¿Se levantan y dicen: 'Oh, Señor, ¡aquí vamos otra vez! esa alarma siempre parece sonar demasiado temprano. Es lunes y tengo que ir a trabajar otra vez. Señor, por favor, ayúdame a lograrlo hasta las noticias de las cinco en punto'. ¿Comienzan con un gemido y una oración de ruego? ¿O con una nota de alabanza y gloria a Dios?".

Sus palabras me impactaron. Comencé a notar que los creyentes positivos como el apóstol Pablo siempre comienzan con una nota de optimismo y expectativa: "Gracias a Dios que en Cristo siempre nos lleva triunfantes", escribió en 2 Corintios 2:14, "y, por medio de nosotros, esparce por todas partes la fragancia de su conocimiento".

Una actitud tal está a años luz del simple pensamiento positivo. El optimismo cristiano se basa no en la fuerza de la voluntad humana, sino en las promesas de Dios y en la persona de Jesucristo. El Cristo resucitado vive dentro de nosotros. ¡Él está vivo! ¡Él es Todopoderoso! ¡Él ha conquistado la muerte, el pecado y al diablo! Por lo tanto, podemos despertarnos en la mañana con una visión positiva, sin importar las circunstancias.

Mi mentor, Ray Stedman, dijo una vez que 2 Corintios 2:14 revela "un optimismo inextinguible". Cuando usted entiende sus derechos y privilegios en Jesucristo, cuando usted inteligentemente entra en la tierra prometida espiritual (es decir, la vida llena del espíritu), entonces posee un optimismo inextinguible.

¿Se siente fracasado? Quizás envidie la clase de victorias que otros parecen disfrutar. Si eso le describe, entonces aprenda el secreto de Pablo. Un cristiano auténtico, sin importar cuán pequeño o grande sea su campo de trabajo, puede disfrutar un optimismo inextinguible, día a día. Como Pablo, él o ella mira a Jesucristo, y se rehúsa a depender de las circunstancias. Para ser confiada y eficaz, la oración necesita estar instruida por la Escritura. Mientras más fluya mi oración de mi inmersión en la Palabra de Dios, la Biblia, más confianza tengo en mis peticiones. Mi confianza se basa en las promesas de Dios mismo.

Ahora, me levanto en la mañana y digo: "Señor Jesús, es un nuevo día. Estoy saludable o al menos parcialmente. Te agradezco, Señor, que tengo otras veinticuatro horas para servirte. Tú estás conmigo. Tú nunca me dejas. Tú nunca me abandonas. Tú prometes darme las palabras que necesito. Tú me darás discernimiento y sabiduría. Aunque cometeré errores, puedes incluso usar eso para glorificarte. ¡Qué gran Dios eres!".

Podemos escoger regocijarnos, porque Dios habita dentro de nosotros. Nada puede extinguir nuestro optimismo. Ni la enfermedad. Ni los reveses financieros. Ni siquiera un accidente aéreo.

Hace unos años, conocí a una mujer que sobrevivió al horrible accidente aéreo sobre la isla de Tenerife, el peor accidente de aviación de la historia. Dos aeronaves Boeing 747 chocaron sobre la pista y subieron en una monstruosa bola de fuego. Sólo sesenta y una personas de las seiscientas cuarenta y cuatro a bordo de las naves sobrevivieron.

Esta mujer me dijo que a medida que veía su avión romperse y explotar en llamas, gritaba: "Jesús, ¡te veré en unos minutos!".

A pesar de usar un cinturón de seguridad, una explosión la lanzó fuera del avión. Ella recuerda deslizarse hacia abajo sobre el ala del 747 de tres pisos, y sus piernas se quemaban. Por alguna razón, sostuvo fuertemente su bolso. (¡Qué cosa tan tonta, camino al cielo con su bolso!) Se desmayó con el pensamiento: ¡Me voy al cielo!

Casi una hora más tarde despertó, rígida, dolorida y tendida sobre la hierba. "¡Oh, no!", exclamó. "¡Todavía estoy en Tenerife!", pero lo que más me impresionó fue su oración cuando el avión explotó: "Jesús, ¡te veré en unos minutos!".

Nada ni nadie puede arrebatar a un creyente de las manos de Jesús. Entonces, ¿por qué no ir por la vida con una actitud optimista, eligiendo orar en vez de cruzar nuestros dedos y esperar lo mejor?

Uno de los miembros de nuestro equipo, Jim Williams, tenía un compañero de cuarto universitario y amigo llamado Dave Kraft. Dave era un joven brillante con un padre optimista que era pastor de una iglesia bautista. Cuando Dave se graduó, se convirtió en ministro, se casó con una bella joven, y más tarde dejó el pastorado para dirigir un campamento juvenil de verano.

Cuando David tenía casi veintiocho años, los doctores le diagnosticaron un cáncer por el cual no podían hacer nada. Lentamente, su cuerpo comenzó a decaer. Los especialistas de los mejores hospitales en el país probaron todo en lo que pudieron pensar, pero nada dio resultados. Naturalmente, los amigos de la iglesia de David oraron por él, pero finalmente fue obvio que el Señor no iba a sanarlo. Al fin, Dave fue transferido a un hospital cerca de su padre. El doctor Kraft presenció el rápido deterioro de su hijo, hasta que toda clase de tubos y máquinas tuvieron que ser conectadas dentro de Dave sólo para mantenerlo vivo. Llegué a la ciudad para predicar en la iglesia del doctor Kraft cuando Dave parecía estar bastante grave.

El sábado antes de que yo fuera a hablar, Kraft y yo nos reunimos para discutir los servicios el día siguiente. Inexplicablemente, no parecía demasiado preocupado acerca de qué himnos cantar o qué anuncios dar.

"¿Sabes qué?, Luis", dijo. "Mi hijo está a punto de irse. Y yo estoy muy ansioso de que se vaya con el Señor. Simplemente no puedo soportar verlo sufrir tanto. Desearía que oraras."

Así que inclinamos nuestras cabezas, y él oró primero: "Señor, ¿te llevarías a David a casa hoy? No puedo soportar verlo sufrir". Yo estuve de acuerdo con su oración y nos separamos.

A la mañana siguiente, cuando llegué a la iglesia a predicar, Kraft parecía relajado. Me habló acerca del servicio, pero no le pregunté por su hijo. Después que ambos tomáramos nuestros lugares sobre la plataforma, un diácono se acercó a mí y susurró en mi oído: "Luis, tenga cuidado con lo que dice, porque David Kraft murió anoche. No queremos agitar al pastor".

Después de considerar las noticias por un momento, me levanté de mi silla mientras la congregación cantaba. Me arrodillé al lado de mi amigo, puse un brazo alrededor de él, y le dije: "Doctor Kraft, acabo de escuchar que su hijo murió anoche. Sólo quiero animarle", y entonces cité un versículo de la Biblia.

Él sonrió y respondió: "Luis, no tienes que animarme. Déjeme contarle lo que sucedió". Y mientras la iglesia continuaba cantando, me contó toda la historia.

"Anoche fui al hospital con mi hermano, y ambos charlamos con Dave durante unos minutos", dijo. "Oramos allí hasta que Dave le dijo a su tío: '¿Podrías salir del cuarto? Quiero hablar con mi papá a solas'. Luego, se volvió a mí y me dijo: 'Papá, ven acá. Quiero que pongas tus brazos alrededor de mí'. Así que me acerqué a la cama y me arrodillé al lado de Dave para poner mis brazos alrededor de él. No fue fácil, ya que toda clase de tubos y equipos lo rodeaban."

"Después de unos momentos me dijo: 'Papá, quiero sentarme'. Lo ayudé a sentarse y me dijo: 'Papá, sé que esta noche voy a estar con el Señor. Quiero agradecerte, porque has sido un padre ¡tan maravilloso! Quiero que le digas a mamá que la amo, que ustedes dos han sido un gran ejemplo para mí. Ustedes me enseñaron el camino al Señor, y quiero agradecerte antes de irme a estar con él. Papá, quiero que ores conmigo, porque no te veré durante algunos años, y quiero hablar con el Señor junto contigo'.

El doctor Kraft se quedó sin respiración, pero en unos momentos continuó su historia. "Dave", le dijo a su hijo, "antes de que ore, quiero decirte algo. Muchacho afortunado, vas a ver al Señor antes que yo. Sólo piensa, David, esta noche vas a ver a Moisés, José, David, San Pablo y todos los grandes santos de la Biblia. Muchacho afortunado. Debería haberme ido antes que tú, pero vas a llegar allá antes que yo".

Aun así, el doctor Kraft no había terminado su historia. "David", le aseguró a su agonizante hijo, "y lo mejor de todo es que vas a ver al Señor Jesús. Prométeme una cosa. Cuando veas al Señor Jesús, ¿le dirías que tu padre le ama mucho?".

Padre e hijo oraron entonces juntos, y el pastor salió del cuarto después de decir: "Dave, te veré en el cielo".

Cerca de las cuatro en punto esa mañana, los oficiales del hospital llamaron para decir: "Doctor Kraft, su hijo acaba de morir".

¿Sabe usted qué me asombró más de todo ese episodio? Mientras este dolorido padre derramaba su conmovedora historia, parecía perfectamente relajado. "Luis", dijo, "ahora estoy en paz, porque sé que Dave está con el Señor. Desearía estar allí ahora".

Me pregunto: ¿Tiene usted esa clase de seguridad? ¿Está seguro acerca de dónde va? Si no, ¿Por qué no orar ahora mismo y abrir su corazón a Jesucristo como su Salvador y Señor? No cruce sus dedos con la esperanza vana de que en alguna manera puede llegar al cielo por su cuenta. Pida a Jesús que venga a su vida, que perdone sus pecados, que le haga un hijo de Dios, y que le provea de una dirección permanente en la casa del Padre.

El pensamiento más positivo de todos

No hay pensamiento tan positivo como la seguridad de un hogar permanente en el cielo. Un día un niño, hijo de un ateo, visitó la iglesia de su amigo. Cuando regresó a casa le dijo a su padre: "Papi, hoy me invitaron a ir al cielo y yo acepté".

Todos los días, tales invitaciones son aceptadas en cualquier lugar alrededor del globo terráqueo. Un día, mientras visitaba a una familia en el norte de Escocia, le pregunté a la señora de la casa: "¿Cuántos hijos tiene?".

"Cuatro", respondió, "tres aquí en Escocia y uno ya en el cielo".
¿Cuánto tiempo vivirá usted en la tierra? ¿Veinte años? ¿Cuarenta? ¿Setenta? Y luego ¿adónde irá? ¿Dónde va a estar miles de años a partir de este momento? De seguro, ninguno de nosotros estará aquí. Todos vamos a estar en algún otro lugar, y sólo existen dos posibilidades. Así que, ¿dónde estará usted?

A toda persona normal le preocupa la eternidad. Una noche en nuestra cruzada en Hong Kong, uno de los más famosos profesores en la República Popular China estaba sentado en el público. Aunque el oficial se proclamaba ateo, admitió que se sentía impresionado por lo que la Biblia dice acerca del futuro. Le dijo a uno de mis amigos cuánto le conmovió ver a miles de personas entregar sus vidas a Jesús esa noche,

Como hombre o mujer sincero, a usted debería interesarle mucho donde irá cuando muera. Si es padre o madre, Dios le ha dado niños o niñas. ¿Los ha preparado para la eternidad? Y usted, ¿está preparado? Todas las demás preguntas tienen un lugar secundario con respecto a ésta.

La libertad es importante. La comida es importante. Las finanzas son importantes. Divertirse es importante. Pero la principal pregunta de todas es esta: ¿Adónde irá cuando muera? ¿Enfrenta el futuro armado sólo con el pensamiento positivo? ¿O la esperanza poderosa llena su alma?

El evento más dramático de su vida será cuando usted vuele a la eternidad. Haga del cielo su destino.

Cómo encontrar esperanza según la Biblia

1. *Adopte una actitud positiva y proactiva.*
   "Cobren mucho ánimo y ármense de valor, todos los que en el Señor esperan" (Salmo 31:24).
2. *Concéntrese en el constante amor de Dios por usted.*
   "Que tu gran amor, Señor; nos acompañe, tal como esperamos de ti" (Salmo 33:22).
3. *Descubra cómo la esperanza es tanto activa (busca) como sumisa (espera).*
   "Bueno es el Señor con quienes en él confían, con todos los que lo buscan. Bueno es esperar calladamente a que el Señor venga a salvarnos" (Lamentaciones 3:25-26).
4. *Sumérjase en la Palabra de Dios.*
   "De hecho, todo lo que se escribió en el pasado se escribió para enseñarnos, a fin de que, alentados por las Escrituras, perseveraremos en mantener nuestra esperanza" (Romanos 15:4).
5. *No sea tímido al pedirle a Dios que intervenga a su favor.*
   "La viuda desamparada, como ha quedado sola, pone su esperanza en Dios y persevera noche y día en sus oraciones y súplicas" (1 Timoteo 5:5).
6. *Espere las huellas de Dios en su vida.*
   "Pero yo he puesto mi esperanza en el Señor; yo espero en el Dios de mi salvación. ¡Mi Dios me escuchará!" (Miqueas 7:7).
7. *Recuerde que la esperanza es una elección, especialmente cuando usted está desanimado.*
   "¿Por qué voy a inquietarme? ¿Por qué me voy a angustiar? En Dios pondré mi esperanza, y todavía lo alabaré. ¡Él es mi Salvador y mi Dios!" (Salmo 42:11).
8. *Mire el sufrimiento como un medio para fortalecer su esperanza.*
   "También por medio de él, y mediante la fe, tenemos acceso a esta gracia en la cual nos mantenemos firmes. Así que nos regocijamos en la esperanza de alcanzar la gloria de Dios. Y no sólo en esto, sino también en nuestros sufrimientos, porque sabemos que el sufrimiento produce perseverancia; la perseverancia, entereza de carácter; la entereza de carácter, esperanza.

Y esta esperanza no nos defrauda, porque Dios ha derramado su amor en nuestro corazón por el Espíritu Santo que nos ha dado" (Romanos 5:2-5).

9. *Refleje con frecuencia la certeza del regreso de Cristo.*
"Por eso, dispónganse para actuar con inteligencia; tengan dominio propio; pongan su esperanza completamente en la gracia que se les dará cuando se revele Jesucristo" (1 Pedro 1:13).

10. *Reconozca que Dios es la fuente de toda esperanza genuina.*
"Sabrás entonces que yo soy el Señor, y que no quedarán avergonzados los que en mí confían" (Isaías 49:23).

Epílogo
Elija lo mejor

Lo "mejor" de Dios no es como lo "mejor" de cualquier otro ser. En realidad, este se posiciona en la parte más alta de la lista.

He estado por todo el mundo, y he tenido la oportunidad de probar mucho de "lo mejor" que este mundo ofrece. He ingerido comida grandiosa. Visto paisajes grandiosos. He escuchado oradores grandiosos. Me he quedado en lugares grandiosos. He visto actuaciones grandiosas. He disfrutado eventos grandiosos.

Pero no importa cuán "grandiosos" fueron esos eventos, siempre dejaron un poco que desear. Posiblemente, el filete sabía fabuloso, pero el salón parecía muy oscuro. O el orador era fenomenal, pero habló por mucho tiempo (¡debería hablar yo!). O el salón era maravilloso, pero se acabó el papel sanitario. Alguna cosita no parecía del todo bien, y a pesar de lo mucho que disfruté el evento principal, este defecto evitó que la experiencia fuera todo lo que podría haber sido. En otras palabras, lo "mejor" de este mundo depende mucho de las circunstancias.

No obstante, ¿sabe qué? Lo mejor de Dios no.

Cuando Dios nos promete lo mejor, no siempre quiere decir que hará que todas nuestras circunstancias resulten exactamente de la forma en que pensamos que nos gustaría. En vez de eso, quiere decir que siempre estará con nosotros completamente en cualquier circunstancia en que nos encontremos, y esa es la razón por la que lo mejor de Él vence, por muchísimo, cualquier otra cosa.

Sarah Edwards me recordó eso hace varios años.

La conocí una noche en Inglaterra, antes que comenzáramos un evento de la cruzada. Algunos miembros de nuestro equipo se me acercaron y dijeron: "Luis, te vas a sorprender. Esta noche tenemos a una muchacha para que dé su testimonio. Tiene veintiún años de edad; su nombre es Sarah Edwards".

Miré alrededor y vi que ya Sarah se había sentado sobre la plataforma. Lucía atractiva y bien vestida, pero nada en su apariencia me dio una pista de por qué hablaría esa noche. Así que me le acerqué y le dije:

—Sarah, ¿escuché que vas a decir algo esta noche?

—Sí, señor —respondió.

—¿Acerca de qué vas a hablar? —pregunté.

—Ya lo verá —me dijo.

—¿Por qué estás aquí? —le pregunté en voz alta.

—Ya lo verá —repitió. Hizo una pausa, sonrió, y entonces me dio una pista acerca de su testimonio—. Señor Palau —continuó—, en la primera fila están mi papá y mi mamá. Él es ateo. Detesta a Dios; toda su vida lo ha insultado, y ahora va a ser peor por lo que voy a decir esta noche.

Su declaración me intrigó realmente. ¿De qué va a hablar Sarah esta noche? En pocos minutos, se levantó y se movió al podio. Parecía caminar tambaleándose un poco, pero nada demasiado notable. Se asió al podio y comenzó a decirnos que sucedió.

Su padre siempre había sido enemigo de Dios, siempre estaba blasfemando a Dios, maldiciendo a Jesús y riéndose de la Biblia. Era un hombre educado, pero un desastre. A la edad de catorce años, Sarah asistió a un campamento. Escuchó el evangelio de Jesús y dio su corazón a Cristo. Unos años después, cuando cumplió dieciocho años, sus padres la enviaron a la Universidad de Liverpool, cerca de casa.

A casi seis meses de estar en la universidad, ella comenzó a sentir algo extraño en sus piernas. Fue a ver al doctor de la universidad, y después de algunas pruebas, este le dijo: "Sarah, esto es increíble. Tienes una forma de cáncer que no podemos tratar. Vamos a tener que atacar tu enfermedad rápido, antes de que siga avanzando y pierdas tu vida mientras todavía estás en la universidad".

Así que le amputaron las piernas a esta bella, atractiva y encantadora joven. Cuando sólo tenía dieciocho años y medio, los cirujanos cortaron sus piernas justo encima de la rodilla. ¡Se puede imaginar lo que sucedió con su incrédulo padre! Comenzó a maldecir a Dios aún más. Pero para entonces, Sarah ya tenía a Cristo en su corazón.

La noche en que contó su historia, miré atentamente a su padre a medida que ella describía cómo había abierto su corazón a Cristo a la edad de catorce años.

"Yo sé que un día cuando llegue al cielo", dijo, "Dios va a darme un nuevo par de piernas y nadie nunca las cortará de nuevo. Y sé algo más. Porque tengo a Jesús, me doy cuenta que esta vida no es para siempre; cuando vaya al cielo, realmente amaré la vida. Quizás ningún muchacho querrá alguna vez casarse conmigo aquí porque no tengo estas dos piernas. Pero si ningún hombre se casa conmigo alguna vez, no me importa mucho, porque Jesús es en realidad mi amigo verdadero. Él es nuestro amigo".

En ese momento, su viejo padre estaba llorando. Yo salté tan pronto Sarah finalizó su testimonio, e hice mi invitación. Aquel hombre que había maldecido a Dios fue el primero en ponerse de pie cuando dije: "Si usted quiere seguir a Jesús, venga y sígalo, como Sarah". Él agarró a su esposa, la mamá de Sarah, y los dos vinieron adelante y dieron sus vidas a Jesucristo.

¿Cuánto "mejor" es eso?

Para disfrutar lo mejor del mundo, usted quiere sus dos piernas. Pero para disfrutar lo mejor de Dios, no importa para nada si las tiene o no, usted lo tiene a Él, y eso lo cambia todo.

Sarah conoció lo mejor de Dios esa noche, cuando sus padres eligieron colocar su fe en el Dios que ella amaba tanto. Ella podría haberse parado en la plataforma tambaleando un poco, pero puedo garantizarle que sentía un gozo abrumador que nadie con dos piernas fuertes, pero sin una relación con Dios, podría experimentar alguna vez. ¡Lo "mejor" de Dios realmente es mejor!

¿Sabe algo? El Señor quiere lo mejor para usted. Él quiere enseñarle lo que es mejor para usted y dirigirle en el camino en que debería ir. ¿Está usted escuchando su voz? ¿Está listo para ir donde Él le dirija y para hacer lo que le pida?

Recuerde, esa es la única forma en que disfrutará lo mejor de lo mejor. Pese a las circunstancias, usted puede tener lo mejor de Dios.

Y puede tenerlo comenzando hoy.

NOTAS

1. Citado de Anne Graham Lotz, *My Heart's Cry* (Nashville, TN, W Publishing Group, 2002), xiii.
2. 1 Corintios 12:31 (NVI y NLT)
3. Ambrose Bierce in *The Portable Curmudgeon*, ed. Jon Winokur, New American Library, NY, 1987, p. 133.
4. William Shakespeare, *As you Like It*, 5.2.43-45.
5. Dr. Joyce Brothers, "You Can Lead a More Joyful Life," Parade, 15 de octubre, 2000, p. 6.
6. Nancy Haught, "MIND-SET/Satisfaction: Tough Life Experiences Led Columnist-Novelist Anna Quindlen to Be Awake to the World and Not Miss Happiness," the *Sunday Oregonian*, 22 de octubre, 2000, L11.
7. Ibid.
8. Brothers, *op. cit.*, 7. El popular sicólogo también sugirió diez sencillas maneras de "hacer cada día un gran día": 1. Pensar que sucederán cosas buenas. 2. Expresar gratitud a un ser amado. 3. Guardar todos tus malestares en una caja. 4. Ser paciente con las personas molestas. 5. Hacer algo especial por usted mismo. 6. Extenderle la mano a alguien que necesite ayuda. 7. Enfocarse profundamente en cada momento. 8. Aprender de los errores. 9. Observar de cerca una flor o un árbol al que nunca se ha advertido. 10. Sonreír.
9. Hannah Whitall Smith, *The God of All Comfort*, Moody Publishers, Chicago, 1956, p. 7.
10. John Piper, *Desiring God*, Multnomah Books, OR, 1996, p. 34.
11. Romanos 8:9.
12. Haught, *op. cit.* L11.
13. Vea Luis Palau, Say Yes: How to Renew Your Spiritual Passion [Diga sí: Cómo renovar su pasión espiritual] (Discovery House Publishers, Grand Rapids, 1995) para un significado completo de "la copa rebosante" y "la plenitud del Espíritu Santo." O solicite un folleto escribiendo a palau@palau.org.
14. Brothers, *op. cit.*, p. 7.
15. Haught, *op. cit.*, L11.
16. Brothers, *op. cit.*, p. 6.
17. Merrill C. Tenney, ed. General, *The Zondervan Pictorial Encyclopedia of the Bible*, Zondervan, MI, 1975-1976, 3:714.
18. C.S. Lewis, *The Screwtape Letters* [Cartas a un Diablo Novato], Bantam Books, NY, 1982, p. 75.
19. Escriba a palau@palau.org para solicitar una copia de mi artículo "Plante sus raíces profundamente en una iglesia local".
20. Carolyn Kizer citado en Robert Byrne, comp., *1,911 Best Things Anybody Ever Said* [1,911 mejores frases que alguien haya dicho nunca antes], Sección III, lectura 245 (Fawcett Columbine, New York, 1988), p. 320.
21. "What's New," www.compuserve.com, 5 de febrero, 2001.
22. Ibid.
23. Muchas personas me han preguntado: "¿Cómo puedo hallar lo correcto?" No existen fórmulas fáciles para saber cuál hombre o mujer el correcto para usted, pero permítame planteale algunas preguntas:

(1) ¿Es él o ella cristiano?
La Biblia dice que el creyente nunca debe unirse con un incrédulo (1 Corintios 7:39; 2 Corintios 6:15). Si usted es creyente y su novia no lo es, olvídela. Termine esa relación esta noche. Si el chico que le gusta no es cristiano, tiene que dejarlo. ¿Por qué? Porque Dios lo dice. Razones hay. La experiencia lo afirma. Muchos cristianos enfrentan problemas conyugales, debido a que desobedecieron al Señor y se casaron con incrédulos. Si está interesado en alguien que no es cristiano, puede orar por él o ella, y pedirle a Dios que lo traiga a Cristo; pero no empiece a citarse con esa persona hasta que esté seguro de que pertenece a Dios.

(2) ¿Estoy orgulloso de él o ella?
Si le avergüenza su novia y lo único que quiere es besarla en la oscuridad, eso no es amor verdadero. Si le apena presentar a su novio ante sus amigos o familiares, hay algo malo. Pregúntese a sí mismo: "Él o ella, ¿me molesta o me avergüenza?".
Cuando un hombre o una mujer se avergüenza de su "par significativo", lo mejor es olvidarlo. Eso no puede ser amor real. En una pareja saludable, el esposo alaba a su esposa (Proverbios 31:28). El amor verdadero elogia al amado. No le considera a él o ella inferior.

(3) ¿Soy celoso o suspicaz con él o ella sin razón?
Es una mala señal usted no quiere que su novia hable con otro chico o su novio no converse con otra chica. El celo usualmente indica que no existe amor verdadero. Ahora, si usted ve a alguien besando a su novia eso no es celo, es un hecho.
Cierto día en una cruzada, un joven soltero que cantaba en el coro se me acercó y me dijo: "¡Señor Palau, señor Palau! Mi novia está allá con otro chico".
—Gracias a Dios, hombre —repliqué.
—¿Qué quiere decir con "Gracias a Dios"? —me dijo—. Está con otro.
—¿No te alegra saber antes de que te cases que ella no te amaba?
—Ah, sí —contestó rudamente—. Gracias —y se fue a cantar en el coro.
En este caso, no se trataba de celos, era un hecho. Los celos son una actitud enfermiza del corazón que siempre recela e inquiere, y nunca descansa ni se contenta. El amor no es así.

(4) ¿Le muestro respeto a él o ella?
La Biblia afirma que el amor no actúa impropiamente (1 Corintios 13:6-7). El amor es puro. De manera que si su amigo insiste mucho en tocarla y tocarla, acariciarla y apechugarla, tenga cuidado. ¿Se toma libertades para manosearlo a él o ella? Sospeche del hombre que ama a su chica tanto que no puede estar con ella sin tocarla, porque es probable que no sea amor verdadero. Cuando la pasión se va, eso que llamamos amor también.
Y señorita, si su chico la maltrata siendo novio, cuando se casen le pegará. Algunas mujeres me dicen: "Sí, mi novio a veces es algo rudo y me palmotea, pero cuando nos casemos cambiará". Seguro que cambiará, cambiará las palmadas por un cinto para pegarle.
Si un hombre actúa impropiamente con usted siendo solteros, apueste a que será peor cuando se casen. Y no diga: "Me gusta pelear con mi novio, se siente muy bien cuando nos arreglamos". Eso no es cierto.

(5) Cuando oro respecto al matrimonio, ¿siento paz en mi corazón o confusión?
Nunca piense siquiera en casarse con alguien sin antes orar durante mucho tiempo. Arrodíllese cada semana, y pase un tiempo significativo con Dios. Lea la Biblia, medite en ella, tome notas en una libreta. Busque el parecer de Dios. Si su matrimonio devanea, usted sufrirá. La Biblia promete que la paz de Dios guardará su corazón y su mente en Cristo Jesús (Filipenses 4:7). Si ora por su futura pareja y no siente paz en su corazón, deténgase. No siga. Espere. Si el Señor no le da su paz, es una señal de que algo anda mal. Si ese o esa es el compañero de su vida, sentirá paz en su corazón. Sentirá tranquilidad al respecto.
También busque un consejero para parejas cristianas que obviamente les ame, que se reúna suficiente tiempo con ustedes. Pídanle consejo. No tome decisiones por voluntad propia.

(6) ¿Están hechos el uno para el otro?
La Biblia declara que uno necesita una pareja adecuada (Génesis 2:18). ¿Encajan el uno con el otro? Con frecuencia, una persona extrovertida se casa con otra introvertida mientras que una estricta lo hace con otra tolerante.

Los polos opuestos realmente se atraen.
Usted necesita preguntarse a sí mismo: "¿Es esta mujer de Dios para mí?", "¿Es este hombre de Dios para mí?", "¿Nos corresponderemos a todo nivel?". No sólo, "¿Me gustan sus ojos y sus besos?". No, "¿Me gusta su cuerpo, su mirada, su auto?". Estas cosas son importantes, pero secundarias. Enfatice lo crucial.

24. Escríbame a palau@palau.org para solicitar una copia de Luis Palau, ¿Qué es un cristiano verdadero?
25. Le recomiendo Marriage Savers® (www.marriagesavers.org) como un recurso para establecer matrimonios fuertes.
26. Julie Smith, "Deep Secrets Told among Passengers on Airlines," *USA Today*, 1 de junio, 1993, B1.
27. Vea "La última campaña," *Life*, febrero, 1991.
28. Jay Leno citado por Robert Byrne, *op. cit.*, p. 393.
29. Prensa Asociada, "Misionero cuya esposa e hija perecieron en Perú, afirma confiar en Dios," *Holland Sentinel online*, 5 de julio, 2001, www.hollandsentinel.com/stories/070501/new_0705010033.shtml
30. Reverendo Paul Williams, "Peace: Hill It Ever Happen to Me?" St. James Churches, 2001, www.saintjames.org.uk/sermons/peace.htm.
31. Jesús, estoy descansando, descansando", letra de Jean S. Pigott, 1876.
32. John Piper, *op. cit.*, p. 162.
33. David G. Meyers, citado por Dr. Brthers, *op. cit.*, p. 6.
34. Vea 2 Corintios 8:13-1.
35. "Encuentra una fe, y una esposa", The Door, diciembre 1992, p. 2.
36. Mark Twain en The Portable Cadmugeon, *op. cit.*, p. 97.
37. Marlo Thomas citado por R. Byrne, *op. cit.*, p. 171.
38. Segmento de "Verano Favorito", Radio Pública Nacional, 1 de agosto, 2001, www.npr.org/features/feature.php?wfld=1126757.
39. Microsoft Encarta Enciclopedia 2000.
40. Microsoft Encarta Enciclopedia 2000, artículo sobre "Deportes extremos".
41. The Random House Collage Dictionary, ed. rev., s.v. "Adventure," Random House, New York, 1988, p. 20.
42. Robert M. Poder, "How Hamilcar Wilts Prepared for Everything and Got It," in Your Book of Funny Stories, Pocket Books, Special Scholastic Book Service Edition, NY, 1950, pp. 134-36.
43. "Hope," *The New Bible Dictionary*, 2da edición, ed. J.D. Douglas, *et. al.*, Wheaton, Tyndale, 1962, p. 489.

¡Gracias por leer esta obra!

Cada experiencia del lector con un libro en particular es diferente. Espero que éste le sea útil, le motive y le estimule a reflexionar. Además, le invito a enviarme sus planteamientos, preocupaciones específicas o me diga en qué no concuerda con lo que he dicho. ¡Será muy bueno!

He aquí cómo contactarme:

Luis Palau
P.O. Box 1173
Portland, OR 97207, USA
Teléfono (503) 614-1500
Fax (503) 614-1599
palau@palau.org
www.luispalau.net

Especiales online

En www.luispalau.net usted encontrará fragmentos de mis otros libros.

Siéntase libre de agregar su comentario en nuestra sección de testimonios acerca de *Una vida de alta definición*. Además, hallará descuentos en línea si desea obtener otro ejemplar de este libro para obsequiar a algún familiar o amigo.

Asegúrese de revisar la versión en línea de nuestro programa radial diario de cinco minutos "Luis Palau Responde". También puede registrarse para recibir nuestro devocionario electrónico "Disciplinas Libertadoras" completamente gratis.

Todos estos recursos son diseñados para animarle e inspirarle en su fe.

¡Dios bendiga ricamente cada área de su vida en tanto busque la excelencia!